JN000915

銀行の破たん史

日本の金融機関に係わる
公的費用負担
再生の特徴と諸問題

天尾久夫
AMAO HISAO

幻冬舎MC

銀行の破たん史

日本の金融機関に係わる公的費用負担　再生の特徴と諸問題

はじめに

　本書では、金融機関の経営は昭和、平成と時代を超えるとともに、大きく変質していて、その変質に対応し、金融機関は破たんと再生の時代を超えたことを詳細に叙述することにあった。本書の中では、どのように日本の民間金融機関の行動が変質し、経営やガバナンスの失敗により、金融機関がどのように破たんし、再生されたのか、そして、そのときどれほどの公的費用を含めた費用の負担があったのかを明示することにした。

　令和の時代になっても、金融当局は収益力の落ちた地方銀行、信用金庫、あるいは信用組合に合併、破たんして吸収するよう働きかけている。金融市場のプレイヤーである金融機関をどのように引退させ、再生させているのかを記すことがこの本の目的となっている。そして、本書では、銀行の貸出行動や利子の決定についての、現実の姿を描くことに注視したのであるが、それは銀行の破たんや合併による再生が起きたときに、再生した銀行はいままである銀行の行動と差異が生じないように市場に再び参入すると考えたからである。もちろん、銀行も新しい知見や技術を取り入れ、新しい形で市場に参入する事態も考えられるが、この金融市場の産業は国家に申請する免許制となっており、それは参入規制の強い産業である。そうした考えを基にして、本書は書かれている。

　最近のテキストで、金融機関の役割は、異時点間代替と異状態間代替の役割を果たす意味で、ファイナンス（資金調達）と与信（貸出）・運用を行っていると言える[1]。しかし、メガバンク（都

市銀行）であったとしても与信先をよく観察すれば、直接金融で
十分資金を融通できる企業に与信し、新規の起業家の貸出に充分
力を入れた形になっているとは言えない。とりわけ、1980年後
半になり、アメリカの貿易黒字問題をきっかけに黒船の如き、海
外の金融機関の国内参入圧力が高まり、国内金融機関でも、与信
業務から、資金運用、信託への業務の多角化が起き、それが上手
くいかなければ、さらに消費者金融の業務にまで手を出す。まさ
に金融機関はあらゆる収益を得るため、市場の棲み分けなどの視
点を度外視にして種々の業務を展開した。

　国内金融市場で見ても、金融機関の規模の経済性などお構いな
しにして、メガバンク（都市銀行）も地域の中小金融機関も、
同地域で一斉に同じような業務の多角化を行ってきた。そして、
軌を一にする業務に対応して、監督官庁の監査・監督は、メガ
バンク（都市銀行）であろうが、中小地域金融機関であろうが、
同じような手法で行われることになった。その所以として、経済
史で俯瞰すれば、第二次世界大戦戦後復興期における国民からの
資金のファイナンスのため、メガバンク（都市銀行）、地方銀行
を含めた金融機関一丸となって資金繰りを行うことへの監督方針
にほかならないと言えよう[2]。すなわち、一元的な監督手法は、
多くの金融機関の設立目的は異なるにしても、携わる金融業務で
一元化が進んだためであった。それは政府を通じた日本銀行の全
金融機関への金融調整の手法とも関係しており、当時は大蔵省、

---

[1] 村瀬（村瀬, 2010）の『金融論』のテキストで描く金融機関の姿は、現在の姿
と比較する上で参考となる見方と筆者は考えている。
[2]（橋本［橋本, 1995］）の1章と2章、そして、（橋本［橋本, 2001］）の日本の
経済発展史の内容を吟味し、それを参照し本書は記述している。

それから省庁再編により、金融庁という監督官庁が金融機関の健全な経営を監視するため共通の規範で行った。金融の歴史を見たとき、日本の金融機関は英米と異なり、間接金融の役割が重視されたことは、上記の歴史的な経緯と無関係とは言えない。

本書では、昭和から平成の金融機関の経営の意思決定は、政府当局（大蔵省や金融庁）の監督の制限より、経済の外部環境、すなわち、バブル後の破たんと再生の時代を超えて大きく変貌したという仮説に基づき議論を進めた。そもそも、国家は免許により行政が供給制限してきた金融機関が破たんすることを想定していなかった。もし、破たんしたとしても、それはあくまでその機関で企業統治の効かない事態が生じたからであり、企業の自己都合により生じたものが圧倒的と考えてきたからである。

本書では、これまで多くの金融機関が破たんしたのであるが、その破たんの時から再生に掛かるまでの法制度の整備やそのやり方について、破たんが起きるたびに、それらがどのように変更されたかを明示し、その破たん時の損失額や補償などの諸費用を明示し、それらが公的に負担されてきた事実を明らかにした。そして、破たんに際して、結果としてその処理費用についてどの程度銀行が負担した形になっているのかを明示した。本書では、市場競争から見て、銀行グループ間で貸出利子でどのくらいの差違があり、それにより貸出に違いが生じるのかについて統計学を用いて明示的に考察した。他方、官から民へと衣替えしたゆうちょ銀行は預金を貸出ではなく、資産運用重視の姿勢に転じ、その変貌した姿は国民の思い描く理想と一致したものでなかった。また、金融機関の貸出の補完の役割を果たしている政策金融の姿も、信用保証を通じて、日本の金融機関の企業向け貸出を助成した姿に

なっていない。こうした事実を本書では詳説し、今の日本の金融市場で、金融機関を破たんから再生に向かわせるとき、これまでのように国がその費用を公的に負担し続けていることが、今後の日本の将来の姿に相応しい金融制度であるのかという問いと答えを出すことになる。

天尾久夫

目　次

第1章　金融機関（間接金融を行う民間企業）の定義について

　本書は、地域金融機関としての銀行を、考察の対象としている[1]。間接金融は資金の融通において、異時点間代替と異状態間代替を行う意味で「銀行」が債権という証券を通じて仲介している。間接金融で銀行業を対象としたのは、その定義から捉えたためである。そして、ここで扱う地域金融機関の「地域」という言葉に目を転じてみると、その定義は抽象的な概念ではない。東京や大阪など首都圏であっても、一地域であり、本書では政府の報告書で使用した定義に従い、地域金融を「地域（国内のある限定した圏内）の住民、地元企業、地方公共団体などのニーズ（needs）に対応した金融サービス」と捉えることにした[2]。また、政府の使用する定義によれば、地域金融機関は、主に、1.地域住民の要望する種々の金融サービスに対応できる商取引に対応できること　2.地域の開発に積極的に金融面から参画し、それらの目的を果たすことを目指すとある。この考えから結論づけると、地域金融機関は、「一定の地域を営業圏にして、その地域住民、地元企業、地方公共団体に対して金融サービスを提供する金融機関であり、大規模な都市銀行とは違い、その地域経済と運命を共にする関係のある金融機関」、そして「当該金融機関の収益や効率

---

[1]　地域金融という言葉は金融辞典でも陽表的に示されておらず、日本で地域金融という言葉は、（金融制度調査会［金融制度調査会金融制度第一委員会中間報告, 1990]）で、具体的に明示され定義を試みている。本書ではそれを用いている。（家森［家森, 2004]）13-21 ページ参照。

[2]　本書の定義は、以下の報告書（金融制度調査会［金融制度調査会金融制度第一委員会中間報告, 1990]）で用いたものを参照した。

性を犠牲にしても地域住民と密接に関連し、そのニーズに対応する性格を有する金融機関」と言える。

　一般に、金融機関は決済、預貸活動を通じて経済において信用創造を担っている。すなわち、国家は中央銀行の金融政策による信用創造などの機能を地域にあまねく提供するため、銀行や証券会社、生命保険会社の設立についても、金融市場での占有率はもちろん、設置条件、立地などを考慮し認可している。つまり、本書で用いている「金融システム」という意味は、どのように銀行や銀行支店を地理的に配置することを認めるかという狭義の意味で捉えることもできる。そして、もし一度、金融機関の経営が立ちゆかなくなったときには、国はその廃止をまず決定する。そして、国・金融当局は、その許認可を通じて、破たんした銀行のある地域で、その破たん金融機関の経営を引き継ぐことのできる機関を日頃の日銀考査の結果から選定し、金融機関の破たん、そして、不良債権処理の失敗による波及的な実物経済への影響を最小化することを目途として施策を講じる。これは、金融システム不安に対応するときの日本銀行の永続性の担保という原則に合致している。まず、政府が破たん金融機関を再生させるとき、日本銀行の資産の健全性の確保と同時に国の財政負担を大きくしないことにある。

　政府は、再生した金融機関の再配置を、破たん後の地域経済の金融システムの安定性を考え認可している。その意味で、本書では「金融システムを一国において金融サービスがあまねく、地域間で隔たりなく提供されている直接・間接金融機関の配置、中央銀行の制度設計や行動から作られて金融機関の再配置した制度設計を総称したもの」として定義した。

　地域金融の利用者から捉えたとき、本書では家計、中小企業、地方自治体（公共部門も含めた意味）を考察の対象とした。金融の専門家は、金融機関が事業を行う地理的範囲を示す「地区」を用いると説明する。金融機関が営利法人の場合には「営業区域」と言い、非営利法人の場合には「事業区域」と言う。本書でも、「地域」という語は「区域」を地理的に包含した広がりのある概念であると定義し、その考え方を踏襲した[3]。例えば、経験上、都市銀行では地域住民、企業との取引に際して、銀行自身の収益や効率性などの経営指標を参考にしつつ、個々の支店が資金運用する感覚は乏しい。なぜなら、貸出でも、そして、資金調達においても、日本銀行の監督、あるいは政策金融や公的金融機関の内在的、外部的な関与があり、各銀行が独立して業務を行うことが困難な業種だからである。本書では、官から民へ転身した「ゆうちょ銀行」についても議論を試みたが、結局、ゆうちょ銀行は、地元企業との取引関係は希薄であり、公社から発生した歴史的経緯から住民と地方自治体との取引関係が緊密のままであり、地域住民の決済と資金運用に特化した地域金融機関に近い性質を有したままである。

　一般に、金融機関の研究者は、都市銀行（メガバンク）と第一地方銀行（地方銀行Ⅰ）、第二地方銀行（地方銀行Ⅱ）を一括してか、もしくは地方銀行以下を区別して考察の対象とし議論を進める場合が多い。それは、銀行という金融機関を一括りにして扱って、日本当局の金融政策が銀行を通じて、マクロ経済へ及ぼす影響などを分析するのに都合が良いからである。

3　地域と区域の違いについては、（神吉［筒井 植村, 2007]）p.250 の脚注 3 の考えを引用した。

　本書では地域金融機関を都市銀行、地方銀行Ⅰ、地方銀行Ⅱ、信用金庫の4つのグループに分けて議論を試みたことが特徴と言えるかもしれない。

1-1 日本の金融機関の現況について －与信業務と金融監督－

　まず、図1-1で銀行グループ毎の貸出平均預金残高についての変化をみることにしよう。この図は、都市銀行（lend_togin）、地方銀行Ⅰ（lend_chigin1）、地方銀行Ⅱ（lend_chigin2）、信用金庫（lend_shinkin）の銀行グループ毎の2000年から2016年までの貸出平均残高額の推移を示している[4]。

図1-1　全銀行種別の年度貸出平均残高の推移

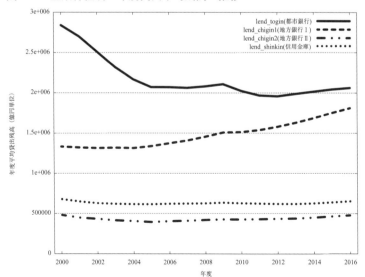

この図1-1の貸出平均残高のデータは日本銀行ホームページの時系列データ検索サイト（日本銀行［日本銀行, 2017 ①］）　http://www.stat-search.boj.or.jp/index.html（2017年11月取得）より入手し作成した。

各グループの数値を比べると、都市銀行と地方銀行Ⅰグループ間を総額で見たとき、貸出規模は似通っていて、地方銀行Ⅱと信用金庫グループ間の貸出規模も似通った水準で推移している。実際に、日本の金融市場では都市銀行と地方銀行Ⅰグループでの競争、地方銀行Ⅱと信用金庫グループ間での競争の事態が観察される。ここ数年で日本の金融機関の競争は、都市銀行と地方銀行Ⅰグループ間、地方銀行Ⅱと信用金庫グループ間で起きていると主張したいが、そのような単純な図式で捉える証拠を探しだすのは困難と考えている。

ミクロ的な視野で見れば、都市銀行一行は、規模で見れば地方銀行Ⅰの各行と比べ圧倒的な大きさの違いがある。他方、地方銀行Ⅱの一行と比して、信用金庫一行もはるかに小さい規模の場合が多い。これまでの日本の歴史的経緯から、こうした金融市場では、競合相手先を意識せずに金融機関の合併の事態が進んでいるのではないかということが私の指摘した仮説である（図1-2参照）。

上記の理由により、ここでは都市銀行グループ、地域金融機関グループも含めて議論を進めた。それは、これまでの研究者は大規模な都市銀行グループだけ、あるいはマクロ的視点で銀行を集計化して議論を進めてきたが、一方、地域金融機関グループを含めてまで、それらに焦点を当てて分析を試みる研究者は少ないからである。

さて、金融政策の変化、対外的な変化によるマクロ的なショッ

---

4 この図の貸出平均残高は（日本銀行［日本銀行, 2017①]）（2017年11月取得）のホームページで提供されたものは月次値であり、それを年度データに変換し作成した。

図1-2　全金融機関の業態別貸出金の総残高の機関種別の比率
（1998年3月～2006年2月までの平均値より算出）

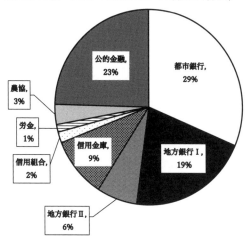

この図1-2のデータは日本銀行統計月報より入手したホームページの時系列データ検索サイト（日本銀行［日本銀行, 2017 ①］）　http://www.stat-search.boj.or.jp/index.html（2017年11月取得）より入手し作成した。貸出金残高は各金融機関の業態別貸出金を総計したものを使用した。この図の数値は平均値の小数点第1位を切り捨てて描いており全てを足しても100%とならない。

クは、地域経済の景気を大きく変化させることがある。そのとき地域金融機関の貸出も、非常に繊細な動きを示す。例えば、2011年（平成23年）3月11日の東日本大震災の影響は、地域銀行の預金額につぶさに現れたという事実もあって、予期せぬ事態の影響が即時に現れるのは地域の金融機関の数値の特徴と言える[5]。

　さて、ここではまず、本書の考察の対象とした地域金融機関のグループ分けについて論じておく。分類方法が少々粗いが、考察

---

[5]　（天尾［天尾, 2013］）197-203ページ参照。ここでの記述で、著者は地震発生前後の東北各県の預金・貸出の動きなどを丁寧に省察している。

の対象の全金融機関を数種にグループ分けした。ここでは、2018年（平成30年）時期に存在した全金融機関を、都市銀行・信託銀行（34行）、労働金庫、信用組合150を除く銀行を地域金融機関（全地方銀行64行、第2地方銀行41行、信金中央金庫を除く信用金庫264行、ゆうちょ銀行、JAと農林中央金庫）と総称した[6]。特に、本書では破たんした金融機関の再構築をするために、受け皿となった銀行は、リレーションシップ バンキング［Relationship Banking］を経営方針とした銀行が多かった。これは政府、すなわち金融当局からの意向と関係するのであるが、破たん後生まれ変わった銀行は地域密着型金融を目指す金融機関であることを条件に政府から援助を受けることになっているからである。本書で描かれる破たん銀行の処理後の姿には、他にも取引決済を主としたトランザクション バンキング［Transaction Banking］という取引と決済機能に特化した銀行の形態を目指した行もあった。破たん再生が一元的なモデルでなかったことも、念のため付言しておく。

　本書では、破たん行が金融システムを揺さぶる効果を見る上で、地方銀行、信用金庫、信用組合、JAのように取引主体が中小企業や農業者など、出資条件が明確で、特定の相手のみに貸出を行う目的の金融機関の変化についても扱うことにした。金融システムが揺さぶられる中で、信用組合やJA、農林中央金庫などで起きていたことは、当該機関の会員のみへの与信がもともと金

6　外国銀行でも、日本国内に55行存在する。また全第1地方銀行64行、第2地方銀行41行、信金中央金庫を除く信用金庫264行、全国信用協同組合連合会を除く信用組合150組合が存在している。（金融庁［金融庁, 2017］より）引用した。

融機関の本業であったが、現実では、ほとんど会員外への与信、決済が主業務になっているという事実である。

　いま、一つ本書で指摘しておきたいことは、金融監督は都市銀行（メガバンク）であろうが、地方銀行であろうが、ほぼ同一の基準で検査を「金融検査マニュアル」を用いて行ってきた[7]。例えば、金融機関が中小企業向けの貸出を行っているならば、それを行ったすべての機関は「金融検査マニュアル」に従って、当局の検査を受けることになる。初期の頃には破たん行が現れても、金融機関の監督は業種別に行われていなかった。

　その審査の骨子を述べれば、金融機関が与信先に対応して、銀行自身がどのような資産を保有しているかに着目したものであった。検査の詳細が衆目に目立つようになったのは、バブル経済対策のときであった。この検査により、銀行の収益構造、そして銀行の保有する資産の構成は大きく変化したと言える。

　例えば、金融機関が貸出先の債権、株式を資産として大量に保有するといった持ち株を資産構成に採用したのは、バブル経済前の特徴的な銀行の資産保有の姿であった。1990年（平成2年）の橋本大蔵大臣（海部俊樹内閣）、三重野日銀総裁による貸出の総量規制によるバブル潰し（1990年4月開始）では、銀行は保有する貸出債権の良、不良を選別するため、貸出債権の毀損に対応した適正な資産額を算定し、それらの保有を目論んだ。政府当局の監督の狙いは銀行の保有する債権の選別を急がせ劣悪な債権の処理を急がせる事にあった。

7　（金融庁［金融庁, 2004 ②]）の「金融検査マニュアル別冊（中小企業編）」を見ても分かるように、マニュアル化された指針が全銀行に課せられていることが確認できる。

　こうした事態は、1980年後半から2003年まで続いた[8]。金融環境を見たとき、世界の各国で政府は有史以来、世界規模で金融緩和が進んだ。もちろん、世界でグローバル化という市場経済の価値の徹底とアジア諸国の発展途上国で急速な経済拡大が起きたことと軌を一にした。そして、サブプライム ショック、その後の2008年（平成20年）9月に起きた世界同時不況と言われた環境の下、日本の金融機関を取り巻く環境が大きく変化したため、当局はそれに合わせて監督の方法を変更したと解釈できる。

　現在まで、TPP（環太平洋パートナーシップ［Trans-Pacific Partnership］）や RCEP［Regional Comprehensive Economic Partnership］などの多国間での貿易協定が大国の自国第一主義の風潮のもとで自由貿易を推進する条約の完全な妥結に至らないことも多い。他方、2016年（平成28年）より、イギリスがEUを離脱を決定した事件からも分かるように、グローバル化といわれた時代から、ローカル重視・自国ファーストを目標に掲げる国家も現れている[9]。この変化は日本の実物貿易に作用するだけでなく、最終的に、金融機関により大きなショックを及ぼすことになると推測している[10]。少子高齢化社会で労働資本の制約のもと、

---

[8]　日銀を通じて公定歩合を引き上げ利子率上昇の誘導を進めるなどの加熱した資産価格の上昇を抑えるための施策は1989年に講じられていたことを念のため述べておく。

[9]　TPP協定は、2015年10月にオーストラリア、ブルネイ、カナダ、チリ、日本、マレーシア、メキシコ、ニュージーランド、ペルー、シンガポール、米国（後離脱）、ベトナムの計12カ国による包括的な経済連携協定として批准に至っていたが、2017年1月米国は一方的にこの協定からの離脱を宣言し、2017年から米国を除く国で協定批准の手続きが進められている。イギリスのEU離脱の選択は、国民投票で2016年6月に採択された。

[10]　投資家、資産家が、自国の税制を回避し、税回避地に利益を確保する事を目論む世界企業の登場は金融機関の資産運用能力などに大きな影響を及ぼす。

コロナ禍で日本の製造業で製造拠点を再配置しはじめており、その動きが止まるということは想像しにくい。そして、製造業に代わる産業として、日本国で自動車産業の代わりに、つぎの成長の牽引役として農業を想像するのは、いささか無理に思われる[11]。

　目を転じて、日本が新産業として、知的財産の管理や観光産業などを次世代の成長産業として採用したとき、金融機関はその与信のリスク管理をどのように行うのかという旧くて新しい問題に直面する。仮に、新産業を創出しても、その産業のリスクを判断できなければ、とりあえず金融機関は企業の所有する資産価値を担保とする訳であり、その時に所持する技術や知的財産の価値の評価が難しくなるのである。そうした時に、これまでは政策金融が、新産業創成の際、予期せぬリスク負担の助成の役割を担っていた。しかし、金融機関の競争がグローバルになるにつれ、政府が民間の代わりに貸し付け、与信する行為事態は、絶えず外国金融機関から注目され、日本の金融の閉鎖性を彼らから指弾される結果となった。

　これまでの民間の金融機関の新産業への与信態度が変わらず、もし、民間金融機関の貸出が、政策金融を通じて（政府や地方自治体の信用の助成の及ぶ範囲で）しか、それらを行わないという姿勢を徹底するのであれば、それは成長産業の創生という点で足かせとなりかねない。例えば、経営学の旧い言葉で申せば、進取の気性を持つアントルプレナーが、新規事業を行うとき、地方自

11　（天尾［天尾, 2016]）314-319ページ参照。この論文では、平均年齢65歳を超える農業の就労年齢人口、規模の面、米生産に特化した生産構造、現行の日本の農業の構造を検討し、その金融面を省察したものである。農業に工業と同様に、収穫逓増の効果を期待するのは些か酷な条件であり、工業の成長と同じような尺度で農業を捉えて議論するのは無理があるように思う。

治体が助成する各県の信用保証協会に信用保証を申請し、その承認を得てから、金融機関は貸出を行う。大抵の金融機関が、企業の与信審査を行い、経営状況や財務状況が優良であり、融資計画がどんなに革新的であったとしても、まず、その保証金額以上に貸し出すことをしない。すなわち、金融機関は、企業の目利きとか将来性を見るといった審査に力を入れず、国や地方自治体によって貸し倒れが保証される金額を上限額にして貸出を行う姿勢が全国で徹底されているのではないかという疑念である。言い換えれば、これは金融機関が与信先で直接、貸し倒れリスクを取らないまま与信を行っている姿と言える。国家・地方自治体の関与なくば、与信先を調査しても貸出資金の枠を増やさない金融機関であるとすれば、その機関では与信面で見て新たに創生した産業で新規の企業貸出が増えるはずもなく、少子高齢化による企業継続の困難さとあいまって日本企業の減少は一層加速するかもしれない。

　金融庁も2015年（平成27年）7月に森金融庁長官に切り替わって以降、前述のような事態を注視し、金融監督の方式を、単に銀行の資産の保有状況だけでなく、どれだけ地域経済の企業に資金を貸し出し、それで利益を出すことができたのかを注視し、検査監督のあり方を変化させようと大きく舵をきっている。

　本書では、なるべく政府や金融当局から提供され入手可能なデータを使用し、上記で指摘した仮定について検証を行った。そして、それを用いて単純な統計モデルで、因果関係を示唆して、おおよその特徴を述べ、統計的に有意な推計結果を提示した。例えば、本書で提示した仮説を検証するとき、時系列データで単回帰推計、あるいはダミー変数を用いた重回帰モデルを用いて、複数

の独立変数の効果の比較も行った。仮説の推計方法にいくつか問題を残しているという研究者の批判のあることを踏まえた上で、ここでは、経済学・経営学の論理的思考を重んじ、極力単純な説明を採用することに努めた。経営学では、企業史から見て、これまでの経営のやり方、あるいは、銀行頭取や取締役の経営才能の有無、マネージメント能力、地域の金融市場の状況までも考慮すれば、それらが利益率の差異につながるという議論も存在する。本書では、米英と比べて間接金融機関の収益率（保有する資産収益率）が低いという金融の専門家の指摘も踏まえて、日本の金融は政府や金融当局の規制や制限があるので、経営者（陣）の振る舞いが大きく異なる事態を想定できないので、銀行間で大きく収益率が異なるといった事態を想定していない[12]。

　本書では、地域金融機関の破たんの事象を主題としている。先行研究として、戦前からの日本の金融機関の特殊性についての議論や指摘については、寺西重郎、堀内昭義、花崎正晴の精密な叙述があり、それらを踏まえて本書で議論を進めていることを断っておきたい[13]。

　金融機関は、伝統的な見方では金融仲介金融機関と呼ばれ、最終的借り手の発行する本源的証券を取得・保有し、最終的貸し手

---

[12]　もちろん、地域金融機関の中には、頭取が経営戦略を練って、与信で十分な成果をあげているところもある。過疎地域で貸し倒れリスクに備え、自己資本比率50％を超える資産保持を続けて貸倒リスクに対応する銀行も複数存在することを付言しておく。

[13]　金融機関の破たんの事件は、戦前の昭和恐慌、あるいは第二次世界大戦後の復興期における混乱期まで遡ることもできる。第二次世界大戦と戦後の金融システムの考察については、（寺西［寺西, 2011］）865-897ページ参照。バブル後の金融破たんについての考察については、（堀内［堀内, 1998］）第1章、2章と4章、（花崎［花崎, 2008］）95-137ページ参照。

に間接証券を発行する資産変換機能を伴う活動を行っている。前述したが、金融が異時点間代替と異状態間代替の機能を果たす意味で、銀行は債権という証券を発行し、直接金融では、例えば、証券会社は分配技術（例えば資産ポートフォリオを構築）を用い、最終的借り手の発行した本源的証券を最終的貸し手に販売している。この活動は実は金融仲介と見なされないのである。

　金融機関の本業は、資産を運用、保有を通じ、預金などを如何に別の資産に変換し、それを最終的貸し手に間接証券として発行することである。

　昨今では、暗号・複合の精緻化や情報技術の進歩で金融工学の進展が著しく、電子マネー、ビットコインなどの決済通貨、資産保全手段も多様化し、間接証券の姿も多様化している。また、資金調達面での売り手と買い手の情報の非対称性は、各国の市場経済制度の成熟度により異なる。情報の非対称性による日本の金融市場で起きる金融機関の行動の特徴については、他の研究者の検証に委ねることにした。また、グローバル化という全球的市場経済で国際取引は活発化しているが、金融の部面を見ると、取引できる主体は拡大しているが、逆に金融機関と取引先の情報の非対称性はより大きくなっていると言える。情報の経済学という視点で見れば、金融機関は単に資産変換機能だけでなく、信用情報生産機能を重視した業態とも言える。すなわち、金融機関は、最終的貸し手に代わって、最終的借り手の信用情報を審査する。他方、直接金融であっても、証券会社が証券の発行者である借り手の信用度を審査し、それを貸し手の投資家に提供し、金融取引の円滑化を促している。間接・直接金融を情報の部面から見れば、金融仲介金融機関を間接金融、仲介専門金融機関を直接金融と見

なすことができる。

さて、金融仲介金融機関は、発行する間接証券が預金であるか
どうかによって、預金取扱金融機関と非預金取扱金融機関に区分
される。本書では、預金取扱金融機関で、信用創造を行うことが
でき、要求払い預金を受け入れる金融機関を「商業銀行」として
考えて、それを考察の対象とした。

しかし、上記と別の区分法も存在している。それは金融機関の
発行する間接証券が貨幣であるかどうかに着目する方法である。
すなわち、金融機関を、貨幣的金融仲介金融機関と非貨幣的金融
仲介金融機関とに区分する仕方である。前者の貨幣的金融仲介金
融機関は、日本銀行や商業銀行が該当し、後者の仲介金融機関は
保険会社や投資信託会社が該当する。その意味で本書では保険会
社や投資信託会社の分析については扱わないことにした。

1−2 日本の金融システムの中から見た銀行の役割

現在の日本の金融システムから概観すれば、本書で考察の対象
とした銀行の位置づけは、中央銀行である日本銀行は貨幣鋳造利
益を所持する発券銀行であり、銀行の銀行、政府の銀行として特
別な位置づけである。しかし機能としてだけ見れば金融仲介金融
機関である。その違いは、中央銀行の取引先が、銀行などの預金
取扱金融機関、証券会社、短資会社など、中央銀行が取引を認め
た所に限られることにある。

金融仲介金融機関の中で、預金取扱金融機関が銀行である。銀
行は全国銀行として大別され、その内訳は都市銀行（メガバン
ク）、第一地方銀行（地方銀行Ⅰとも表記する）、第二地方銀行[14]
（地方銀行Ⅱとも表記する）として区分されている。また、信託

銀行や在日外国銀行も存立し、その他に信用金庫、信用組合、JA（農協）等も含まれる。

　ここでは、銀行グループのあらましの特徴を預金と与信から記すことにしよう。

（銀行グループ毎の預金残高の状況）

　銀行グループ別で預金残高を比較できるのは、当局が信用金庫のデータの収集を取りやめたため、1998年（平成10年）～2003年（平成15年）の期間の平均残高だけが入手可能である。これを図1-3aに記しておく。

　この図1-3aからも分かるように、預金量は都市銀行グループと地方銀行Iグループが突出しており、信用金庫グループが地方銀行IIグループの二倍ほどの規模となっている。この図では、都市銀行と地方銀行単体で比べれば、規模は圧倒的に異なるが、マクロで見たときには、同等に近い預金を扱っていると捉えることができる。

　信用金庫と地方銀行IIを比較すれば、信用金庫は、金融機関に存する会員向け金融機関という特質があるが、信用金庫グループの総額で考えた預金残高は2017年（平成29年）では135兆円を超える規模になっている[15]。上記で記した都市銀行（メガ バンク）と地方銀行I、地方銀行IIは総称して普通銀行と呼ばれている。この都市銀行は明治以降から歴史的に見て、商業銀行の短期金融機関として位置づけされてきた[16]。しかし、これらの銀行で

14　第二地方銀行は第二地方銀行協会加盟の地方銀行として定義されている。（第二地方銀行協会［第二地方銀行協会, 2006]）参照。

15　本書の図の預金平均残高の値は日本銀行時系列データ検索サイト（日本銀行［日本銀行, 2017①]）http://www.stat-search.boj.or.jp/index.html （2017年11月取得）より入手し、作成した。

図1-3a　銀行グループの預金合計の平均残高の比較

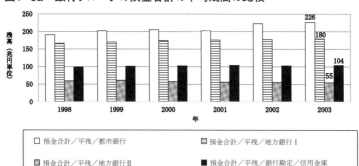

上記の図 1-3a の銀行グループの預金合計の平均残高の値は、日本銀行時系列データ検索サイト（日本銀行［日本銀行, 2017 ①］）http://www.stat-search.boj.or.jp/index.html）（2017 年 11 月取得）よりデータを入手した。

は 2〜4 年を超える定期預金等の資金調達から、中、長期の貸出の割合も年々大きくなった。1980 年代まで存立していた長期信用銀行は、資金調達の大半を債券発行（金融債）により行い、長期の資金設備の貸出を主な業務としていた[17]。これらが破たんした結果、商業銀行は与信先企業からの要請に応える意味で、長期の貸出に応じることになった。

　他方、民営化されたゆうちょ銀行の預金残高（末残値）について見れば、図 1-3b のように信用金庫グループの残高と地方銀行

---

[16]　金融の部面で短期と長期の時間的区分については、一年未満を短期、一年以上を長期という会計上の慣例に従って定義されるが、経済学的な視点で局所的な安定状態を短期、大局的な安定いわゆる定常状態を長期とみなすという考え方も存在する。本書では経営学の視点で見ているが、これは会計上の処理の問題などと密接に関連している。

[17]　長期信用銀行は、決済性の預金も引き受けていたが、これは企業経営の要請から行われていた業務であった。

図1-3b　ゆうちょ銀行と信用金庫の預金残高の比較

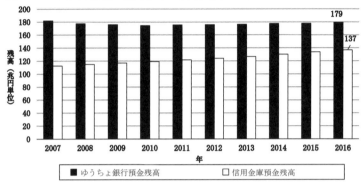

上記の図1-3bの図は、ゆうちょ銀行の預金残高（末残値）は（ゆうちょ銀行［ゆうちょ銀行株式会社, 2017］　http://www.jp-bank.japanpost.jp/ir/financial/ir_fnc_disclosure.html と信用金庫については預金の平均残高値を、日本銀行時系列データ検索サイト（日本銀行［日本銀行, 2017 ①］）http://www.stat-search.boj.or.jp/index.html（それぞれ2017年11月時点）よりデータを入手し、作成した。

Ⅰグループの残高の間に位置しており、決して他銀行と比して小規模とは言えない。

（銀行グループ毎の与信［貸出］残高の状況）

　つぎに銀行グループ毎に法人向け、中小企業向け、個人向けの与信状況について概観しよう。まず、銀行グループ毎の法人向け貸出残高（末残）（貸出末残高）を見たとき、都市銀行グループの貸出残高総額と地方銀行Ⅰグループの貸出残高規模は近い値であり、また、地方銀行Ⅱと信用金庫グループで見て、両グループの貸出残高も似通った規模であることが確認できる（図1-4参照）。

　中小企業向け貸出末残高で見たとき、信用金庫グループのデータだけが統計収集の廃止により入手不可能であり、銀行グループ毎の中小企業向け貸出の規模を見ると、2014年（平成26年）以

図1-4　銀行の法人向け貸出末残高の動向

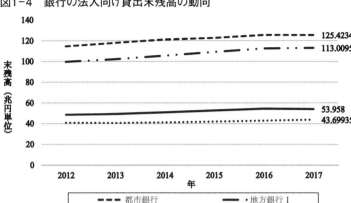

図1-4は、銀行別の法人向け貸出残高（末残）の数値を、日本銀行時系列データ検索サイト（日本銀行［日本銀行, 2017①]）http://www.stat-search.boj.or.jp/index.html（2017年11月取得）からデータを入手し作成した。

降、地方銀行Ⅰグループが都市銀行グループを規模で抜いていることが分かる（図1-5参照）。

　個人向け与信（貸出末残高）については、その数値を比較すると、都市銀行グループと比べ、地方銀行Ⅰグループが突出した形で総貸出残高を増やした状態になっている。地方銀行Ⅱグループも信用金庫グループとほぼ似通った一定の水準のまま、個人向け貸出末残高は推移していることが確認できる（図1-6参照）。

　ここまで、銀行のグループ毎の預金（預金合計平均残高）と与信（貸出末残高）の動向に着目してきたが、ここで特筆すべきことは、預金平均残高で見れば、一行一行で保有する預金残高に差はあるが、銀行グループ毎の貸出残高（平均残高値）を見たとき、都市銀行グループと地方銀行Ⅰグループ間で、貸出規模は似通っていて、他方、地方銀行Ⅱと信用金庫グループ間で、規模に

図1-5　銀行の中小企業への貸出末残高の動向

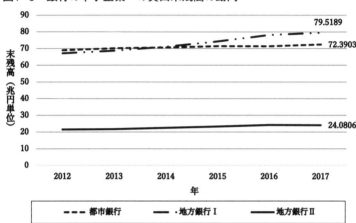

図1-5は、銀行別の個人向け貸出末残高の数値を、日本銀行時系列データ検索サイト（日本銀行［日本銀行, 2017①］）http://www.stat-search.boj.or.jp/index.html（2017年11月取得）からデータを入手し作成した。信用金庫の値は日本銀行のデータ収集中止により描けなかった。

おいて似通っているという特徴である。

　確かに銀行の一行毎に着目すれば、都市銀行と地方銀行の規模は異なるので、一行毎それぞれが競争しても財務体力に差もあるので、収益では都市銀行の一方的な勝利に終わるのではないかと考える。しかし、実は、グループ毎で集計化して見たときに、そうはなっていないのである。

　他方、地方銀行Ⅱグループと信用金庫グループ間の総預金残高（平均残高）を見たとき、信用金庫グループは地方銀行Ⅱグループの2倍ほど預金残高を集めている（図1-3a参照）。しかし、銀行グループ毎の法人向けの貸出末残高の規模で比較したとき、地方銀行Ⅱグループの貸出末残高は信用金庫グループの大きさをやや上回っているだけである（図1-4参照）。他方、個人向け貸出

図1-6　銀行の個人向け貸出末残高の動向

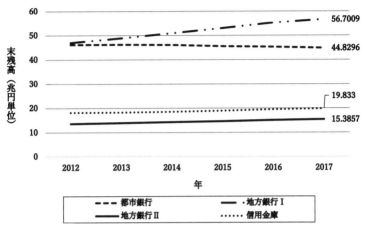

図1-6は、日本銀行の時系列データ検索サイト（日本銀行［日本銀行, 2017 ①］）http://www.stat-search.boj.or.jp/index.html（2017 年 11 月取得）よりデータを入手し作成した。

　末残高で比較したとき、信用金庫グループが地方銀行Ⅱグループを貸出残高総額で上回っている（図 1-6 参照）。本書では、上記のように銀行をグループ毎に大別して、各種銀行間を比較するのであるが、それらをグループ毎にして比較対象とした意味は、金融市場の預貸規模を考慮したからである。

　さて、銀行が企業へ資金を貸出するときの条件として、会計学の視座から一つの知見を披見できる。すなわち、「企業の継続性」という目的から見たとき、経営者は貸借対照表で示される流動負債という短期間（通常一年以内）で返済しなければならない負債金額の存在を強く意識している。会計学では資産も、負債も、流動もしくは非流動という視点で見るが、短期的な負債金額は「資金決済」の際に注視する項目である。すなわち、経営者が資産保

有のために長期資金を借りるという行為の裏側には、経営の長期安定を保証するメリットもある反面、経営者は同時に今保有する短期の流動負債の再構築を行う必要に迫られる。

　さて、本書で考察の対象とした信用金庫は、中小企業専門金融機関と総称されている。法律上では株式会社ではなく、共同組織という形態を取っている。機能だけを見れば、普通銀行と同じように、預金（要求払い預金や貯蓄性預金）を引き受けて信用創造を行い、中、長期の貸出も行っている。実際には、信用金庫でいう出資者、あるいは組合員という会員専門に決済や与信を中心に行うことが主業務である。しかし、信用金庫は非会員向け扱い額が、会員向けより遙かに大きいという矛盾をはらんでいる。JA（前農業協同組合）や漁業協同組合でも、上記の信用金庫と信用組合と同様の業務を行っている[18]。例えば、JAや漁業協同組合は、名目上会員の要求払い預金や貯蓄性預金を受け入れ、信用創造を行い、長期貸出を行うだけでなく、さらに信託業務も手掛け、一般の普通銀行と同じ業務を行っている。

　では、銀行グループ毎に都市銀行、地方銀行Ⅰ、地方銀行Ⅱ、信用金庫の提示する利子率で貸出金額（平均残高）がどの程度変化したのか、おおよそ見るために以下の単回帰式を推計した。

　まず、銀行グループ毎の貸付の総貸出残高（平均残高）（以降、総貸出平均残高と記す）の対数値 Y_{ij} と銀行毎の貸出約定平均利子率 X_{ij} との関係を把握するため、下記の単回帰モデルを銀行グループ毎に推計する。

---

[18]　（天尾［天尾, 2016］）の論文では、JA の経営について検証した。

$$Y_{ij} = \alpha + \beta_i X_{ij} + u_j$$

　ただし、α は定数項、Y_{ij} は銀行グループ毎の総貸出平均残高の対数値、X_{ij} は銀行グループの利子率で、i＝1 は都市銀行、i＝2 は地方銀行 I、i＝3 は地方銀行 II、i＝4 は信用金庫、j は観測値の番号であり、j での誤差項で $u_j \sim N\,(0, \sigma^2)$ である。

　なお、この推計に用いた観測値は、日本銀行時系列データ検索サイト（日本銀行［日本銀行, 2017 ①］）http://www.stat-search. boj.or.jp/index.html（2017 年 11 月取得）より入手したことを重ねて述べておく。

　そして、上記の単回帰の推計結果は以下の通りである（表 1-1 ～表 1-4、図 1-7～図 1-10 参照）[19]。

都市銀行　：　$Y_{1j} = 14.6 \quad - 0.135 * X_{1j} + e_j$
　　　　　　　　　　(2780***)　　(-26.78***)

地方銀行 I：　$Y_{2j} = 14.8 \quad - 0.323 * X_{2j} + e_j$
　　　　　　　　　　(3069***)　　(-86.57***)

地方銀行 II：　$Y_{3j} = 13.4 \quad - 0.216 * X_{3j} + e_j$
　　　　　　　　　　(1639***)　　(-40.36***)

信用金庫　：　$Y_{4j} = 13.6 \quad - 0.146 * X_{4j} + e_j$
　　　　　　　　　　(1227***)　　(-24.38***)

推計式の下の（）の値は t 値であり、* は * が有意水準 10%　** 有意水準 5%、*** は有意水準 1% である。

---

[19]　推計式の係数は切片を小数点第 2 位、傾きの値は小数点第 4 位を四捨五入した。

表1-1　モデル:最小二乗法(OLS), 観測:2012:01-2017:08(観測数＝68)

従属変数:Y_{1j}:(1_lend_toshigin(都市銀行の総貸出平均残高の対数値))

	係数	Std. Error	t値	p値	
α	14.6495	0.00526925	2780.	<0.0001	***
X_{1j}	−0.135143	0.00504672	−26.78	<0.0001	***

Mean dependent var	14.51023	S.D. dependent var	0.024097
Sum squared resid	0.003279	S.E. of regression	0.007048
R-squaredz (決定係数)	0.915717	Adjusted R-squared (修正済み決定係数)	0.914440
F (1, 66)	717.0790	P-value (F)	3.62e-37
Log-likelihood	241.4633	Akaike criterion	−478.9267
Schwarz criterion	−474.4877	Hannan-Quinn	−477.1678
Rho	0.722382	Durbin-Watson	0.508031

表1-2　モデル:最小二乗法(OLS), 観測:2012:01-2017:08(観測数 ＝ 68)

従属変数:Y_{2j}:地方銀行 I (1_lend_chigin1)

	係数	Std. Error	t値	p値	
α	14.7638	0.00481136	3069.	<0.0001	***
X_{2j}	−0.323456	0.00373614	−86.57	<0.0001	***

Mean dependent var	14.35124	S.D. dependent var	0.057880
Sum squared resid	0.001959	S.E. of regression	0.005448
R-squared (決定係数)	0.991271	Adjusted R-squared (修正済み決定係数)	0.991139
F (1, 66)	7495.205	P-value (F)	1.11e-69
Log-likelihood	258.9724	Akaike criterion	−513.9449
Schwarz criterion	−509.5059	Hannan-Quinn	−512.1860
Rho	0.805955	Durbin-Watson	0.302992

これらの表の推計に用いた、各銀行の貸付の貸出残高(平均残高)の値と貸付の貸出約定平均利子率の数値を、日本銀行時系列データ検索サイト(日本銀行[日本銀行, 2017①])http://www.stat-search.boj.or.jp/index.html (2017年11月取得)より入手し、作成した。表のp値の後の、***……有意水準1% **……有意水準5% *……有意水準10%となっている。

表のαは定数項、Std. Error はこの推計式の分散に対応する各パラメーターの標準偏差、R-squared は決定係数、Adjusted R-squared は修正済み決定係数である。F ( )はF値を示す。S.E. of regression は推計式の攪乱項の分散の不偏推定量であるs^2の計算値である。加藤(加藤[加藤, 2012])54-57ページ参照。

図1-7　l_lend_tosigin 対 rate_toshi（最小二乗フィット付）

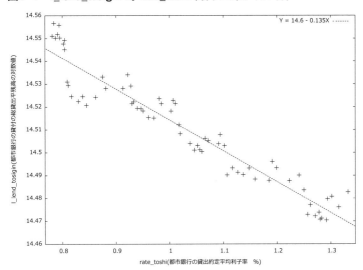

図1-8　l_lend_chigin1 対 rate_chigin1（最小二乗フィット付）

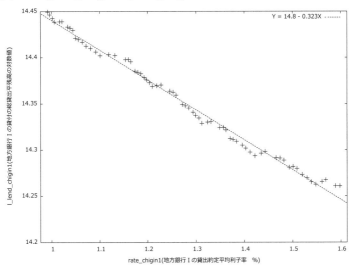

これらの図は各銀行の貸付の貸出残高（平均残高）の値と貸出約定平均利子率の数値を、日本銀行時系列データ検索サイト（日本銀行［日本銀行, 2017 ①］）http://www.stat-search.boj.or.jp/index.html（2017 年 11 月取得）より入手し、作成した。

表1-3　モデル:最小二乗法(OLS), 観測:2012:01-2017:08 (観測数 = 68)

従属変数: Y_{3j}: 地方銀行Ⅱ（l_lend_chigin2）

	係数	Std. Error	t値	p値	
α	13.3591	0.00814853	1639.	<0.0001	***
X_{3j}	−0.215993	0.00535118	−40.36	<0.0001	***

Mean dependent var	13.03300	S.D. dependent var	0.043951
Sum squared resid	0.005039	S.E. of regression	0.008738
R-squared（決定係数）	0.961067	Adjusted R-squared（修正済み決定係数）	0.960477
F（1, 66）	1629.220	P-value（F）	3.02e-48
Log-likelihood	226.8559	Akaike criterion	−449.7118
Schwarz criterion	−445.2728	Hannan-Quinn	−447.9529
Rho	0.849430	Durbin-Watson	0.184302

表1-4　モデル:最小二乗法(OLS), 観測:2012:01-2017:08 (観測数 = 68)

従属変数: Y_{4j}: 信用金庫（l_lend_shinkin）

	係数	Std. Error	t値	p値	
α	13.6315	0.0111118	1227.	<0.0001	***
X_{4j}	−0.145517	0.00596830	−24.38	<0.0001	***

Mean dependent var	13.36177	S.D. dependent var	0.027375
Sum squared resid	0.005017	S.E. of regression	0.008719
R-squared（決定係数）	0.900070	Adjusted R-squared（修正済み決定係数）	0.898556
F（1, 66）	594.4622	P-value（F）	1.01e-34
Log-likelihood	227.0008	Akaike criterion	−450.0015
Schwarz criterion	−445.5625	Hannan-Quinn	−448.2426
Rho	0.894420	Durbin-Watson	0.106015

これらの表の推計に用いた、各金融機関の貸付の貸出残高（平均残高）の値と貸付の貸出約定平均利子率の数値を、日本銀行時系列データ検索サイト（日本銀行［日本銀行, 2017 ①］）http://www.stat-search.boj.or.jp/index.html（2017 年 11 月取得）より入手し、作成した。

表のp値の後の、***……有意水準 1%　**……有意水準 5%　*……有意水準 10%となっている。

表のαは定数項、Std. Error はこの推計式の分散に対応する各パラメーターの標準偏差、R-squared は決定係数、Adjusted R-squared は修正済み決定係数である。F（ ）は F 値を示す。S.E. of regression は推計式の攪乱項の分散の不偏推定量である s^2 の計算値である。加藤（加藤［加藤, 2012］）54-57 ページ参照。

図1-9　l_lend_chigin2 対 rate_chigin2（最小二乗フィット付）

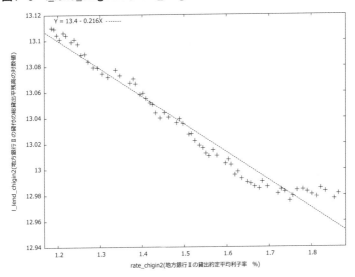

図1-10　l_lend_shinkin 対 rate_shinkin（最小二乗フィット付）

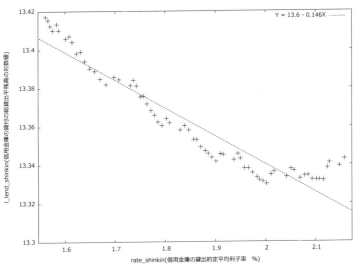

これらの図は各金融機関の貸付の貸出残高（平均残高）の値と貸出約定平均利子率の数値を、日本銀行時系列データ検索サイト（日本銀行［日本銀行, 2017 ①]）http://www.stat-search.boj.or.jp/index.html（2017 年 11 月取得）より入手し、作成した。

　上記の推計結果によれば、銀行グループ毎の推計式の定数項の部分や利子率に掛かる傾きの値を比較しても、大きく異なった値にはならない。しかし、ここでの単回帰の推計結果を用いて、銀行グループ毎の貸出約定平均利子率に掛かる係数の絶対値の大きさを比較することは意味が無い。推計結果からは、貸出利子率が1％上昇したとき、銀行グループ毎の貸付の総貸出平均残高は、都市銀行では0.135％、地方銀行Ⅰで0.323％、地方銀行Ⅱで0.216％、信用金庫で0.146％減少したということが言えるだけである。

1-3 本書で扱う地域金融機関の定義について

　本書で扱う地域金融機関は地域に立地する銀行で、金融仲介機能と信用創造を行う金融機関という意味を含んでいるという点に注意を要する。

　この上記の意味から、普通銀行の業態変化に係わる問題として、ノンバンク［non bank］についても扱うことにした。ノンバンクは非預金取扱金融仲介金融機関を意味しており、呼び方は一般的になっているので、本書でもそのように呼ぶことにしたい。狭義の意味でノンバンクの定義は銀行以外の預金取扱金融機関以外で貸出を行う金融機関である。しかし、1980年（昭和55年）後半から平成にかけて、大手のノンバンクは普通銀行の子会社化を受け入れ、あるいは、資本提供を受けつつ、与信業務を積極的に行った。現在まで、地方銀行Ⅰや地方銀行Ⅱでも、子会社や業務部門を設けるなどして消費者金融ローンの業務を積極的に展開している。消費者向け貸金業者、銀行系クレジットカード会社、信販会社、流通業のクレジット会社、およびリース会社は、普通

銀行と様々な業務提携を進めている。その意味で銀行グループの貸出業態の中に、上記のノンバンクの貸出の特徴も、利子別の貸出金額にノンバンク貸出の特徴が現れると考え、本書の考察の対象とした。

　上記で指摘したように、ノンバンクの資金調達は金融機関からの借入で行い、融資残高で見たときには、信用金庫グループの融資総額を上回る規模となっている。景気が減退状況にあるときは、家計や企業で短期資金の過不足に対する需要は増える傾向にあるが、実は昨今、スマートフォンを用いた直接現金を使用しない決済システムが構築されはじめている。その決済は各自の決済口座にひもづけされているが、その制度構築がその種の金融機関への資金需要を増やしたと解すこともできる。

1-4 日本の近代金融史からみた証券会社・保険会社の役割

　本書では証券会社を考察の対象としなかったが、その理由を以下に説明する。証券会社が直接金融として企業の成長の揺籃として、その機能を果たしている意味で、地域経済の企業の発展に大きな影響を及ぼしたことは否定できない。日本の金融制度では、証券と銀行業務の兼業は規制されてきた。第二次大戦後の財閥解体の経緯もあり、それが米英と異なる形で日本独自の経営スタイルを保ってきたと言える。

　近代史をひもとけば、占領軍が第二次大戦の後の財閥解体、そして独占禁止の観点から市場経済の競争を阻害する要因を取り除くために、日本の金融で、証券会社と銀行業の分離という新制度を採用したと言える。戦後復興のため、当時の政府は、日本の全国民の貯蓄増進を通じて、銀行業に復興資金、あるいは経済成長

の原資の調達を求めた[20]。

　「アジアの奇跡」と称される日本の経済成長の要因の一つとして、人的資本の活用を挙げることができる。この分野で見たとき、工業地帯が開発されそこに参入した企業が労働力を必要とするとき、労働人口の農村部から都市部への流入が進み、首都圏や都市圏の人口は急増することになった。それとともに、都市部から故郷への資金の移転、あるいは、都市での住宅、自動車、家電を含めた動産、不動産の取得のため、国内の資金需要は年々増大することになった。日本国民の貯蓄性向の高さは、後天的なのか、先天的なのかという議論は残るが、貯蓄は将来の消費のためであり、国民は将来の経済成長への楽観的な見方を形成した。このとき、国民の貯蓄性向の高さに対応したのは官制銀行の郵便事業と農協、商業銀行であった。他方、与信（貸出）先に目を向ければ、今でも地域経済で最初の起業者が、まず資金調達先として考える場所は、信用金庫、信用組合、地方銀行である。日本では、起業家が初めて事業を企てるときに証券会社に資金調達を企てるケースは希少である[21]。地域金融機関を議論する本書で、証券会社の破たん事例まで議論を拡げなかったのは、このような理由による。

　経済成長だけでなく、世界と比べ日本国土を見れば地震の多発

---

20 本書の第二次世界大戦後の日本の金融の歴史については、（橋本［橋本, 1995]）と（橋本［橋本, 2001]）を参照した。

21 米英のように代々の引き継いだ遺産を元手にする人が、初めて起業するときには、すぐに証券会社など直接金融を介することが可能であった。戦後、占領国の日本では、皇族や財閥などの階層も力を失った。真に競争という意味で効果のあった改革は税制とりわけ相続税制の改革であったと言える。（橋本［橋本, 1995]）1 章を引用し、（橋本［橋本, 1991]）の本書を参照した。

する予期せぬリスクを抱えた地域である。道路事情が整わないま
ま、自動車の急速な普及によって交通事故も多発する事態に陥っ
た経験もあり、与信主体の貸出を検討するとき保険業についても
着目する必要があるかもしれない。本書では、議論が拡散するの
を恐れ、海外の保険業が日本に参入した事実に触れるだけに留め
た。

1-5 日本の近代金融史I 1980年代バブル前までの変化
　　　―閉鎖性からの脱却―

　高度経済成長期を過ぎ、1972年（昭和47年）の石油ショック
を経て、日本経済は内需より外需主導で経済復興のチャンスを見
いだした。重化学工業分野から、半導体産業への産業シフト、そ
して、それは家電・自動車産業の成長の礎となり、原材料を輸入
し、それを加工し、より付加価値のある財を輸出し、海外輸出の
増大を引き起こした。

　日本で貿易黒字が急拡大する中、日本との貿易で赤字となった
国は、貿易摩擦や貿易障壁、海外からの貿易不均衡の問題を糾弾
した。例えば、輸出増進のために貿易価格を低くするために、為
替レートを過度に低くしているのではという批判をかわす意味か
ら、当時、固定相場から変動相場に移行した。さらに、1985年
（昭和60年）の日米のプラザ合意後、為替レートは貿易黒字の拡
大とともに急速に円高になった。そして、貿易黒字によって海外
で獲た外貨所得を、海外の資産購入に向け、あるいは日本国内に
外貨の利益を移転するという国際取引は世界の金融機関の注目の
的となった。日本の金融市場で、世界各国の金融機関から、なぜ
日本の市場に参入しにくいのかという当然の疑問が指摘され、日

本の金融市場の閉鎖性という問題もこの頃クローズアップされは
じめた。

　日本政府は、世界からの批判の解決に応えるべく、貿易不均衡
の是正を図るべく、内需拡大のスローガンのもと公共投資の増大
を内外の約束として実行した。当時、イギリス病と言われ経済成
長の低下に苦しんでいた英国は、金融市場を国際的に開放する方
向に舵を切り、それは「金融ビッグバン」と名称されていた。日
本もそれを見習う形で、金融市場を海外金融機関に一部開放し
た。その結果として、当時成功したのは、通信販売を上手く利用
した外資系の保険会社の参入、海外旅行で利用しやすい銀行の支
店参入であった。海外の金融機関の日本への参入は一部の商業銀
行、投資銀行を除いて満足な成果を得られなかった。

　古典的なマーケティング理論で見れば、海外の金融機関の参入
がそれほど上手くいかず、保険業の参入が比較的に上手くいった
という証左は、参入企業が国内の誰を目標にして、それらを顧客
として獲得するかを企画し、市場でどのような立ち位置（ポジシ
ョン）を採ろうとし、それを実行したのかどうかの違いが、成否
の分水嶺になった。回りくどい言い方になるが、海外の金融機関
は、国民の貯蓄する嗜好、現金決済好きという指向にあわせてサ
ービスを提供できていなかった。それと比して保険会社は対面で
の販売コストの高さを、インターネットを用いた通信販売によっ
て対面契約に掛かる費用を大幅に引き下げた。情報技術ツールが
国民に普及し、それをツールとして採用して、日本で売られる保
険より、はるかに安価な保険価格を設定することが可能になっ
た。日本の保険会社の対面販売・契約に掛かる高コストに対抗
し、海外からの参入企業は、国民の用いる情報技術の進捗に対応

し、低コスト戦略を徹底した意味で、現在日本の保険市場で成功
を収めていると言える。

1-6 日本の近代金融史Ⅱ 自国の貿易黒字と
1980年代バブル後の変化 ―混乱からの復興―

　ここで議論を貿易摩擦時の1980年代に戻そう。このとき日本
の貿易黒字は国内産業に大きな恩恵をもたらした。その恩恵に預
かった国民は国内資産を買い漁り、自身のバランスシートの規模
を大きくする行動を採った。その結果、国内の資産価格は急騰
し、さらに大きな金融資産のキャピタルゲインによる利益を享受
した。これが1986年（昭和61年）〜1991年（平成3年）まで
の「バブル経済」といわれた時代であった[22]。日本銀行（日銀）
も景気過熱の状況を鑑み、金融引き締めのタイミングを模索して
いたが、金融を引き締めることで、利子が高騰し、それが為替を
増価させ、国内景気と輸出の両者を冷やすことになるため、引き
締めを躊躇した。結局、資産価格インフレは著しく進み、当時、
ほとんどの株式と土地の価格は一本調子で上昇し続けた。例え
ば、優良企業であっても、自社の生産性向上のための投資向けの

---

[22]　ここで説明するバブル経済はバブル景気と呼ばれていた。景気動向指数
（CI）で見たとき、その期間は1986年（昭和61年）12月から1991年（平成
3年）2月までの期間とする。本書ではバブル経済と同一に扱っているが、別
名、平成景気（へいせいけいき）や平成バブルとも言われている。野口悠紀雄
『バブルの経済学』（日本経済新聞出版　1992年）がベストセラーとなったの
もこの頃である。彼の本書の説明では、株価が、バランスシートや、子会社ま
での事業との関係性をみて、株価の適正な（ファンダメンタル）価格を導き、
それを上回った部分をバブル（泡）と定義した。この議論で問題となったの
は、企業の実勢を勘案した株価をどのように算定するかということであり、そ
の点を触れていないことが批判の的となった。

資金調達を控え、本業とは無関係に、ただ資産保有と運用目的で資金を調達し、積極的に不動産や株式などの資産を所有し、その資産を売却し値上がり益を得た。その結果、企業は本業より安易に稼げる保有した資産価値（バランスシート上に現れる資産価値）の上昇を目標に資金調達を行うべく奔走した。一個人であっても、商業銀行などから多少割高な利子であっても資金調達し、株式と土地を買い漁った。貸し出す銀行も、与信先の求めに応じてすぐに資金を提供した。銀行にとって、調査に時間をかけることを止めても、資産価格が急上昇しているので、それらを売却すれば、すぐに貸出金額と利息が同時に戻って来るため、どの銀行も我先にと積極的に資産購入の貸出に応じた。日本政府も、最初は、この狂乱したバブル経済に対応し、金融緩和政策で未曾有の資金需要に応えた。当時の日本銀行は貨幣拡張政策を採りつづけ、これは更なる資産価格の高騰につながり、その後、大きな不況からの復活の足かせとなる傷口を大きく拡げることになった[23]。

　当時の橋本龍太郎大蔵大臣は、バブル潰しの施策（総量規制）を講じて、国民は資産価格の大暴落を経験した[24]。与信先の保有した資産価格が暴落したことは、貸出先の債権状態を見たとき、劣悪な債権を回収するために準備していた自己資本が大きく毀損し、バランスシート上、企業として存続の厳しい事態に陥る金融機関が現れた。1996年（平成8年）を迎え、金融機関がバランス

---

[23] 政府と日銀が、金融機関を通じて金融市場に潤沢に資金を供給することを保証し、資産市場に資金が流入し、株式市場取引で「強気」の雰囲気が漂った。国民はこのような事態を戦後初めて経験した。

[24] 金融当局は、銀行に対し、貸出資金目的で土地取引向けの貸出額の総量を規制するという貸出額を規制するバブル潰しの施策を講じた。

シート調整を行い、貸出を手控える事態が生じて、銀行の与信活動は急速に引き締められることになった[25]。

そして、山一證券（1997 年（平成 9 年）に破たん）、日本長期信用銀行（1998 年（平成 10 年）に破たん）の事件が起きたのであった。1989 年（平成元年）から日本経済の失われた 20 年と言われる象徴的な事件はこうして始まった。

この事態から筆者が指摘できることは大きく二つである。

このバブル期は、貿易黒字の要因で企業の営業余剰が膨大な金額になったとき、その恩恵を国民に再配分した結果であったとも捉えることができる。その後の国民の経済選択、すなわち、バブル期の国民の資産購入と保持により予測できない事態が二つあった。一つは、金融拡張政策からの転換のタイミングであり、国民が当局の引き締める時期とその方策の実体経済へ及ぼす影響を予見することが困難であった。もう一つは企業の業績が好調であれば、その恩恵で消費が増え、さらに景気も拡大するという波及効果はケインズ的であるが、それが消費財ではなく、資産（動産、不動産）の購入に向かったとき、資産効果によって、景気が予想以上に過熱することを予見できなかったことにある[26]。すなわち、当局はこのバブル期に、資産で得たキャピタルゲインを、消費財ではなく別の資産の購入によって資産額を増やして、富を得るという国民の行動パターンの変化に気付くのが遅かったのであった。

---

[25] 著者がシンクタンクに居たときに、銀行に貸し渋りという言葉を使うと、貸せるところが少ないということで渋っているのではないという反論があった。

[26] シンクタンクでは、GDP の増大にともない、所得増大の恩恵を受けた家計が耐久財を消費するのは住宅取得であり、これが一番景気への波及効果を上げると見ていた。

　また、政府が財政学の公的選択の理論に従うのであれば、景気過熱期に政策当局がブレーキを踏む施策は、選挙民（有権者）に不人気な政策であり、特に、保有する資産価値を下落させる事態は、いざ政府が実施するにしても、そのタイミングは遅れがちになりやすい。これがバブル後の傷口をさらに大きくしたと言える。

　本書で触れる足利銀行の破たんも、上に指摘したバブル潰しに際して、資産価格高騰によるキャピタルゲインの結果、大量の資金が地域銀行に集まり、地域銀行がその資金を更に貸し出すため、都市部の資産購入の貸出に用いた。それがバブル潰しによって、貸出先の債権価値の劣化が著しくなり、金融機関の保有する担保資産の価値も急落した。銀行の貸借対照表（バランスシート）で見たとき、自行保有の資産状況が劣悪になり、バランスシート全体が収縮して、破たんしたのであった。後に詳細に論じることになるが、破たんした地域の地方銀行で起きた軌を一にした特徴は、バブル潰しにより、バランスシートが大きく痛んで、頭取（社長）がそれらをリカバリーすることができない経営上の困難に直面していた。その中で銀行が、今までの貸出の失敗を取り返すため、貸倒リスクの高い与信先だけを選んで高収益を狙い、さらに与信に失敗し、命運が尽きたというケースに集約される。

　地域金融機関の中には、資本の充実を図るため、例えば、地方自治体と地域住民に自行の優先株を購入してもらい、バランスシートの悪化を食い止め、信用強化に励んだ銀行もあった。結局、その行為は地域の人びとの金融不安を高めて、地域住民はその銀行から預金を一斉に引き出す事態を引き起こした。つまり、官が音頭取りをし、地域金融機関を助けようとしても、却って、その

動きを見て民が銀行の命運を縮める結果になったのである。

1-7 日本の近代金融史Ⅲ バブル期を過ぎて
―金融ビッグバンと低利子率の時代―

　さて、前述したが潤沢な貿易黒字によって、国内銀行で、海外との資金決済の必要性は一層高まることになった。また、輸出企業は、貿易相手国との摩擦を避けるため、日本から海外への直接投資の必要性を熟知した。一方、米政府は、日本に一層の国内市場の海外企業の参入の自由を求めた。その一環として、米政府は日本の金融市場の開放を求めたのであった。これが日本の金融ビッグバンと称される事態であった。海外の金融機関から見れば、欧米より貯蓄性向の高い国民性を観察し、その資金を自行にどの程度預貸してくれるかも予見できた。しかし、例えば、海外旅行好きな国民から見れば、シティーバンクなどの海外旅行で利便性の高い海外銀行に預金を預けても、国内の決済性預金、貯蓄性預金まで予想以上に集まることはなかった。日本の地域金融機関も為替扱いなど積極的に海外サービス業務に手を付けた。例えば、都市銀行の十八番であった海外の送金サービスも提供し始めた。付言しておくが、JA、信金中央金庫もそのような海外進出、企業の海外展開の援助事業に積極的に取り組んだのであった。

　当時、日本人がなぜ国内に在る海外金融機関に資金を預けないのかという議論があった。海外の経済・金融の専門家は、一斉に

27　日本新聞紙面で、摩擦について自らが何の理由も説明できない、あるいは、慣行、制度や国民の気質なども含めて「マインド」の変化に長期の時間が必要となる事柄でも、この頃の英米の専門家は「非関税障壁」と称して日本叩きが行われた記事が掲載されていた。

日本の金融の非関税障壁の存在を指摘した[27]。当時、岩田規久男を含め、研究者が金融の非関税障壁の存在、貨幣拡張政策でのゆうちょシフトの存在について論壇で指摘したが、その矢面は金融機関の中で唯一、当時の監督官庁からの監督を逃れた官立の郵便事業であった。小泉内閣が郵政民営化を推進したと近代政治史で取り扱われているが、近世の金融史で見たとき、海外の参入障壁の悪魔払いの対象となったのが当時の郵便事業であった。郵便事業は、日本の金融機関で許可されなかった銀行と保険の兼業を認めた業態、当時事業に関して固定資産税の低税率、財政からの援助策として事業の光熱費等の隠れた補助金の存在がメディアから指弾された。まさに、郵便事業は市場開放主張者の多数の糾弾事項が満載の事業であったと言える。

　政府は、郵便事業の目的を、公共サービスのため、全国に居住する住民にとって、あまねく決済、預金、保険の提供であると規定し、金融サービスの提供手段の役割の重要性を主張し、擁護しようとした。言い換えれば、郵便事業の中の金融事業の発足の理由は、金融機関の疎な地域の人びとに、公共サービスとして、十分な金融アクセスの機会を提供することにあった。民営化前、当時のコンビニエンスストアの利便性と郵便局は比較されたが、立地条件だけを見れば、当時の郵便局の配置は全国で見て 1.1km 範囲以内に必ず存在する金融機関であった[28]。国民の資金が郵貯にシフトする姿を捉えるために、マネーサプライで M_3 の統計が注視されたのも、この頃であった。すなわち、金融政策でマネーサプライの M_1 と M_2 だけでは郵便局の金融の動きが捉えられず、

28　郵政民営化と郵政のネットワークについては、（天尾［天尾, 2005］）85-91 ページ参照。

政府は日本の金融実体と政策の効果を捉えていないという主張で
あった。

　結局、当時小泉内閣は郵政解散を追い風にして選挙で圧倒的勝
利を収め、その後、民営化された郵便会社は、情報技術革新によ
る携帯電話やネット環境の普及と民間宅配サービス企業の台頭に
よって、すでに郵便事業は低利益事業であった。当時、郵便事業
の中で、金融事業だけが虎の子であった。ゆうちょ銀行という金
融事業が、現在どのような形になっているのかは本書の4章で触
れた。

　別の視点ではあるが、当時、日本でバブル潰しの施策を講じた
とき、破たんした中小地域金融機関はいくつも存在し、その中に
在日韓国人向けの決済・資金調達向けの金融機関も含まれてい
た。このような金融機関の設立は、第二次世界大戦の日本国敗戦
後、母国に戻らず日本に在留した人びとの商業銀行業務を引き受
ける責務を担っていた[29]。海外からの在留者のための銀行につい
ては、地域経済の金融機関の存立と異なる意味を持ち、本書で考
察の対象としたことを触れておく。

　本書では黒船の如き米英の金融機関の市場への参入、金融市場
の開放こそが、日本の金融ビッグバンの真の目的と捉え、専門家
が述べる金融市場の国際化や開放については明言することを控え
ている。しかし、実際に日本の金融で起きたことは、日本政府と
金融当局も暗黙的に係わり、国内銀行が米英銀行と業務提携を進

---

[29]　明治から第二次大戦前まで、韓国、北朝鮮から母国への送金など、あるいは
そうした人びとの信託業務を行い、バブル破たん後に過度のリスク重視の運用
がなされ、銀行が破たんしたという推測も存在する。こうした銀行が破たんし
たときでも、預金保険でペイオフは実施され、かつ、破たん銀行業務が継承銀
行に引き継がれたという事実も存在する。

める事態が数多く生じた。日本人の貯蓄性預金を嗜好する傾向と信託業務の忌避の性向は、国民が米英銀行を選択しない理由であり、現在でも、国民の預金は日本の金融機関を通じて外国銀行に信託した状態にあり、銀行は資産収益を一部海外銀行に提供し、閉鎖性の批判を免れているとも言える。

他方、国内の地域金融機関のグループ別の貸出状況を見るため、信用金庫グループで、総額61兆円の信用金庫の貸出先別貸出金（末残）の平均値（1994年（平成6年）〜2005年（平成17年））を見よう。そのグループの貸出相手は圧倒的に国内向けで、非製造業主流である。それは全貸出末残高の5割を超えている。外国系銀行が、日本の国内銀行が保有する資産の運用に本腰をいれていない状況に目を付け、業務提携するのは当然の成り行きと言える（図1-11参照）。

日本の銀行は海外の銀行と比して、銀行経営の特異性を指摘した実証研究も存在する[30]。それは、日本の金融機関が貸出の収益力と所有資産の運用能力が海外と比べ劣っているためなのか、それとも、経営者の能力不足、もしくは行員の与信情報入手能力が低いためなのか、確かな結論は得られていない。しかし、この事態に対処する上で、当時、日本の銀行が海外銀行と提携することは渡りに船の事態であったと言える。

1987年（昭和62年）10月19日のブラックマンデーを経験した後、日本の金融機関は、2004年（平成16年）に米国のサブプ

---

[30] （花崎［花崎, 2008］）110ページ参照。この研究では日本では銀行の収益性と雇用者、支店数といった経営規模が有意にマイナスなど、OECDの銀行経営とはかなり異質な部分が観察されることが触れられている。（日本銀行［日本銀行, 2017 ②]）54-60ページ参照。

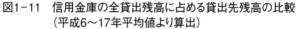

図1-11　信用金庫の全貸出残高に占める貸出先残高の比較
　　　　（平成6〜17年平均値より算出）

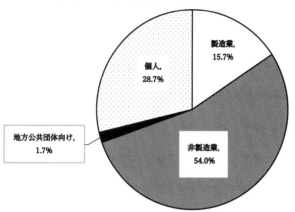

この図1-11は、日本銀行「預金・貸出関連統計」時系列データ検索サイト（日本銀行
［日本銀行, 2017 ①］）（信金中央金庫　地域・中小企業研究所「信金中金月報」）から収
集した信用金庫の貸出先別貸出金（平均残高）の数値より作成した。表の数値は小数点
第 1 位を切り上げたため、比率を足しても 100％とならない。

ライム ローンを組み込んだ資産を購入して、不良資産による自
己資本の毀損という経験をした。さらに、2008 年（平成 20 年）
のアジア通貨危機、「リーマン ショック」で保有した株式などの
資産価格が急落するという外的ショックも体験した。すなわち、
これは日本が金融市場をこれまで開放した結果、海外の大きな金
融ショックが日本の金融を揺さぶり、金融機関と国民がそのショ
ックを直接自ら知覚し体験した事態と言える。
　さて、海外の金融機関が日本国内で預金を集めて、金融仲介機
能を果たし、例えばそれを国内の有価証券で資産運用した場合、
直接金融では、市場開放と資金の移動の自由化を求めた。過去
に、日本の銀行は国内与信先の優良な大企業の発行する有価証券
を大量に保有する「持ち株」の慣行が存在した。海外から、これ

は株式市場の株価形成を歪めているという指摘がなされた。失われた20年の間に、青い目の「ものいう」日本人株主、黒い目の海外株主なども出現し、この頃の海外金融機関を含めた投資家の批判は正鵠を射た。一方、持株会社の創設が盛んに行われているが、それは持株会社に金融機関が関与すれば、与信先の内部情報獲得が容易になる。そして、銀行にとって、与信先の貸し倒れリスク回避の費用対効果も高く、日本的な与信慣行の形態であるという専門家の指摘も存在した[31]。

　昨今、フィンテック［Financial Technology］という言葉が流行しているが、これは決済や貯蓄性預金の機能にともなう個人情報の秘匿性の保持、暗号・複合の緻密性、取引の瞬時性などに特化したIT［Information Technology］技術の総称である。与信先、あるいは預金保有者、借り手と貸し手が同じ情報を共有することは、市場が有効に機能する上で大切なのだが、いまはこっそり情報を抜き取る、あるいは秘匿する技術だけが高まっている。そして、成り済ましを防ぎつつ、情報を保護する技術が、決済のコストを著しく引き上げ、却って利便性を損ねる可能性のあることが指摘できる。

　革新的な情報技術を取り入れるか、入れないかで、金融機関の利益率が大きく左右するといった議論も存在する。例えば、資産運用での売買の取引速度が、特殊な技術を組み込んだIT機器によって高まるとすれば、機器を入れられない人は市場での売買速度の点で勝負にならない。もし取引を活発化したいなら、取引の瞬時性などの点から、世界で同じ取引システムを作る方が相応し

31　当時日本の金融系シンクタンクの研究者は、都市銀行の「機関の持株保有行動」の合理性を擁護していた。

いと言える。また、外国通貨と自国通貨では、為替の変換の際に非効率が生じる。例えば、貿易取引の時と為替変換は異時点で行われる（為替リスク）。情報技術の進展によって、モノと通貨との決済の同時性が保証されたとしても、企業で、ある時点で会計上の利益を確定したとき、為替リスクは確かに存在する。中小企業が海外で取引を拡大させる中、地域金融機関の国際取引で情報化投資は喫緊の課題ではあるが、それは遅遅として進んでいないのが現実である。フィンテックが、もしグローバル化の革新的技術であるならば、それに対応して金融制度は絶えず技術の革新に迫られ変革を求められる。その対応に遅れれば、制度の不備を突かれ、情報の非対称性が大きくなり、日本の目指す開かれた金融市場の意味を陳腐化させることになる。

　中国でビットコインという仮想通貨の分裂劇もあったが、単に会社内での利益相反によるものではなく、現行の金融制度とどのように係わっていくのかという、企業理念、市場でのポジショニングの相違から生じた事態とも解すこともできる[32]。

　日本の少子高齢化の進捗に伴い、日本の潜在成長力の低下が指摘され、成長の源泉となる産業を探すことが巷間で問われているが、首相も含めて政治家が成長産業として農業の存在を指摘する声がある。成長のための投資には金融の仕組みが欠かせない。漁業、農業への投資向けの潤滑な資金提供のため農協（JA）や漁協は創設された。農協の設立から100年近く経て、いまどのよう

---

[32] 電子マネーが、貨幣拡張につながるといった通説は、日本人の新技術好きとそれにより大きな夢が叶うといった希望の実現願望の反映の気質と無関係とは言えない。電子通貨であろうと流通貨幣と同様に、最終的に決済されたとき、現実の取引者の預金口座の貸借対照表に決済の場に現れる。つまり、電子マネーの決済であっても、中央銀行発行した貨幣と無関係であるはずがない。

に資金を振り向けているのか、本書では詳しく扱っていないが、天尾［天尾, 2016］の先行研究によれば、JA は農業者向けの資金の貸し出し業務をほとんど行っていない。そして、JA は組合員から集めた資金を農林中央金庫に預託し、預金の大部分を国際的な資産収益業務に投下し、利益を稼いでいる。すなわち、特定目的の与信のために作られた金融機関であっても、設立本来の目的とした農家への与信業務は減退し続けているのである。

　さて、政府のアベノミクス、そして 2021 年の菅政権でも、日本銀行は金融緩和を進めているが、それは低インフレ下の金融政策であって、1990 年代より日本で推し進められた信用保証政策などが経済合理的に行われていたのかについて、本書の 4 章で検討することを断っておく[33]。

---

[33] （天尾［天尾, 2004］）と（天尾［天尾, 2010］）の検証に基づいて、2017 年の直近のデータを用いて再検討を加えている。

第2章　金融機関(間接金融)の破たんと再生について

　ここでは、まず金融機関の破たん処理と再生について議論を試みる(天尾[天尾, 2004]を引用した)ことにしよう。銀行は銀行法にあるように、業務を行うにしても止めるにしても、必ず当局へ許認可の申請が必要であることが規定されている。そのため、それが破たん状態に到るとき、監督官庁(現金融庁)と日本銀行が強調して、その処理にあたる[1]。

　民間企業では、ある企業が倒れたとき、大量解雇や連鎖倒産によって、全国や地域経済に大きな信用不安や景気悪化をもたらす場合、政府が信用保証や法律、再生機構などの制度を用いて援助する場合がある。そのような場合には、最終的に国民の税負担を伴う場合が多い。例えば、東芝の会計の不適切な処理の事件で見られたように、国は破たんしそうな企業を助勢するとき、その企業の経営資源、特に技術が卓越して収益上、国内経済を支える上で見過ごせないものであることを国内に証明する必要に迫られる[2]。

　現在まで、世界各国で共通認識となっているが、金融機関は一国の経済成長、発展に不可欠な存在であり、成長企業の揺籃とし

1　全国銀行協会では、平成元年以降の銀行の合併変遷については、(全国銀行協会[全国銀行協会, 2017])のサイトで歴史を見ることができる。本書で記した破たんにまつわる記載等は、この図表と(天尾[天尾, 2004①])49-58ページの箇所を加筆部分あるいは、裁判の記録から事実のみを記述した。

2　過去、負債超過の家電企業が、フローレベルで見て業績好調な業種、例えば、フラッシュメモリー事業を高く誰かに売りつけ、会計上、本体企業の債務超過の事態を解決させている。企業が、収益の期待できる事業資産を他企業に切り売りする姿は、成長の没落期によく生じる事態と言える。

て必要なシステム（公器）と考えられている。国内総生産
［GDP：Gross Domestic Product］の生産勘定において金融機関
の生産のかなりの部分は、金融ダミーとして国内総生産額から差
し引かれている事からも分かるように、直接的な成長のエンジン
の役割を担っている訳ではない[3]。その意味から見ても、金融機
関は国内の金融制度を支えるインフラストラクチャーまたは公器
として認識されている。もし金融機関が破たんしそうになったと
き、政府がそれを財政負担により支えることは当然の事として国
民共通の理解となっている[4]。

2-1 日本の破たんした金融機関の処理の基本方針について

　2003年（平成15年）の金融庁の報告書（［金融審議会金融分
科会, 2003年］）では、中小金融機関の破たん処理後の理想型に
ついて、リレーションシップ バンキングの機能を担うことと明
記された。この方針は、都市銀行（メガ バンク）であろうが、
地方銀行Ⅰ、地方銀行Ⅱ、信用金庫であろうが、金融の扱える業
務が各行で大差無いときに策定されたものであった。

　なぜ、都市銀行と中小金融機関で業務に差が無かったかと言え
ば、もともと戦後から為替を扱う銀行、あるいは、長期債券を扱
う銀行、郵便で扱う金銭に係わる銀行など、扱う業務毎に特化し

---

[3]　新SNAにおいても、金融機関の生産活動の源泉は他企業の要素所得が存在
　してこそ、利息収入などが獲得できる訳であり、GDP統計で見たときに金融
　ダミーを置く理由がそこにある。（芳賀［芳賀, 1995］）44-45ページ参照。
[4]　日本では、世界大恐慌や昭和恐慌における日本の銀行破たんの経験が、この
　種の判断につながっていると考えられる。EUであっても、国費を投じて、銀
　行破たんを助けることに懐疑的な声が上がるが、経験則と転ばぬ先の杖という
　ことが金融行政の基本姿勢と捉えることができる。

た銀行が既に存在していたからであった。これは経営学や経済学で考えられる金融市場での激しい競争の結果によって、もたらされたものではなかった。むしろ、日本の経済成長に必要なインフラの整備のため、政府、官僚、民業という政官民の金融制度設計によって生み出されたものと言える。例えば、大正時代から存在した金融の一形態の会社であった無尽会社は、当時の経済状況に合わせ法律によって、銀行に名称替えした。これも当時の経済状況に合わせて、金融制度を変更した代表例と言えよう。

　1980 年代の日本の貿易摩擦問題を発端にし「金融自由化」という名の下、海外から外圧を受け、業務毎に特化されていた銀行業務をどの銀行でも行うことができるよう開放された。その結果、すべての銀行が、他行でのみ独占されていた業務を手掛けることが可能になった。例えば、日本国内の中小の地方銀行であっても、それらは都市銀行や海外銀行と連携し、あるいは、証券会社と緊密な業務提携を結び、自社の扱える業務の多角化を図った。すなわち、すべての金融機関が、都市銀行しか用意できなかった金融サービスを提供することを可能にした。しかし、それは銀行にとって、新サービスに携わるとき大きなコスト負担を伴うことになった。例えば、地域の地方銀行であっても、預金と貸出の基本業務だけでなく、投資信託業務、例えば、金融資産の運用と売買相談から外国為替も扱えば、海外へ資金送金も行うことができた。これは、バブル経済崩壊後の都市銀行（メガ バンク）の吸収、合併などの処理を終えて、中小金融機関の再編の動きが加速した時期に、銀行の収益向上の施策として打ち出されたものであった。監督当局は、不良債権処理に苦しむ銀行の他行への譲渡を進めるなか、どのように不良金融機関を再生段階に向かわせ

るかに苦心した。そして、それは同時に、その処理に多額の財政
出動を迫られ、その国民の批判に対し説明する意味から、当局は
上記のような銀行に多角的なサービスを展開させ、収益増のモデ
ルと銀行の理想型を提示する必要に迫られた。

　この2章では、事例として、当時、第一地方銀行（地方銀行
Ｉ）の上位行であった足利銀行を取り上げた。破たんした足利銀
行という金融機関は、まず預金保険法102条第3号措置により、
過去に特別危機管理銀行として管理された。この足利銀行は栃木
県で決済機能や与信に関して、規模において都市銀行と同等以上
の業務を果たしてきた。その足利銀行が国の管理を経て、最終的
に、大手地方銀行の元頭取をトップに据え再建を進めた。その再
建の姿は、千変万化の様相であり、大手地方銀行出身の頭取の登
用、支店の統廃合や人件費を減らしたリストラの実施、他方、一
時証券会社の力を取り入れ、投資銀行の機能も取り入れた。現在
は、茨城県の地方銀行とホールディング　カンパニー（持株会社
方式）を作り、生き残りを図っている。この例からも分かるよう
に、破たん銀行の経営スタイルは、今もダイナミックに変貌して
いる。

　上記の事例では、中小金融機関が地域産業の成長の揺籃となる
べく体制を整えているように見えるが、それと比して、都市銀行
（メガ　バンク）は競争激化によって、これまでの独占的地位が脅
かされ、個人向けローン、住宅ローン、消費者金融業など、あら
ゆるサービスに手を広げ、収益の多角化に軸足を移している[5]。
そして、それが却って、本業の与信力を弱めているようにも観察

5　（天尾［天尾, 2004]）95-97ページでは、全銀行で、個人貸出のカードロー
　ン貸出の残高が急増している事実を指摘した。

できる。

　ここでは、破たん銀行が現在、どのような形に収まったのかという姿を検討し、その特徴を省察し、基本原則をまとめることにした。金融機関がどのように破たんし、処理され、再生の姿はどうなるのかということに視点を定めて、一般論を導くことにする。ここで主張したいことは、国が金融機関の整理に関与する詳細な事実を明らかにしながら、その処理に係る費用は非常に大きいことを陽表的に示すことである。すなわち、本章では、国が民間の金融機関の破たんに巨額な費用を投じて金融システムを維持しているという事実を明らかにし、その必要性について検証した。

2-2 破たんした金融機関の処理の基本原則について

　国は、金融機関の不良債権処理が本格化した際、中小金融機関の再編が進むことを予想し、中小金融機関の業態モデルを明示した。そのモデルは、リレーションシップ バンキング［relationship banking］と言われる[6]。また、その業態モデルが提示された後、金融検査マニュアル（金融庁［金融庁, 2004 ②］）も改訂されることになった[7]。

　いままで、日本では、数々の破たん金融機関の処理スキームが

---

[6]　本書では、2003 年（平成 15 年）3 月 27 日に（金融審議会［金融審議会金融分科会, 2003年］）「リレーションシップ バンキング機能強化に向けて」の報告書で示された骨格部分を参照した。

[7]　（日本銀行［日本銀行, 2005］）のレポートでは、日本の金融システムの現状と銀行の状態について説明し、当局がどのような点に注視しているのかを言及している。また、『金融検査マニュアル別冊』（金融庁［金融庁, 2004 ②］）では、貸倒れの認定や処理について細かく言及し、不良債権処理の方策について詳細に説明を加えている。

実施されてきた。本書では、その破たんスキームの特徴を整理し、処理基準を明示する。筆者が考えるその基準は、おそらく理論的な裏付けを基礎としておらず、それは過去の金融当局の経験則による裏付けではないかと推測している。

　破たん処理という事柄は、業務撤退（市場からの退出）に他ならない。その行為は与信先企業の資産あたりの利益率を高めるという意味で不良資産の整理、または、保有する技術や資産を売却し、与信先企業の高収益部門の投資資金を調達し、企業価値を高める（利益率を向上させる）という意味から企業価値の最大化の目的から外れることはない。その意味で、「費用の最小化、利益の極大化」という原初的な経済理論の原則から外れることはない。むしろ、金融当局は、破たんさせたときのシステム不安リスクの低減を意識し、破たん後残った貸手と借手の経済活動の負の影響を最小化することを目指している。

　日本政府や金融当局もバブル後、それ以前の金融機関の破たん処理に際し、数々の失敗を経験し、その経験を積み重ね、現行の処理スキームを完成させたと言える。本書で指摘したい結論は、まず、破たんする（させたい）金融機関は、より大きな規模の金融機関に吸収させるという指針である。一行の破たんが、経済システムを支える意味で、公器である金融システム不安（システムリスク）を引き起こさせたくないため、この指針は考えられたと言える。そして、この指針は、金融機関を破たんさせるときに掛かるコストは、国家がその責任を負うという考えの基になったと言える。本書では、破たんした金融機関の側から見たコストについて詳細に述べているが、実は、その原資となる部分は政府を通じて、日本銀行から特別融資を用いていたことをまず指摘してお

く。本書で、指摘した費用は、政府の信用の裏付け（コスト負担）で費やされることになり、その費用の多寡は政治で十分議論が尽くされていないという批判のあることも読者の誤解の無いよう述べておく。

　さて、日本の金融システム、制度、金融機関の在り方は、護送船団方式と呼ばれた時代の履歴効果を十分考慮した姿であった[8]。この指針は、それが金融ビッグバン、バブル後の不良債権処理の時期を経て、政府の集中的な管理の状態から金融自由化に至る変革期の妥協案の産物であった。本書で指摘した金融機関の処理の指針は、小さな組織を大きな組織に包含し、その中で破たん処理と再生を行う形と言える。おそらく、金融当局も、破たん金融機関の処理の後、日本の金融システムが十全な機能を発揮するため、市場を考慮しつつ金融機関を再配置するかを考える猶予の時間を稼ぎたかった。そのため、このような過渡的な方策を上記の指針として採用したと解釈することが妥当であろう。上記の指摘を踏まえて、日本の金融システムをどのような形にデザインするのかということは、日本の将来の経済の姿と無関係に作られることにはならない。日本の金融では、現在人口の減少のもと、少子化と高齢化が進み、金融取引の目的をみたとき、産業創成より企業承継に汲々とした状況になっている。例えば、世界で注視されているマイクロ ファイナンスのように、ある企業の経営の小目標に適した資金を、多くの資産家から短期間で調達し、それを融

---

[8]　金融機関は貸出企業の情報の非対称性に対峙し、相対企業に資金を貸し出すとき、金融市場でその利子を正しく判断することは難しい。金融機関は、その企業に一円投下したとき、どれだけ収入が増えるのかを推測し、利子を定めることになる。筆者は金融機関の利子をシャドープライスの概念に類似したものと解釈し捉えている。

資し短期間で返却させる金融モデルが、今後の日本で流行るとは思えない。海外の起業家が日本国で起業し、海外からの資本の導入も含めた資金調達に対応するよう、日本の金融機関に強く、それらを求める事態も想定できる。上記のような銀行サービスが提供可能な制度が構築されるのかも、銀行の破たんの処理の進め方、破たん行の再生過程に規定されていると言える。

　現代の金融理論によって、破たん処理のスキームの妥当性については、日本銀行の当時の信用機構局から数多く説明がなされてきた。しかし、それが理論的になされているかと言えば、これまでのところ、政府や金融庁も問題解決に試行錯誤しながら、退出システムを作っただけと言わざるをえない。この仮説を検討するため、本章では、破たん銀行の代表的な事例を数種述べて、それぞれの破たん銀行の処理スキームの特徴を明示する。この事例は、当時の金融再生委員会が2000年（平成12年）に報告書を提出しているが、それを検討の端緒として引用した[9]。まず、破たん行の処理の時に、実際に、何が現実に起こったのかを詳細に記載したのは、本書で提示した仮説を検証するためである。

　本書で記載した破たん、再生、経営責任の追求の記載について、その検証方法について、あえて記しておく。破たんから再生し、新しい業態に銀行が変化するまでの期間は非常に長い。その過程を正しく記載するため、筆者は全国銀行協会のサイト（全国銀行協会［全国銀行協会, 2017]）で、破たんした銀行や破たん行を継承した銀行の名前を検索し、破たん行が誰に買収され、合

9　（金融再生委員会［金融再生委員会, 2000]）の報告書は金融機能の再生のための緊急措置に関する法律第5条の規定に基づき国会に提出されたものである。

併したのかを時系列で調査した。そして、そこで把握した事実を
当該銀行のディスクロージャー紙あるいは、銀行のホームページ
に記載されている社史、新聞記事などを参照して実際にあったこ
とと一致するのかを確認した。もし、そこで記載された事実に、
損害賠償請求や裁判による訴訟が起きていたときには、事実確認
のため法律の専門家、研究者の商事判例などを当たることにし
た。例えば、滿井（滿井［滿井, 2006］）の文献などを参考にし
て、本書で扱った破たん銀行に係わる訴訟の判例研究に当たっ
て、裁判で認定された事だけを記すに留めて、極力、恣意性を排
除するよう努めた。こうした方法を用いた理由は、破たん行の
「破たんから再生」の経緯を記した書物や資料は、数多く存在す
るが、それらを散見すると客観性が失われる情緒的な記述が多
く、それらに引きずられると客観的な事実を確認することが難し
くなるためである。その意味で、本書では上記のような手順で資
料収集と記述を行って、破たん行に所属した者から見て事実確認
できた事象のみを記すことに徹するよう努めた。なお、裁判の記
録では、損害賠償請求、負債金額などが明確に記載される。それ
故、銀行の破たん処理にどれだけの金額が必要なのかも明示する
ことが可能となった。例えば、破たん行の経営者の責任を問う
際、まず経営の失敗による損害額を算定するのであるが、経営者
の財産保有を超える額であれば、これは結果として政府の公的費
用によって負担されることになる。もし、経営者が損害賠償を支
払う判決が確定すれば、公的負担の費用はその賠償金の国庫への
納付の分だけ減る。このようにして、本書の目的である金融機関
の整理や処理にどれだけの公的な費用が掛かるのかを明示するこ
とにした。

　本書で記した上記の手法で、破たん行の処理過程の特徴を明示することによって、今後起きるであろう中小金融機関の破たん処理、再生の過程のおおよその姿も予想できる。ここで結論だけを述べれば、今まで日本で行われた金融機関の破たん処理は、過去の破たん処理の形を逸脱するようなケースでは現れていない。なぜなら、まったく違う処理を行って、地域経済で資金繰りや決済の遅延など、予期せぬ大きな経済ショックを生じさせることは回避したいという、経済の外的要因（政治的圧力）が働くからである。

　本書では考察期間を1998年（平成10年）から2002年（平成14年）までとし、その期間で起きた破たん行の処理のケースを例として扱った。この例を扱った理由は、筆者はバブル後の不良債権処理を通じ、この時期に現在の日本の金融機関の処理スキームの基本型が作られたと見ているからである[10]。その仮説を今より検証したい。

　まず、本章で扱う金融機関の破たんの事例は、以下の5つのケースである。

1. 日本長期信用銀行（1998年（平成10年）10月）と日本債券信用銀行（1998年（平成10年）12月）の破たん処理の事例（新生銀行、あおぞら銀行に係わる事例）

2. 国民銀行（1999年（平成11年）4月11日）、幸福銀行（1999年（平成11年）5月22日）

---

[10]　第二次大戦後には、大手証券会社の破たんが起き、間接金融については、ほとんど起きていなかったと言える。1989年のバブル崩壊後の山一證券の破たん後、本書で触れる日本長期信用銀行の破たんを含めた事件は、この論文執筆の大きな着眼点となっている。

3. 東京総合（相和）銀行（1999 年（平成 11 年）6 月 12 日）、
   なみはや銀行 1999 年（平成 11 年）8 月 7 日）

4. 新潟中央銀行（1999 年（平成 11 年）10 月 2 日）

5. 石川銀行（2001 年（平成 13 年）12 月 28 日）、中部銀行
   （2002 年（平成 14 年）3 月 8 日）

　まず、1 で示した長期債を扱う銀行の破たんは、多くの間接金
融機関が保有していた資産である有価証券の保有に関して大きな
変更をもたらした。また、1〜5 で破たんと再生の事例として扱
った銀行の業態は、地域経済で旧い歴史を有し、初期は無尽銀行
（手形による決済銀行）であるケースが多い。経済情勢が変化し、
時間を経るにつれて、それらは地域銀行に営業譲渡されるなど
M&A［Merger & Acquisition］が進められた。これらの動きを
地域金融機関の改廃の代表例にしているのは、地域金融再編の歴
史的経緯を踏まえたためである。1985 年（昭和 60 年）に地域密
着を目指した相互銀行や地方銀行の中には、外資系企業や非金融
産業に買収され、生き残りを図ったものもある。現在の流通業の
決済銀行の発足という事態は、金融機関の資本提供先として別の
産業部門からの資本提供が許された事情と無関係ではない。むし
ろ、非金融部門の企業が金融業に参入する一助となったと解する
方がよいであろう[11]。

　上記の 1〜5 のケースを要約すると、まず 1 の破たんのケース
では銀行を売却するとき、「瑕疵担保条項」という契約が結ばれ、
公的資金の投入とその浪費が問題となった。金融システムが公器

---

[11]　本書での事例は、（金融再生委員会［金融再生委員会, 2000]）1-28 ページ参
　　照。しかし、本書のケース分けや、破たんの特徴、破たん再生の過程の現在ま
　　での姿については、筆者が調査している。

といっても、政府が銀行を他者に売却するときの困難さを思い知った時期と捉えることができる。2のケースでは、1の反省を踏まえて、破たん行を外資系ファンドで処理しようとしたが、破たん行が細分化され、長い期間、政府が金融システムの安定性を維持するコストを負担しなければならない欠点が明らかになった。また、3のケースで銀行が破たんしそうで、それを回避しようと、経営者が違法な形式で増資し、市場を欺こうとし、当局の検査でそれらの不正行為が見破られた。その後、金融当局が検査した金融機関に改善命令を出して、最終的に救済の後、経営責任を追求しつつ、破たん行をどのように他行に引き継がせるかを考慮した処理再生のケースであった。また、4と5のケースで共通した部分は、経営者一族の経営した銀行の破たんであった事である。つまり、銀行の企業統治に問題があったとき、破たん銀行は営業した地域に存在する既存の銀行に分割されて譲渡されるという事態になった。その分割方法が4と5では異なるので、それぞれケース分けして本書で扱うことにした。

　上記のいずれのケースでも、政府、監督当局が相当程度のコストを支払っていることが確認できる。そのような公的に掛かったコストを明示しつつ、それぞれのケースについて順に詳説しよう。

2-3 日本長期信用銀行と日本債券信用銀行の破たん処理の事例

　ここでの2つの銀行の破たんケースでは、それぞれの銀行が一時国有化された後、日本債券信用銀行はあおぞら銀行（2001年（平成13年）1月）、日本長期信用銀行は新生銀行（2000年（平成12年）6月）と名を変え、普通銀行として出発した[12]。この二

つの金融機関の破たん処理を同次元に扱うのは、これらの銀行が長期信用銀行法に基づくという性質を有するからである。また、これらの破たん銀行は、他企業へ譲渡するに際して、国は「瑕疵担保条項」を組み込んで売却を進めた。この条項は、破たん処理スキームを進めるにあたり「購入した商品に欠陥が含まれていた場合には、返品することが可能」という民法の基本的な考えを導入したことが最大の特徴と言える。

　これら両行の破たん処理に際し、当時の金融当局は不良債権処理の作業のため、直接、銀行に官僚を派遣するなどして、まず不動産融資の見直しなどを進め「バブル潰し」に奔走した。特に、日本債券信用銀行では、歴史的経緯から、闇の深い銀行と周知されていた。当時から、日本債券信用銀行は政治家の金庫と呼ばれ政治家との癒着も深かった。その意味から、金融当局の官はその処理にナーバスであった。

　まず、最初に、日本長期信用銀行の処理の進捗の概略だけをかいつまんで説明する。1952年（昭和27年）東京に設立された日本長期信用銀行破たんのケースでは、政府がこの銀行の経営破たんの状況を受けて、1998年（平成10年）10月に金融機能再生のための緊急措置に関する法律第36条により、特別公的管理および同法第38条による株式取得を決定した。そして、特別公的管理のため総額8兆円の国費を投入した。その後、2000年（平成12年）3月に特別公的管理を終了し、政府は発行済み普通株式約24億株をニューLTCBパートナーズに譲渡した。譲渡後、日本長期信用銀行は2000年（平成12年）6月に新生銀行に改称した。

---

12 （金融再生委員会［金融再生委員会, 2000]）　日本長期信用銀行の記述は、1-7ページを引用した。

ニュー LTCB パートナーズは外資系ファンドの投資組合であり、その組合はリップルウッドや外国銀行で構成されていた。この投資組合のスキームにはいままでの銀行の買収・合併とは大きく様相の異なる部分があった。まず、日本では当時、バブル経済の処理で、国内の都市銀行は銀行再編に参画する体力は乏しかった。政府が銀行の処理に直接乗り出したのは、当時、国民の経済不安の払拭を兼ねての政治的意味での施策であったと言える。

　この時期、自民党と社会党の戦後の保守勢力から、新党が発生し、その組み替えで政権交代も起きた。政治から、長期を見据えた施策を講じることは難しかったと言える。その影響もあって、このときの銀行処理の方策もその場しのぎのものであったと言える。

　この投資組合が日本長期信用銀行を買い取る際、組合は積極的に「瑕疵担保条項」を活用した。その内容は、もし、新生銀行が引き継いだ債権が、3年以内に8割以下に下落したとき、国に買取りを請求できるというものであった。保有した銀行の債権について、日本政府がその損失をすぐに補填してくれるという意味で、新生銀行はスムーズに不良債権を処理することが可能となった。当然、新生銀行は積極的に瑕疵担保条項を活用し、経営の健全化を図った。例えば、ライフ、そごう、第一ホテルなど日本長期信用銀行をメインバンクとした企業はつぎつぎと破たんに追い込まれ、その結果、日本の実体経済は大きくダメージを受けることになった[13]。

　この銀行の建て直しの手法は功を奏し、政府の目論みの如く、

---

[13]　（金融再生委員会［金融再生委員会, 2000］）7-8 ページ引用。

政府の資金を使うこと無く、外資系ファンドも含めた投資家グループが 10 億円で日本長期信用銀行の株式を取得し、この新生銀行に 1,200 億円を出資する事態になった。もちろん、後に新生銀行が 2004 年（平成 16 年）東証一部に再上場したときに、株式を約 2,300 億円で売却し 1,000 億円を超える利益を得た。この買収劇で分かったことは、投資ファンドが一瞬、銀行の再編に手を貸して資金を投下したとしても、当時の政府と破たん銀行の売買取り引きの未熟さから、そのメインバンクであった大企業が不良債権を抱えたまま倒れ、実体経済の破たんが直接的に金融システムを揺さぶる事態を引き起こすことを経験したことにあった[14]。

　政府は、景気の過熱・冷却の状態を、貨幣総量の調整を短期利子率で誘導するなどの手法を用いて、金融調整ではファイン・チューニングに努める[15]。しかし、金融機関の立て直しでは、外資系ファンドの資金投下によって一時的に金融機関の経営を助けることができても、彼らの短期的な視野の調整過程で、金融機関が不良債権処理の名目で取引企業の倒産、破たんを早めて、実体経済に深刻なダメージを残し、金融システムを揺さぶる悪影響の生じることが明らかになった。

　果たして、国が一時国有化した銀行を譲渡する売買で、「瑕疵担保」を認めることが必要かどうかという問題は国会でも当時激しく議論された。瑕疵担保責任を認める理由は、銀行という企業の売買では、買い手と売り手で情報の非対称性が生じやすく、購

---

[14]（金融再生委員会［金融再生委員会, 2000]）32 ページ引用。
[15] 短期の金融調整、オーバーナイト金利による調整などの短期金融のコントロールと金融経営についての関係については（白川［白川, 2008]）129-135 ページ参照。

入する側が買うと手をあげても、契約を進めるうちに、予期せぬ損失負担を強いられることが想定されるからであった。

　当局が銀行の売買で「瑕疵担保条項」を積極的に認めたのは、国内の大銀行が破たん銀行を買収したとき、譲渡先がこれまでの貸出先に対し、急速に債権返却を進めたため、景気に直接影響を及ぼして、それが金融不安を煽ることを懸念したためであった。しかし、現実におきたことは、資金の提供者が外資系ファンドの如く血気盛んな企業であればあるほど、この条項を利用し、銀行の経営を健全化する際、すぐに不良と思われる債権先を躊躇せずに切り捨て、それが実体経済に大きなダメージを残すことであった。

　一般に、破たんした金融機関では、破たん可能性が低い債権以外にも、経営不振の企業向け融資など「企業の継続性」に問題のある債権も多数保持している。当該銀行の譲渡先は、その状態を覚悟の上で破たん金融機関を買い取るのである。すなわち、譲渡先はリスク テイクすることを覚悟して売買に望むはずである。「瑕疵担保条項」は、政府が金融機関の売買で著しく価値が毀損する債権を買い取る約束をし、国家がその譲渡先のリスク テイクする費用の一部を財政負担していると言える。ここでの処理方策は、その後、一時国有化した銀行を売却する際に、国は譲渡する際、「瑕疵担保」という譲渡に際し「国家の保証する保険」を提供する結果になった。つまり、譲渡先がモニタリングや債権回収に失敗した際の費用までも、金融当局が負担するという原則を確立することになった。

2-3-1　日本長期信用銀行の破たん処理過程と問題点について

　つぎに、日本長期信用銀行の破たん処理の過程と問題点について、事実を時系列で示しつつ、簡単に整理する。

　日本長期信用銀行は、1998 年（平成 10 年）の破たん処理過程の第一段階として 10 月 23 日に特別公的管理開始の決定がなされた。これは預金保険機構が日本長期信用銀行株式を取得することを意味した。その際、破たん処理で問題として取り上げられたのは、以下の 1〜4 点であった[16]。

1. 新経営陣の選任と経営合理化計画の策定
2. 特別公的管理開始決定に至るまでの経緯の調査
3. 旧経営陣の責任追及
4. 特別公的管理銀行の保有する資産として適当であるか否か

　上記の指摘は経営学で言うコーポレート ガバナンス（Corporate Governance：企業統治）の問題である。しかし、4 に至っては、なぜ政府が日本長期信用銀行の破たんを助ける必要があるのかという説明理由を含んだものであった。これは、銀行を含めた意味での金融システムが経済成長の揺籃としての役割（公器）を果たしていて、それらを安易に破たんさせることは実体経済に過度のショックを引き起こす不安感から出された指摘であったと言える。まずその当時の日本では、日本長期信用銀行を買収できるほど資金に余力のある日本の金融機関は無かった。とりわけ、都市銀行は不良債権処理を進めており、銀行を買収できる原資を確保できる状況になかった。よって、預金保険機構等は 2000 年（平成 12 年）2 月 9 日に、米国リップルウッド社が中核となって組織

16　（金融再生委員会［金融再生委員会, 2000]）2-3 ページ引用

したニュー LTBC パートナーズ（以下「パートナーズ社」と記す）と譲渡に係わる最終契約を締結した。この際、誰にこの銀行を譲渡するかという国会論戦では、野党から「公的資金を8兆円以上も投入してあの旧長銀をわずか10億円で買ったのか」、「利益を2,000億円稼いで日本に税金を納めているのか」という詰問もあった。このような議論が国会で紛糾したことだけを記しておく。譲渡内容は、預金保険機構が保有する既存株式約24億株をパートナーズ社に譲渡することであった。これにより、同行の公的管理は終了することになった。後に、この組織は2000年（平成12年）6月5日「新生銀行」として スタートした。付言しておけば、この日本長期信用銀行の事例は、破たん金融機関を投資コンソーシアム［consortium］に譲渡した初の事例であった。

　国は、譲渡に際し、日本長期信用銀行に2000年（平成12年）2月に金融再生法72条に基づき金銭の贈与に係わる特例資金援助、金融再生法第62条に基づいて損失補填を行った。そして、新生銀行も、2001年（平成13年）1月5日に預金保険機構に対して、金銭贈与に係わる特例資金援助および損失の補填額の変更申し込みを行った。その結果、預金保険機構は特例資金援助額を3兆2,350億円、金融再生委員会は損失補填額を3,549億円に変更し、それぞれが承認された。

　これは預金保険機構とパートナーズ社との日本長期信用銀行譲渡の際に取り交わした株式譲渡契約に規定されていた「瑕疵担保条項」により行われた。この条項は新生銀行の瑕疵債権は預金保険機構にそのまま引き取られることを保証した内容であった。当時、その債権の買取り額はそごうグループなど3社で、総額は2,124億円であり、支払い見込みが1,122億円であった[17]。

2-3-2　日本長期信用銀行譲渡後の問題点—政府の2次損失発生—

　前節で記した事実経過を踏まえて、政府が銀行を処理するとき
の問題を以下に要約しておく。まず、一つは、公的管理の問題点
である。すなわち、政府自身が、自らの判断能力の不足と売買に
際しての情報の非対称性のため、将来売却する予定の破たん行の
債権状態を審査、判断することが極めて困難なことにある。それ
故、政府は銀行の譲渡先に破たん行の株式を引き受けてもらう
際、「瑕疵担保」の条項を設けたのであった。この条項はある期
限までに、投資家は継承した銀行の持つ不良債権を処理し、その
後、投資家は債権処理に際し発生した意図せぬ損失を政府から補
填してもらった上で、銀行保有の債権を良債権にした上で再上場
した後、その株式を市場で売り払えば莫大な利益を得ることが可
能となった。

　もし、政府が金融機関の保有債権の状態を過少評価するなどの
破たん処理の過程で売却額を安くしてしまえば、投資家は購入し
たときの損失を政府からの補填により埋めて、その銀行を短期的
に保持し、売却しても多額の利益を得ることができた。日本長期
信用銀行売却の担保条項は、2003年（平成15年）3月28日まで
の長期間であったが、金融機関が不良債権を処理する過程で、与
信先に返済を迫る行動が進み、それにより風評被害などにより与
信先企業の債権の不良化がさらに進み、損失が拡大したため、政
府の2次損失の負担はより増大することになった[18]。これが、こ
の処理システムの欠陥と言える。

　この瑕疵担保条項は、別の視点で見れば、本来、国が破たん行

17　（金融再生委員会［金融再生委員会, 2000]）3-5 ページを引用した。

72

を管理し、売り主の与信の失敗の責任を明確化する施策と捉えることもできる。しかし、現実にはパートナーズ社が買い取るのは破たん金融機関であり、与信状況を十分判断しての行為であり、譲渡後の3年間にわたって、不良債権リスクや与信業務リスクの管理の結果の売買で見誤った損失のすべて補填する必要があるのかという疑問が残る。この瑕疵担保条項は、債権価格が2割以上下落した債権を、国が買い戻す契約であり、単に景気悪化によって債権価値が急落した場合であっても、国がその責任を負っているという問題を含んでいた。言い換えれば、銀行を購入した会社が保有した債権の損失の2割を負担するのみということが、加重であるのか、軽いのかは判断が、難しいと言える。

　再生した新生銀行は、まず譲渡された債権を監視し、管理し、破たん前と比べて債権先企業の状況を再把握することが主業務である。与信先で、景気悪化などの経済要因や経営者の経営判断の失敗があったとき、銀行はモニタリング不足による債権価値の悪化の部分については、自らその責任を負うべきである。この破たんと再生のケースでは、新生銀行は、瑕疵担保条項の年限に限りはあったが、その間に行われる与信で保有債権の価値の毀損リスクが生じても、それを気にする必要が無くなった。新生銀行は、主業務とは何かを見直すことが可能となり、すなわち、譲渡後2001年（平成13年）6月から保有債権の管理に重点を置かずに、新規の与信業務に特化する経営を行うことが可能になった。

18　返済が不能だと考えた与信先には、なるべく損失を多く出させても、その損失は政府が保証してくれる訳であり、金融機関の株価が一時暴落したとしても、結局、政府の損失補填により金融機関の株価は戻ることになる。一般に、貸し倒れを防ぐための間接金融の動機は弱まる。すなわち、銀行は与信先へのリレーションシップを重視する動機も弱まることになる。

初期の新生銀行の不良債権残高は、2 兆 9,000 億円あったが、最終的には約 3,000 億円まで縮小することになった。その圧縮処理の要因を見れば、不良債権の 4 割がここで指摘した瑕疵担保条項で処理されたものであった[19]。

2-3-3　日本債券信用銀行の歴史と破たん処理について

日本債券信用銀行の前身は、1911 年（明治 44 年）の日韓併合から続く歴史ある銀行から継承された金融機関であった。後の破たん処理の議論のために、この銀行の歴史を述べておく[20]。

明治 44 年に大韓帝国は日本に併合され、韓国銀行が特殊銀行となり改称して、朝鮮銀行となった[21]。この朝鮮銀行は明治44年〜昭和 20 年まで続いたが、第二次世界大戦後、在韓米軍が韓国内の本店支店を接収するとともに、占領国は GHQ を通じて朝鮮銀行の日本国内の店舗閉鎖命令を出した。

その後、朝鮮銀行は、日本の業務とは独立して業務を継続したが、米軍軍政廃止と大韓民国政府の樹立とともに国有化された。

---

[19]　（金融庁［金融庁, 2003］）7 ページ参照。

[20]　日本債券信用銀行の社史については、（全国銀行協会［全国銀行協会, 2017］）を利用し、継承された銀行の過去を調べて、日本債券信用銀行の社史を探り、本書で記した。

[21]　1910 年（明治 43 年）8 月 22 日，日本と大韓帝国両国間で調印された日韓併合に関する条約が締結された。これはソウルに寺内正毅朝鮮統監府統監と当時の李完用大韓帝国首相が調印し、同年 8 月 29 日公布，即日実施された。この併合の前に 1904 年 2 月 23 日日韓議定書調印し、8 月の日韓協約は調印された。そして、1905 年 11 月第二次日韓協約（韓国保護条約）が調印された。これに基づき伊藤博文は初代の韓国統監に任命され、1907 年 7 月 24 日に韓国内政の全権掌握に関する日韓協約が調印された。これによって保護政治，統監政治の完全な実現をみた。後に伊藤博文の暗殺事件があり、日本国内に韓国併合の機運が高まったのは日本史でも有名な史実である。

その後、韓国銀行法が施行され、朝鮮銀行は閉鎖され、その資産・負債を引き継ぐ形で韓国銀行は設立された。

　朝鮮銀行の韓国内に無い日本国内の店舗に残余する財産を継承する銀行を国内に作る形として、1957年（昭和32年）に日本不動産銀行は設立された。この日本不動産銀行は日本の「長期信用銀行法」に基づき設立されたものであった。そして、日本不動産銀行は1977年（昭和52年）に名称を改称し日本債券信用銀行となった。日本債券信用銀行が不動産担保融資で多額の不良債権処理を先送りして、破たんしたのは、過去の発足の経緯から見て無関係とは言えない。

　当時の新聞で、1997年（平成9年）4月、日本債券信用銀行は再建計画を発表し、自社の関連ノンバンクを破たんさせることで「損失処理は終了した」と喧伝した。その後、公的資金が注入されることになったが、金融当局は監査に入った1998年（平成10年）12月に「債務超過で自主再建が困難」と見なし、金融再生法により「債務超過状態で、自主再建は困難」と認定して、当行は金融再生法に基づく特別公的管理に移行した[22]。

　この日本債券信用銀行は、上記の事態を受けて破たん処理がなされた[23]。

　日本債券信用銀行では、当局が1998年（平成10年）12月13日に特別公的管理開始を決定すると同時に、速やかに新経営陣を選任した（同年12月24日、25日）。選任された新経営陣は特別

22　2004年（平成16年）9月4日付の朝日新聞では、破たん処理に投じられた公的資金は4兆8,000億円、国民負担としてその時点で2兆9,000億円が負担されたことを報道した。

23　日本債券信用銀行の破たんに関する記述は、（金融再生委員会［金融再生委員会, 2000]）8-13ページを引用した。

公的管理銀行を 1999 年（平成 11 年）2 月 26 日に調査し、その結果を当局に報告し、金融当局は同年 3 月 1 日に新経営陣の策定した合理化計画、業務運営基準を承認した。

　その後、金融再生委員会は、この特別公的管理銀行が再生する上で、新銀行の保有のすべき資産の判定結果を公表した。前に述べた日本長期信用銀行の譲渡のケースと異なり、政府は、この特別公的管理銀行にどのような資産を含ませる形にするのかを熟慮していた。

　まず、この破たん銀行の譲渡先の選定を本格化する際、再生委員会は譲渡する日本債券信用銀行の保有する債権について、譲渡後の新銀行の企業価値が極力毀損しないように注意を払った。そして、預金保険機構は、2000 年（平成 12 年）2 月 24 日、日本のソフトバンク、オリックスと東京海上火災からなる出資グループ（以下「ソフトバンク グループ」）と「日本債券信用銀行の買収に関する覚書」を締結した。

　その後、買収したソフトバンク グループは、2000 年（平成 12 年）6 月 30 日に日本債券信用銀行譲渡に関する最終契約書を締結した。なお、その後の経緯だけを簡単に述べておく。

　まず、2000 年（平成 12 年）8 月 24 日に日本債券信用銀行は、預金保険機構に申請した。そして、金融再生法に基づき、日本債券信用銀行は金銭の贈与と損失補填の申し込みを行った。この日本債券信用銀行の申し込みを受けて、8 月 25 日にその必要性の審査の後、認定を受けて、預金保険機構は日本債券信用銀行への金銭贈与に係わる特例資金援助を行うことを決定した。その後、2000 年（平成 12 年）8 月 31 日に預金保険機構は日本債券信用銀行に対し金銭の贈与に係わる資金 3 兆 1,497 億円を援助した。同

時に、金融再生委員会は、この銀行の公的資金による損失補填を承認し、預金保険機構は 931 億円を支払った。

　預金保険機構は、破たん行から適資産の買取りを行った後で、さらに預金保険機構が不適資産の買取り処理を行った後、最終的に 預金保険機構が日本債券信用銀行の保有株式の買取りを申請するという手順で破たん処理がなされた。預金保険機構は、2000 年（平成 12 年）8 月 25 日に金融再生委員会の承認を受けて、同年 8 月 31 日に 4,839 億円、9 月 1 日に 1,657 億円の総額 6,496 億円で日本債券信用銀行の保有株式の買取りを実行した。

　この特別公的管理の終了は、2000 年（平成 12 年）9 月 1 日であった。詳しく述べれば、預金保険機構が保有する日本債券信用銀行の発行済普通株式 25 億 153 万 6,000 株をソフトバンク グループに譲渡することで、その管理は完了した。

　ソフトバンク グループは、2000 年（平成 12 年）9 月 5 日に公的資金による 2,600 億円の優先株式の引き受けを申請した。同時にソフトバンク グループの「経営健全化のための計画」も金融再生委員会に承認された。なお、整理回収機構は、特別公的管理であった日本債券信用銀行から不良債権を買い取り、2000 年（平成 12 年）10 月 3 日に優先株の引き受けを行った。その後、譲渡された銀行は 2001 年（平成 13 年）1 月 4 日から「あおぞら銀行」に改名しスタートした。

2-3-4　日本債券信用銀行の破たん処理のもたらした問題
―適資産の認定と旧経営陣の経営責任の追及―
　政府は、この日本債券信用銀行の前身であった日本不動産銀行が不動産中心とした貸出を主力としていて、そして本行が不動産

バブルの影響を直に受けた銀行であったことを注視した。日銀も
金融当局もその当時、それに目を凝らしていた。バブル潰しの事
態で、日本債券信用銀行が不動産関連の貸出に失敗し、多額の不
良債権を抱え、経営不安に陥ると分かると、すぐに日本銀行、当
時の大蔵省から経営執行者を派遣し、経営の立て直しに取り組ん
だ。公的に官が民の経営に直接着手するという意味で初の事例で
あった。

　まず、1993 年（平成 5 年）に元国税庁長官の窪田弘、1996 年
（平成 8 年）に元日本銀行理事の東郷重興の順で、銀行は彼らを
経営首脳として迎えた。これによって日本債券信用銀行は事実上
大蔵省・日銀の管理銀行となった。そして、日本債券信用銀行
は、業務縮小を行い、手始めに 1994 年（平成 6 年）4 月に海外
業務について全面撤退し、つぎに、ノンバンク業務について、ク
ラウン リーシング社などの系列 3 社を破たん処理した。その結
果、当行は 1996 年（平成 8 年）3 月に初の赤字決算を記録した[24]。

　日本債券信用銀行は、日本不動産銀行時代より不動産融資を手
掛けていたが、バブル経済崩壊時には、所有する債権が大幅に減
価したとき、行内で「飛ばし」という倫理上の問題があり、ガバ
ナンス上問題の起きる違法行為が横行した。すなわち、親会社が
子会社に有価証券を購入価格で売り払い、損失を付け替えて、自
社の会計の痛みを誤魔化す行為を行った。

　経営の悪化した銀行は、悪化が資産上分かりにくい会計上、見
せかけの健全性を保つ効果を持つ日本債券信用銀行の発行する金
融商品を大量に保有した。このように連結会社に不良債権を付け

24　破たん時のクラウン リーシング社の負債総額は当時の新聞記事では、約 1
　兆 1,874 億円と記録されていた。

替えて、親会社の会計の毀損を誤魔化す行為は、現在では粉飾決算と見なされるが、当時許されていたため日常化していた。上記の手法で日本債券信用銀行は金融商品の売却を通じて、金融市場より現金を調達でき（銀行が購入する意味でも）、そして当行の金融商品は日本債券信用銀行に持ち込めば、すぐに現金化できるという利点を含んでいた。

1997年（平成9年）3月になって、日本債券信用銀行の自己資本比率が当時の国内基準の4％を割り込む水準まで低下した。1997年（平成9年）3月、当時の大蔵省が中心となり当行の再建策を策定した。その再建策は速やかに実行された。それは全支店の売却および各金融機関および新金融安定化基金（日銀拠出を含む）による、いわゆる奉加帳増資によって合計2,900億円を資本増強するものであった。当時、この金額は日本債券信用銀行の資本勘定の3倍に相当した。増資時に発行された証券は東京証券取引所規則により「原則として割当株式の2年間売却凍結」という制限が付けられた。この制限条項は、結果として増資を引き受けた各金融機関が長期で日本債券信用銀行の株式を保有したため、日本債券信用銀行の株価を下支えすることになった[25]。こうして、日本債券信用銀行の株価は、日本長期信用銀行の破たん処理など、金融不安の最中、奇妙な安定状態にあった。その後、金融危機管理審査委員会は、当行に1998年（平成10年）3月に600億円の公的資金の注入を決定し、実施した。そして、日本債券信用銀行は、1998年（平成10年）4月にバンカーストラストと業務提携を結んだ。この時点でも、当行の株価は安定していたた

---

[25]（金融再生委員会［金融再生委員会, 2000］）8-11ページ引用。

め、上記の日本債券信用銀行の処理策について、市場では疑問の声が上がっていた[26]。

　当時、巷間では、破たん処理前に、政府や金融当局が一民間金融機関の延命策にこれほど手を尽くしているのか、なぜこの銀行だけという議論はなされなかった。

　この日本債券信用銀行の処理過程では、日本長期信用銀行の破たん処理の経験を活かし、政府（預金保険機構）は破たん銀行の保有している資産の良、不良の判定を重視して再生作業を行った。それは当行の保有する資産について、2度にわたり「不適資産」の選考を行ったことからも分かる。そして、これらの資産判定の結果を考慮して、預金保険機構は、譲渡する日本債券信用銀行が保有するのに適当でない資産について、整理回収機構を通じて資産買い取りを行った。

　一次の買い取りは1999年（平成11年）11月22日に行われ、二次の買い取りは2000年（平成12年）8月28日に行われた。預金保険機構の委託を受けて整理回収機構で買い取りに費やされた金額は総額824億円であった[27]。

　さて、国が金融機関の保有する全資産から、不適・適資産を判定するという処理スキームを行ったのは、日本長期信用銀行の時と同じく、国の破たん処理の基本方針が「破たん行を国が良債権で再構成した銀行」と保証した後、それを民間に譲渡するためである。したがって、もし、国が破たん行の債権の保有の査定を間違った場合、国はその判断の責任を負う形にならざるをえない。

26　1998年年末のシンクタンクの研究会で、金融機関の調査部と筆者との議論を引用した。

27　（金融再生委員会［金融再生委員会, 2000］）11-13ページ引用。

結局、この譲渡契約でも「瑕疵担保条件」をつけてソフトバンクグループに譲渡するに至った[28]。

2001年（平成13年）1月、銀行の債権査定で国が引き取ることにした債権額は163億円で、その支払い見込み額は67億円であった。なお、「瑕疵担保」の条項で、2004年（平成16年）9月末が条項の期限であって、その期限の切れていたものもあったが、結局、国が買い戻した債権総額は2003年（平成15年）9月末時点で2,057億円であった。このときも、日本長期信用銀行の処理と同様に、政府が大きな負担額を賄ったという破たん処理の問題を指摘できる。

この日本債券信用銀行の破たん処理では、処理に際し国会で説明責任を必要とする国庫負担という事態が生じたということもあり、国は旧経営陣の経営責任追求についてかなり踏み込んだ施策を講じることにした。

日本債券信用銀行の経営悪化の引き金となる、旧朝鮮銀行時代にも来島ドック・福島交通の融資の際にも、不良債権の「飛ばし」処理をしており、それをバブル経済時の景気回復後に適宜償却し上手く処理した経験があった。来島ドックの融資に携わった当時の東邦相互銀行は財務上の問題から普通銀行に転換できず、日本で最後の相互銀行でもあった。そして、1992年（平成4年）に東邦相互銀行は伊予銀行に吸収された。それまで、金融不安の嵐が吹き荒れても、銀行は破たんしないという「神話」があった。実は、預金保険機構の資金援助が発動された初のケースがこの相互銀行を救済合併した伊予銀行であった。なお、福島交通に

---

28 （金融庁［金融庁, 2003]）7ページを引用した。

多額の融資をした銀行は石川銀行であり、その銀行の破たん処理策についても本書で後述する。

　1995 年（平成 7 年）、こうした不良債権処理は本店事業推進部に一本化されたが、根本的な再建策は先送りされたままであった。結局、1998 年（平成 10 年）3 月期決算で、日本債券信用銀行は保有する 279 社の債権の状況について格上げの査定を行い、不良債権の取立不能見込額を過少に見積もり、貸倒引当金の大幅圧縮（後に粉飾決算として刑事立件）を行った。同時期に、日本債券信用銀行は外資系金融機関、特にクレディ スイスグループが販売するデリバティブ取引を組み込んだ金融商品を利用して、不良債権隠しも行った。投機的な金融商品を隠れ蓑として利用できたのは、この日本債券信用銀行は会計上の透明性が担保されていないこと、すなわち、監査制度の不備によるガバナンスの制度が不備であって、経営者が容易に粉飾決算できることに起因していた。

　1999 年（平成 11 年）7 月 23 日、再生後の経営陣は、日本債券信用銀行の旧経営陣を告発することで、旧経営陣の刑事責任を追及した。他方、日本長期信用銀行でも刑事事件の裁判があったが、これらは逆転無罪の判決に至った。この裁判では、旧経営陣は、金融機関で会計基準の変更があって、金融も新時代の過渡期にあり、会計変更の猶予期間がある場合、旧基準から新基準に速やかに会計を変更しなければならないのかということを問うものであった。検察が違法とした査定についても、金融機関の経営者は経営判断として許される場合のあることが司直によって認定された。この判決によって、今後、粉飾決算や回収額の査定見積もりと現実の値との差が、会計基準の変更によって正確に査定されるという、当時の当局が金融機関の健全化を図ろうとする銀行監

査の施策の目論見を壊すことになった。これによって、金融当局は金融機関の保有する有価証券の状況、資産保有の実体を詳細に調査する金融機関の検査スタイルが確立されることになった。この判決によって、金融当局は銀行の保有する債権の状況を調査する際、時々の債権の額をその時期の会計制度で処理金額を推計して、それを現在の会計処理の方法で再計算（再評価）しなければならない。すなわち、会計制度の変更によって、破たんしそうな金融機関の保有債権の状況を速やかに把握することが制度上困難になった。

　もちろん、政府は、これらの裁判判決や事件を受けて、国会で粉飾決算や会計の偽装の温床となる金融商品法の改正などを行い、金融機関の連結子会社を用いた損失の「飛ばし」行為を粉飾決算と認定し、金融機関の会計上の透明性の確保を図った。

　この責任追及の過程で、瑕疵担保条項による国費の投入に際し、金融機関の経営の透明性が、裁判により会計基準の採用時期について経営側の裁量が認められたため、当時の会計制度だけで銀行の保有債権の状況を把握することが難しくなった。それ故、国家は銀行が破たんした時、その経営者の責任を問う形で国民に説明責任を果たすという現在の責任追及の型に落ち着いたと解せよう。

　つぎに、当時の金融機関の企業統治の姿を見る意味から、日本債券信用銀行の旧経営者の責任追求の過程を簡単に記す。

　旧経営陣の責任追及のため、1999年（平成11年）1月27日「内部調査委員会」が設置された。まず、同年7月16日に調査報告書が経営陣に提出され、その報告書を受けて、日本債券信用銀行は同年7月23日に旧経営陣を告発した。

　この報告書で注目すべきことは、「民事責任の追及についての提訴案件はない」とあったことである。日本債券信用銀行では、報告書で問題の指摘を受けた案件を中心に監査役会等でさらに調査、検討を行ったとだけ記してあった[29]。

　2000 年（平成 12 年）8 月 24 日、監査役会は「金融再生法第 50条第 1 項に基づき訴えの提起その他の必要な措置を取るべき旧経営陣の職務上の義務違反を認定するには至らなかった」との最終結論を出し、取締役会もこの事項を承認した。ソフトバンク グループへの譲渡が 2000 年（平成 12 年）9 月 1 日 に行われたこともあるが、旧経営陣の責任は無かったという結論は、結果として譲渡する銀行の債権評価を保証した国の責任を認める事態になった。

2-4　金融整理管財人による処理—公的管理後の処理方法—

　破たん処理は、公的管理に際し、国が債権選別などの行為を行って、売却の主体となり、その行為を行うときにリスクを負うことになるため、種々の問題が生じる。例えば、会計基準の制度上、破たん銀行は、自身の資産状況を国内市場で良好に見せることが許されていた。それは、当時の金融の国際化の流れから決して看過できなかった事態であった。この金融機関は潰れないという神話の土台は、国内の会計基準の脆弱性に起因しており、金融機関の経営者が政商や政治家と過度な関係を清算せず、既存の制度の温存に血道を上げたということに関連していたのではなかろうか。その意味から見て、大銀行の破たんに、国が直接乗りだし、破たんさせた銀行を整理し、売却を直接行うというやり方

---

[29]　（金融再生委員会［金融再生委員会, 2000]）9 ページ引用。

は、却って官の持つ能力の限界を露呈することになって、処理に係わる問題を顕在化させることになった。

　この状況を見直すべく、金融整理管財人による破たん処理が始まったと言える。それはアメリカの企業破たん処理の方法を参考にしているように見える。以下にその日本の手法の概略を説明しよう。

　預金保険機構は、預金保険法（2001 年（平成 13 年）3 月まで「金融機能の再生のための緊急措置に関する法律」）に基づき、破たんした金融機関の金融整理管財人を選任し再生処理を進めた。金融整理管財人を用いた破たん処理スキームは、公的管理の問題点を修正するという意味で創設されたと解釈できる。

　ここでは政府が、破たん処理に関しての問題解決のため、まずこの処理過程に至った経緯を以下に説明する。

　日本長期信用銀行および日本債券信用銀行の破たん処理過程とその後の処理過程の違いは、特別公的管理か、金融整理管財人による整理によるかの違いであった。それは、特別公的管理の場合には、譲渡契約の際に「瑕疵担保条項」が付帯しており、その問題点は前節で述べた。これは、政府が破たん銀行の保有する債権の分別に関して、目利きの能力も無いのに、その行為に積極的に関与したことが問題であった。この問題を修正するため、政府は破たん銀行の債権の適、不適を決定することの困難さを自覚し、金融整理管財人による管理をスタートさせた。

　これより取り上げる銀行は破たんしたとき、預金保険機構が金融整理管財人を選任したものである。被管理金融機関のそれらの管理状況の代表的な事例を以下に箇条書きにした。

　• 国民銀行（1999 年（平成 11 年）4 月 11 日）、幸福銀行（1999

年（平成 11 年）5 月 22 日）

- 東京相和（1999 年（平成 11 年）6 月 12 日）、なみはや銀行
（1999 年（平成 11 年）8 月 7 日）
- 新潟中央銀行（1999 年（平成 11 年）10 月 2 日）
- 石川銀行（2001 年（平成 13 年）12 月 28 日）、中部銀行（2002
年（平成 14 年）3 月 8 日）

　上記のそれぞれの処理スキームの特徴を明らかにするために、各事例を順に取り上げることにした[30]。各銀行（後に記した日付は破たん日）は上記のように箇条書きにしてグループ分けし試論したが、上のすべての処理ケースの共通の特徴は、それぞれが金融整理管財人の管理をした後に営業譲渡先を探す処理過程であった。以下にそれぞれのグループに関しての破たん処理の特徴を要約して述べる。

2-4-1　国民銀行の破たん処理の特徴

　国民銀行の前身は 1953 年（昭和 28 年）に創設された国民相互銀行であり、1990 年（平成 2 年）普通銀行（第二地方銀行）に転換し改称した金融機関であった。この相互銀行は東急グループの傘下にあった。東急グループの継承者五島昇が海外業務を整理する資金調達のため、この銀行株式を国際興業の小佐野賢治に譲渡した。その後、当時、国際興業の社長小佐野政邦が国民相互銀行の社長を務めた。それ以降、歴代の頭取は国際興業のメインバンクであった三和銀行から招聘することにした。

　1998 年（平成 10 年）、国民銀行は国際興業グループに 25 億円

---

[30]　ここで取り上げた事例は、金融再生委員会の報告書（金融再生委員会［金融再生委員会, 2000］）13-16 ページを引用した。

の第三者割当増資を実施し、グループの自己資本の状態を改善しようと企てた。しかし、金融庁は、すでにこのグループは債務超過に陥っているとの検査結果を出していた。この事態を受けて、巷間でこの金融機関に対し信用不安の疑念が生じ、取り付け騒ぎの事態が起き、行内からの預金流出が加速した。

　国民銀行は、1999年（平成11年）4月、金融再生委員会に「金融再生法に基づく管理を命ずる処分」に基づき、破たんを申し出た。これは第二地方銀行最初の破たんの発生であった[31]。

　この破たん金融機関は、金融再生委員会より2000年（平成12年）8月14日に管理を命ずる処分を取り消され、同行が破たんしたことが認定された。破たんした国民銀行は八千代銀行に営業譲渡された。このとき資金援助として金銭の贈与は1,835億円でなされ、保有資産の買い取り額は350億円で、同行は日本で初となる公的資金の注入を受け入れることになった。2000年（平成12年）10月31日付けで、国民銀行は営業譲渡の成立とともに解散し、9年後に精算を完了し、完全消滅した。

　国民銀行を譲渡された八千代銀行は、預金保険機構の管理下で元国民銀行の店舗網と預金・正常債権を2000年（平成12年）8月14日に譲受した。譲られた支店は、甲府・鳩ヶ谷などの都外店舗を含めて23店舗であり、その後5店舗を閉鎖し、最終的に18店舗を存続させた。そして、八千代銀行は優先株を発行して受け取った公的資金を、2006年（平成18年）3月に返済した[32]。

31　国民銀行の破たん処理の記述に関しては、（金融再生委員会［金融再生委員会, 2000]）13-16ページを引用した。

32　返済方法は、優先株の発行で公的資金の注入がなされていたので、その株式を業務提携先及び筆頭株主である旧住友信託銀行に株を譲渡する形にして処理し、資金を返済した。

　この処理方法は、金融整理管財人が当時の預金保険機構を通じて、破たん行から買い取る資産や破たん行の保有債権の状態を把握し、銀行整理をした最初のケースであった。この国民銀行の破たん処理に際しての特筆すべき特徴は 金融再生法第 19 条の規定等を踏まえ、旧経営陣等の職務上の義務違反などを明示することを目的として、金融整理管財人直轄の「内部調査事務局」を設置したことであった。この事務局は、破たんの原因となった旧経営陣の経営責任をつまびらかにし、民事提訴、犯罪に基づく刑事上の告発の必要性や妥当性を調査する組織であった。これにより、破たん金融機関の整理過程で混乱しがちであった旧経営陣に対して、速やかな責任追求が可能となり、破たん処理に際し告訴や損害賠償請求の手順が定められ、経営者の破たん責任の費用分担を明確にすることを可能にした[33]。

　その後、八千代銀行は、2013 年（平成 25 年）8 月 5 日、同じく都内を地盤とする地方銀行の東京都民銀行と金融持株会社を設立することに同意し、2014 年（平成 26 年）10 月 1 日に、両行が銀行子会社として傘下に入る形の金融持株会社「株式会社東京 TY フィナンシャルグループ」を設立した。この形式は、現在では足利銀行と常陽銀行が 2016 年（平成 28 年）10 月 1 日に金融持株会社を作った形にも活かされていると言える。

　さらに、八千代銀行は 2018 年（平成 30 年）5 月 1 日、東京都民銀行と当時東京都知事であった石原慎太郎の肝いりであって経営不振著しかった新銀行東京と合併し、「株式会社きらぼし銀行」へ社名変更した。

---

[33] 国民銀行の旧経営陣の責任追及に関しての記述は、金融再生委員会の報告書（金融再生委員会［金融再生委員会, 2000]）14-15 ページ引用。

　八千代銀行が、破たんした国民銀行の受け皿行として再生に関
与したのは、この金融機関が最初に信用組合として誕生し、信用
金庫を経て、他の信用金庫と信用組合等との合併を繰り返して規
模を拡大し、1991年（平成3年）に普通銀行（第二地方銀行）に
転換した種々の合併を経験した金融機関であったためである。言
い換えれば、信用金庫からの転換は、同行の存在が当時唯一であ
り、あらゆる地域金融機関の業態変化を経験したことは受け皿行
として見たとき、それは営業譲渡の強みをもった存在と言え
る[34]。繰り返しになるが、この八千代銀行が受け皿行として相応
しかったのは、信用組合から信用金庫に変更し、最初に地方銀行
に転換した銀行であったことと、もう一つは、この銀行の営業地
域が関東の人口過密地域であったことである。信用金庫や地方銀
行の再編の方法がこの破たんのケースには集約されていたと言え
る。

2-4-2　幸福銀行の破たん処理の特徴[35]

　幸福銀行は前例で扱った国民銀行と地理で比較すれば、関西圏
地域金融機関である。ここでは関西の地域金融機関の破たん処理
について詳説した[36]。
　幸福銀行の前身は1926年（昭和元年）和歌山市の無尽銀行と
して創業し、1951年（昭和26年）に大阪に本店を移転するとき
相互銀行に業務転換し、1989年（平成元年）に地方銀行に転換

---

[34] 八千代銀行は2007年（平成19年）に東証一部に上場したことも付言してお
く。
[35] 幸福銀行の福のネは示偏が正確な表記であることを述べておく。
[36] 幸福銀行の破たんについての記述は、金融再生委員会の報告書（金融再生委
員会［金融再生委員会, 2000]）16-19ページを引用した。

していた。

　さて、無尽銀行について少し本書で触れておく。これは資金調達の際に「講」を作り、人びとに手形などの金融商品を購入させ、資金を講に蓄積する。そのとき貯まった資金は一種の貸出目的の資本（原資）とし、希望する借主が講と貸出利子率を定めて資金を融通するという銀行の形を採った。当時、日本政府は、年数を掛けて手形による資金融通を行う無尽銀行を相互銀行に切り替えることを進めていた。これは無尽銀行が貸出方法で、審査の際に恣意性が生じやすい。また貸出の審査が困難になればなるほど、貸出利子率が高騰しやすいという欠点が存在したからであった。政府が無尽銀行の転換を進めたのは、新産業の創出や産業の近代化を進める上で、このような与信スタイルは日本経済の成長の足かせになると考えたからである。

　幸福銀行は、当時「リレーションシップ マネージメント制度」を立案し、各貸出分野の情報共有と連携を進めた。幸福銀行の主要な貸出先を見たとき、不動産、建設、金融業種での債権が大半を占め、1993年（平成5年）3月まで管掌する債権額は増大し続けた。バブル崩壊の近づく中、東京地区に営業店舗を設置し、融資を増やし続けた。幸福銀行の融資は系列リース会社「幸福リース」に積極的に行われ、連結ベースで見て、保有債権額は増大し続けた。

　この幸福銀行の経営行動が進められた理由は、当時の橋本龍太郎大臣の下、大蔵省が実施した不動産融資に対する総量規制の対象にノンバンク企業は含まれていなかったからであった。そのため、幸福銀行は貸出の代替先として、このリース会社にバイパスして、不動産融資を伸ばし続けた。

　幸福銀行は1992年（平成4年）株式公開で資本増強策を講じようとしたが、社内の反対によって、その企ては頓挫した。時が過ぎ、1997年（平成9年）夏、当時の大蔵省銀行局は関西地区で経営の行き詰まっていた4行（幸福銀行、京都共栄銀行、福徳銀行、なにわ銀行）の合併案を、各行それぞれに持ちかけた[37]。

　1995年（平成7年）8月、関西の木津信用組合と兵庫銀行が経営破たんし、翌年、阪和銀行で業務停止命令が出された。市場では「次はどの銀行が危ない」という噂が流布され、合併案を打ち出した経営不安の4行は金融の火薬庫と呼ばれた。そして、1995年（平成7年）9月、4行で経営不振の事態が表面化し、大蔵省の特定合併制度への不評の声も政治の側から上がりはじめた。この環境に至り、大蔵省も4行同時処理方策を諦め、結局、2行ずつを順に処理する方針へ舵を切った。

　1998年（平成10年）10月26日、まず幸福銀行は自主再建を断念した京都共栄銀行を譲渡された。そして、1999年（平成11年）2月、幸福銀行は資本提携と業務提携を大和銀行に申し込んだ。大和銀行は、幸福銀行の保有債権構成などを考えると極めてリスクが高いという理由から申出を拒絶した。

　幸福銀行は他にも、関西の大手行である住友銀行や三和銀行に提携を申し入れたが両行に固辞され、ついに、外資系企業等への提携まで画策したが、どこからも色よい返事を得られなかった。

　幸福銀行は、金融監督庁の検査を受けて、資本増強を迫られた。同行はグループ企業のリース会社などに対し3度の増資を実施したが、経営状況は改善しないままであった。幸福銀行は、資

37　このとき、大蔵省は新たに創設した特定合併制度を利用することを念頭に置いていた。

本増強を行うため、同じように経営難で困窮していた東京相和銀行グループと互いに増資を引き受け合う「迂回出資」を行った。これは、「見掛け（見せ金）増資」と呼ばれる手法であった。

　金融監督庁は 1999 年（平成 11 年）3 月 19 日幸福銀行に対する立ち入り検査を終え、同年 4 月 13 日、同庁が再度 1998 年（平成 10 年）9 月末時点での資産内容を再調査した。その結果は、問題債権は自己査定額と比べ 994 億円増加していて、仮に、いま不良債権を適正に処理したとしても、幸福銀行は 464 億円の債務超過になっている事態が判明した。金融監督庁は、幸福銀行にこの改善策として 1 ヶ月以内に資本増強策を当庁に提出し、1999 年（平成 11 年）3 月期決算で、その方策の結果を報告することを求めた。これを受けて、1998 年（平成 10 年）5 月 10 日、幸福銀行の社長は記者会見を開き、自助努力による再建を断念し、公的資金投入による経営再建の意向を表明した。

　当時の柳沢伯夫金融再生委員長は、幸福銀行の公的資金申請に関連し、「過小資本の銀行に対する資本注入は、自力増資などの自助努力が前提」と述べ、銀行の経営努力が見られない場合、公的資本注入は難しいという見解を示した。この委員長の発言を受けて、市場は政府と当局が幸福銀行への公的資本注入を容易に認めないものと判断した。銀行の健全性で見たとき、幸福銀行は自己資本比率が当時、国内取引の健全性の目安である 4％を大きく割り込む 0.5％程度であった。この事態を受けて、金融監督庁は、幸福銀行に対し、銀行初の勧告となる「早期是正措置」を発動した。そして、ついに、幸福銀行は金融再生委員会に金融再生法 8 条に基づく破たんを申請した。その後、幸福銀行に金融整理管財人が派遣され、当行は国の管理下に置かれることになった。

　この幸福銀行の廃業の引き金になった原因の1つは「預金の払い戻しができなくなる」という流言にあった。これはペイオフ解禁の議論が、こうした環境下に、巷間で論じられていたからであった。実は、幸福銀行は巷間で指摘した危険性とは無関係に、資金を潤沢に調達することが可能であった。これは当時、金融不安の環境であって、他金融機関では、自行で資金を潤沢に保有しても、安心して預託する場所が無かった。そうしたとき、日本の短期金融市場、とりわけコール市場で、幸福銀行は容易に資金調達が可能であった。それは、多くの銀行が相対取引で短期資金を高利回りで貸付け、容易に利ざやを稼ぐ相手として、幸福銀行を積極的に選んだからであった。言い換えれば、取引他行は資金を求める幸福銀行に対して、通常より高利で資金を貸すことができるだけでなく、もし破たんしたとしても、国の管理下であり、公的資金で肩代わりしてそれらが焦げ付く恐れがないと考えた。それは当時、超低金利で資金運用難にあえぐ他の金融機関にとって、幸福銀行は絶好の短期運用先であったためである。

　他行のこうした行動は、1997年（平成9年）11月三洋証券が破たんした際、コール市場でデフォルトが発生し、短期金融市場が大混乱に陥った教訓から、ペイオフ解禁が実施される前には、こうした取引も完全に保護されるという事態を逆手にとったものであった。この処理スキームは、政府が破たんの損失に対し過度に責任を負う事態になりかねない短期資金を通じた日本銀行の信用供与制度の欠陥を識って、金融機関が破たん危機のある機関から短期の資金を与信し、利ざやを稼ごうとする「逆選択」の事態であったと言える。

　上記のような経営破たんに至り、国の管理下にあった幸福銀行

は、金融整理管財人によって、受け皿銀行探しが開始された。本行の歴史から、幸福銀行は同族色が強く、忌避感を抱く金融機関は多く、なかなか引受相手が見つからなかった。管財人からは、営業地域の大阪やこれまでの預貸取引関係を考慮し、住友銀行や三和銀行に受け皿行を依頼したが、強く固辞された。ようやく、1999 年（平成 11 年）大和銀行グループが受け皿候補として手を挙げた。大和銀行グループは引き受けに際して、和歌山県や奈良県の店舗の引き受けを拒否した。それらの店舗については支店店舗の存在地域であった和歌山銀行、奈良銀行が引き受けを表明し、一時、幸福銀行は地域別に分割して譲渡される機運が高まった。

　しかし、2000 年（平成 12 年）に受け皿候補として米国の投資会社であるロスチャイルド社が幸福銀行の店舗の一括譲受の意向を示した。こちらの方が、上記の分割譲渡より手法が簡便であり、調整費用も掛からない理由から、銀行管財人もロスチャイルド社譲渡に傾いた。ところが、ロスチャイルド社で、幸福銀行の受け皿事案を担当したウィルバー ロス（元米国商務長官）が退社し、新会社 WL ロス アンド カンパニーを設立し、新会社は幸福銀行の受け皿事案を引き継ぐことを表明した。日本の金融当局は、この動きに疑念を抱き交渉決裂を覚悟した。結局、2000 年（平成 12 年）幸福銀行の金融整理管財人は、大和銀行グループを幸福銀行の譲渡先にせず、同年 5 月 18 日、ウィルバー ロスが特別目的ファンド「アジア リカバリー ファンド」を通じて設立する新銀行を幸福銀行の正常債権の受け皿行とする基本合意を発表した。これは外資系ファンドが地域金融機関を買収した日本で初めてのケースであった。

　上記の契約の要旨だけを述べれば、幸福銀行と同ファンドが中心となって組成した日本インベスト パートナーズの下で設立した「関西さわやか株式会社」に幸福銀行を営業譲渡する契約を締結した。この契約を受けて、2001年（平成13年）2月5日、金融庁はウィルバー ロスの率いる投資ファンドの設立した新会社「関西さわやか」に銀行免許を交付し、「関西さわやか銀行」が発足した。同行頭取には東京三菱銀行元取締の高橋修一が就任し、同年2月26日、幸福銀行は関西さわやか銀行に事業譲渡され、3月30日付で解散した。2004年（平成16年）2月、この関西さわやか銀行は、三井住友銀行の子会社である関西銀行に吸収合併され、関西アーバン銀行となった。

　以上の経緯からも分かったように、外資系ファンドの譲渡の特徴は、長期で経営を行う視点はなく、結局は都市銀行（メガ バンク）か、地域経済で活動を行っている既存の金融機関に売却し、適宜利益を得て去る、ヒット・アンド・ランの戦略を採っていることにある。

　最後に、幸福銀行の破たんの経営責任の所在と明確化について言及する[38]。

　グループの実質的代表者であった頴川徳助は、グループ会社の融資で十分な担保を取らず不正融資をしていたとして、1999年（平成11年）9月大阪検察特捜部に逮捕された。そして、2003年（平成15年）3月、大阪地裁は、頴川に懲役4年6ヶ月の実刑判決を下し、2008年（平成20年）4月に実刑が確定した。しかし、被告はすでに高齢のため収監されぬままの幕引きとなった。

---

[38] 旧経営陣に対する責任追求の記述は、金融再生委員会の報告書（金融再生委員会「金融再生委員会, 2000」）17-18ページを引用した。

　幸福銀行を含むグループの中核であった「大一商店」は、2000年（平成12年）5月、大阪地裁で破産宣告を受けた（負債総額は205億円であった）。他方、グループ企業の中堅の消費者金融会社「コーエー クレジット」は、1998年（平成10年）に G.E. コンシューマー ファイナンス［GE Consumer Finance Co. Ltd］（当時は新生銀行傘下）に売却された後、「ほのぼのレイク」等と統合された[39]。また幸福銀行グループと非常に強い取引関係であった消費者金融会社「ハッピークレジット」と「スカイ」の両社については、それらの営業資産を「アイフル」が買収し、アイフル社が新たに設立した「ハッピークレジット」がそれらの貸出債権を継承した。その後、親会社「アイフル」の経営悪化で、2009年（平成21年）9月、ネオラインキャピタルにすべて売却され、同年11月、社名を株式会社ヴァラモスに変更した。更に、2012年（平成24年）1月、ネオラインホールディングス（現在　JT インベストメントに改称して解散）が、ヴァラモスの全株式を第三者に譲渡した。そして、2012年（平成24年）2月、社名を株式会社ギルドに変更している[40]。

　この幸福銀行の破たん処理過程を見れば、銀行が外資系ファンドを通じて、地域金融や消費者向け貸金業にまで、債権を切り売りし、業態が別の形に換わっていく姿を映したケースであった。それと比して、国民銀行の破たん処理過程は、八千代銀行のよう

---

[39] GE コンシューマーホールディングスは現在レイクの母体であり、消費者向け金融の大手6社の一社に位置している。

[40] ネオラインホールディングス時代の時効期間が経過した債権で貸金請求訴訟を起訴すること、例えば予め少額だけを支払わせて、消滅時効の援用を封じて債権に加え多額の延滞金を請求する行為を行うなどを通じて債権回収を行った。

な地域の主要な金融機関に成長した銀行に、破たんした金融機関の良債権を移して「地域経済を支える金融機関の創設」の一助とした再生の方策と言える。幸福銀行の破たん処理は、金融システム破たんの影響を最小限にすべく、破たん行の資産を分割して破たん行の核となる部分だけ地域金融機関に譲渡することを目指した型と言える[41]。

2-4-3　東京相和銀行の破たん処理過程の特徴[42]

　東京相和銀行の前身は、日掛け金融会社「平和勧業」であった。この会社は山梨県北巨摩郡出身の長田庄一が戦後混乱の時期に得た資金を原資にして興した。当時、金融当局はこの種の金融会社の乱立に対し、合併・統合に応じた金融会社に対し、無尽業法の正式な免許を与える方針を示した。1950年（昭和25年）2月、平和勧業、東京殖産、東京興産の金融会社三社が合同し、東京協和殖産無尽株式会社が設立された。その後、1951年（昭和26年）日本に「相互銀行法」が制定・施行される事に対応し、さらに株式会社は業態を変更し、東京相互銀行として発足した。

　相互銀行発足時、常務であった長田は、当時都市銀行から自行の買収攻勢を受け、その方針を巡って行内で内紛が起き、さらに行内でモラル ハザード問題が生じた。これを注視した当時の大蔵省は、天下りの新社長を送り込むことで問題の解決を図った。しかし、長田はその人事派遣を拒否し、1969年（昭和44年）自

---

[41] 幸福銀行の管理終了までの過程は、（金融再生委員会［金融再生委員会, 2000］）18-19ページを引用した。

[42] 東京相和銀行の破たんと経営陣に対する責任追及状況ついての記述は、金融再生委員会の報告書（金融再生委員会［金融再生委員会, 2000］）19-21ページを引用した。

ら社長に就任し、ファミリー企業を介して東京相互銀行の株式を買い占め、東京相互銀行の実効支配力を強めた。

　長田は、自行の営業店舗にゴルフ会員権やロイヤルゼリー販売の口利きをさせていたことが当時の国会で取り上げられ、とりわけ法に抵触の恐れのあるリゾート施設あるいはゴルフ会員権と融資とを組み合わせる金融商品の販売を行った。その公私混同ぶりはメディアにも喧伝され批判の的となった。結局、1975 年（昭和 50 年）に東京相互銀行の会長に退任した。しかし、依然として長田は東京相互銀行のワンマン体制を維持しつつ、甲州財閥と呼ばれた東武鉄道の根津嘉一郎、山一證券の小池国三などと一派を形成し、その地縁を利用し、池田勇人元首相ら有力政治家と知己になり、中央政界や大蔵省と強い繋がりを持ち続け影響力を保った。

　1989 年（平成元年）2 月、東京相互銀行は普通銀行に転換し、東京相和銀行と改称し、第二地方銀行で資金量一、二位を争う規模になった。そのとき、金融バブルが崩壊し、東京相和銀行でも「経営不安」の声がささやかれるようになった。1997 年（平成 9 年）より、東京相和銀行は 2 年で計 3 回、総額 950 億円に及ぶ増資を行った。しかし、増資総額の 3 割は、取引のあった消費者金融業者に増資分を経由させ、関連会社 3 社に迂回融資したものであった。これが当行の経営安定のための資本増強策であった。しかし、後に、これは裁判において架空増資という罪に問われる結果となった。

　1998 年（平成 10 年）、長田と個人的に親交のあった三井埠頭、ヤオハン等が相次いで経営破たんした。その後、金融監督庁は東京相和銀行の金融検査を行い、東京相和銀行で 1998 年（平成 10

年）9月期 1,189 億円の債務超過の生じたことを明らかにした。これにより東京相和銀行の株価は急落し、経営不安の噂も広がり、東京相和銀行から約 2,000 億円近い預金流出が起き、増資の実施すら困難な事態に陥った。ついに、1999 年（平成 11 年）6月 12 日、金融再生委員会は東京相和銀行に金融整理管財人による業務及び財産の管理を命じ、破たんを認定した。同時期に、国民銀行、幸福銀行、新潟中央銀行といった、オーナー支配下の第二地方銀行が相次いで破たんしたことは特筆すべき事態と言える。

さて、東京相和銀行の金融整理管財人は、東京相和銀行を2000 年（平成 12 年）6月 27 日、米国のアジア リカバリー ファンドが中心となって組成した「日本さわやか パートナーズ社」の創設する銀行持株会社傘下の新設銀行子会社の一つとして、同行の営業譲渡を行う基本合意書を締結した[43]。しかし、基本合意書締結後に判明した東京相和銀行の事情等により、基本合意書で定めた 2000 年（平成 12 年）10 月末日までに営業譲渡契約できない事態が生じた。そのため、金融再生委員会は、基本合意の枠組みの中で、東京相和銀行の譲渡の際、問題解決できない可能性が高いと考え、11 月 30 日に両者が合意の上、基本合意を解消し、改めて譲渡先を選定する作業を行った。これは基本合意に至る過程で、すべての情報が譲渡先企業に伝えられなかったこと、すなわち取引者の情報の非対称性の存在が原因であった。企業統治に問題のある企業では、多くの経営陣が法令遵守の点で、不適切なものを隠蔽し、追求されるまでは公言しない行動を採る。こ

---

43 基本合意書の締結については、（金融再生委員会［金融再生委員会, 2000]）20-21 ページを引用した。

れは後に旧経営陣の責任を厳しく問う動きにつながった。

　譲渡に関して言及すれば、同行は、2001 年（平成 13 年）6 月
11 日、アメリカの投資ファンド会社であるローンスターが設立
した株式会社東京スター銀行に東京相和銀行を営業譲渡し、再ス
タートした。

　東京相和銀行は、金融機能の再生のため緊急措置に関する法律
第 22 条に基づく裁判所の許可決定により解散、以後は清算会社
となり、清算に 9 年近くもの歳月を要し、2010 年（平成 22 年）
3 月 11 日付で清算が終了し、完全に消滅した。この東京相和銀行
の破たん処理には、金銭贈与や債権買い取りにより、公的資金は
約 8,000 億円使われた。

　東京相和銀行の破たん処理の特徴は、譲渡する際に、破たん金
融機関の情報秘匿によって契約が一時破談になって、再度、譲渡
先を探したという点である。譲渡先がアメリカの投資ファンドで
あって、外国ファンドが銀行を日本で開設したということは、日
本の金融市場の開放という点で特筆すべき事態であったと言え
る。

　経営陣の行動で一度決まった譲渡が破談になったという経緯も
あって、譲渡後、旧経営陣の経営責任を明確にした事も以下に記
しておく。

　まず、金融再生法第 18 条の規定等によって、東京相和銀行の
旧経営陣等の職務上義務違反に基づく民事提訴、刑事上の告発の
必要性や妥当性を調査するため、金融管財人は、自身直轄の「内
部調査事務局」を設置した。その調査の結果、2000 年（平成 12
年）5 月 10 日、旧経営陣に対して告発が行われた[44]。その告発を
受けて、2000 年（平成 12 年）5 月 11 日、警視庁・東京地検は不

正増資疑惑で長田ら旧経営陣6人を逮捕し、2003年（平成15年）2月、東京地裁は長田に、懲役3年、執行猶予5年の有罪判決を言い渡した。そして、翌年、長田は東京高裁への控訴を取り下げ、一審の判決が確定した。

　株主も東京地方裁判所に旧経営陣を相手取り民事責任を追求した。この破たんの責任追及の論拠は、商法280条の13の規定に基づき、1997年（平成9年）9月および1998年（平成10年）3月に実施された第三者割当増資に関し、旧経営陣に資本の未充実分合計189億2,740万円の引受担保責任の履行を求めることであった。要約すれば、これは旧経営陣が表向きで増資を実行すると言っておきながら、その金額が実際、資本に充当されていなかったという明白な過失に対しての経営責任の追及であった。

　ここで明らかになった旧経営陣の破たんの経営責任とは、破たん回避目的の増資に際し、その結果を踏まえて会計上、実際に資本金額が十全に充当されない不適切な事実が確認されたときに、経営責任があるという条件が明確化されたことにあった。企業の倒産や破たんの原因を特定することは、非常に困難であって、この判決によって、銀行の経営で会計上バランスシートが痛んで経営陣が増資を試みるとき、その実施に一層注意を図ることが動機付けられることになった。その責任を問われるという経営責任の条件が定まったという意味で革新的であった。すなわち、このケースに関して当時の銀行経営者に損害賠償を請求できることが可能になった。

　目を転じて、東京スター銀行が日本の金融市場でどのように変

---

44 旧経営陣の責任追及の状況については、（金融再生委員会［金融再生委員会, 2000]）19-20ページを引用した。

遷していったのかを見ておく。まず、発足初期、アメリカのローンスター社が筆頭株主として東京スター銀行を積極的に支援した[45]。さらに東京スター銀行は、東京信用組合や千葉県商工信用組合、中部銀行の営業を譲り受け、それを継承した。また、東京スター銀行は、破たん状態にあった東京シティファイナンスグループ3社、りそなの経営不安に伴い、りそなグループの「総合住宅ローン」事業を買収し、これらを統合し「TSBキャピタル」に改称した。

　東京スター銀行が、なぜ、このような様々な買収劇に身を置けたのか、その理由を説明する。それは、社団法人第二地方銀行協会の加盟資格に「会員から営業を譲り受ける目的で新たに免許を受けた銀行」という項目がある。上記の目的からも、第二地方銀行は存在しており、東京スター銀行の行動は第二地方銀行の存在目的から見て決して特殊な事象でないことに注意を喚起しておく[46]。これは第二地方銀行が他金融機関を営業譲渡して、保有する債権の質が高まる事態になれば、自行の価値が高まるチャンスを得る。それは資本家の投機的な動きを加速する。破たん銀行が、なぜ第二地方銀行を再建策に使用するのかという理由は、第二地方銀行の存在意義と、第二地方銀行がその目的を徹底したとき、その銀行の価値が高まる可能性があるからである。それ故、破たん行の再生事業では、投機的資金を呼び込みやすいという特徴も指摘できる。外資系の金融機関が日本の金融市場で業務を拡

45　これは、ローンスター社が組成したベルギー籍の株式合資会社形態のファンドを通じて東京スター銀行の株式を保有した形であった。

46　実際にその経営目的を徹底して行ったという意味で、東京スター銀行は第二地方銀行として特筆すべき存在として捉えることができる。

大していくには、許認可の問題は残るが、第二地方銀行の買収という手段は大変有効と言える。もちろん、金融当局が認可する際、合併元の第二地方銀行が地域金融市場での預貸の市場占有率が低く、買収後に独占状況にならないことも確認し、認可の判断基準としていることも念のため述べておきたい。

　2007年（平成19年）12月、アドバンテッジ パートナーズ（AP）がサービスを提供するファンドが、東京スター銀行の買収を発表した。この買収は、株式公開買い付けで実施され、筆頭株主のローンスター社はそれに応じ、更に定款変更で全部取得条項を付与した。その結果、APがサービスを提供する当ファンドは、東京スター銀行を完全子会社化した。この買収によって、東京スター銀行は2008年（平成20年）7月27日付けで東京証券取引所の上場廃止になった。

　後に判明したことだが、上記のAPがサービスを提供するファンドの破たん行の買収資金の一部は、新生銀行とあおぞら銀行などとローンスターからの融資で賄われていた。簡潔に述べれば、融資は、傘下のファンドが保有する東京スター銀行の株式配当の一部を、買収の返済資金の原資とする契約であった。そのとき、2008年（平成20年）の世界金融危機が起き、その影響で東京スター銀行も赤字決算が続き配当が低迷した。当然、ファンドは利払いできなくなった。結局、2011年（平成23年）1月にAPがサービスを提供するファンドは買収資金を融資した銀行団に対し債務不履行に陥った。このとき、ローンスター社と新生銀行をはじめとする融資先が組成した2つの特別目的会社「シャイニング・スター合同会社」と「アライド・ホールディングス合同会社」が、危機に陥ったAPの所有する投資ファンド全株式を取得

した。結局、その特別目的会社の最大の融資元はローンスター社であったため、東京スター銀行の筆頭株主は再度ローンスター社に戻ることになった。

　2013 年（平成 25 年）台湾大手の中国信託商業銀行が、東京スター銀行のほぼすべての株式を 520 億円で買収した。この買収については、2014 年（平成 26 年）中国信託商業銀行が金融庁から認可を得ている。

　東京相和銀行の破たん処理について見てきたが、地域金融機関が破たんし、その譲渡先を外資系ファンドにしたときには、第二地方銀行の形態であることは、投資ファンドの投機的動きの目的に非常に合致しやすい。仮に、投資ファンドが、銀行の再建に一時失敗したとしても破たん銀行の良、不良債権の区別や与信業務のノウハウを上手く取り入れれば、ファンドが手許に持つ銀行の価値は毀損しないまま容易に業態を変化させられる。もともと存在していた第二地方銀行が名目上買い取るのであれば、金融庁の許認可も得やすい。その意味で、当時の投資ファンドにとって、日本の金融市場の破たん銀行の再生事業は、収益獲得のしやすさから見て垂涎の的であった。日本で株式上場していない金融機関である場合、株価や株式公開のための情報を取得できないため、その金融機関の真の健全性を探ることが非常に困難になるという問題のあることも、ここでは付言しておきたい。

2-4-4　なみはや銀行の破たん処理過程の特徴

　大阪地域の無尽銀行から相互銀行、そして普通銀行に業態を変化させた「なにわ銀行」と福徳殖産から無尽銀行、普通銀行に業態を変化させた「福徳銀行」の両行を商法上で新設合併の形にし

て新銀行として創設したのが、なみはや銀行であった。すなわち、金融当局が、この銀行は地域経済の金融システム安定のため、債務超過ではないが、将来経営が行き詰まると見なした金融機関の救済策として、旧なにわ銀行と旧福徳銀行（いずれも旧相互銀行系列、ただし、旧福徳銀行は現在の東京証券取引所に上場していた）を合併して新設した銀行とも言える。この合併は特定合併という形式であり、これが最初の形式であった。また、合併の手続きとして、当時の商法上では新設合併にあたる。

　しかし、後に、合併前より両行は多額の不良債権を抱えており、予想以上に財務面で厳しい状態にあったことが合併後の検査で発覚した。結局、なみはや銀行は1999年（平成11年）8月6日に経営破たんを申請し、「金融整理管財人による業務及び財産の管理を命じる処分」を受けた。要約すれば、このケースは、合併させる両銀行の正確な経営情報を得ないまま合併を進め、後にその銀行の経営状況が厳しいことが判明し、破たんしたケースであった[47]。

　なみはや銀行の破たん処理の過程を以下に簡略に述べておく[48]。2000年（平成12年）7月28日に金融再生委員会は、なみはや銀行を大和銀行、近畿大阪銀行との間に営業譲渡契約を締結することを了承した。これは、なみはや銀行の所有する支店などを譲渡先である大和銀行と近畿大阪銀行に、それぞれ分割して譲渡してもらうという再生手法であった。なみはや銀行の一部を譲

47　なみはや銀行の破たん処理についての記述は、金融再生委員会の報告書（金融再生委員会［金融再生委員会, 2000]）21-24ページを引用した。
48　譲渡契約の基本合意書の内容は、（金融再生委員会［金融再生委員会, 2000]）22ページを引用した。

渡した大和銀行は、1 年後大和銀行ホールディングスの 100％子会社になり、信託部門を同ホールディングスの大和信託銀行（現りそな信託銀行）に切り売りし、その後、あさひ信託銀行とあさひ銀行の両行と合併し、りそな銀行と改称した[49]。普通銀行、信託銀行をホールディング カンパニーで子会社化した後、子会社化した銀行が、外部の銀行、信託銀行を吸収し、ホールディングス内で機能を集約化させ M&A を行っていることが、この破たん処理の特徴と言える[50]。認可する当局は地域での金融市場の預貸の占有率に十分に注意を払って認可を行っていることも、ここで断っておきたい[51]。

　ここでホールディング カンパニーについて詳説しておく。

　ホールディング カンパニー［holding company］とは、「持株会社」を意味しており、複数の企業群を企業グループとして統制していくため設立したグループの核となる親会社を意味する。これはグループ内の企業群を支配（統制）する目的で設立している。持株会社はグループ各社の株式を保有しており、その実現形態は「純粋持株会社」と「事業持株会社」の 2 つに区分される[52]。そして、持株会社の設立方法には大きく 3 つあり、抜け殻方式や

---

[49] ホールディングス内で、あさひ信託銀行の部門を大和信託銀行に営業譲渡するなど、りそな銀行の信託に係わる部分は整理されていることを念のため触れておく。

[50] 日本では純粋持株会社は事業支配力が過度に集中する懸念から、独占禁止法によって禁止されていた。それは 1997 年（平成 9 年）6 月法改正により解禁された。そして、子会社が金融機関に限定された金融持株会社も 1997 年 12 月に解禁された。（前田［前田, 2006］）693-695 ページ参照。

[51] 日本経済学会や金融学会では地域金融機関の市場占有率と預貸の関係についての研究は多くなされており、その分析については、ここではあえて触れていないことを断っておく。

株式移転方式、株式交換方式と呼ばれている[53]。一般にホールディング カンパニーを設立する長所は、親会社がグループ各社の経営戦略業務に特化しやすいことにある。そして、それは各事業単位で業績把握や責任の明確化、事業再編の迅速性を確保しやすいという特徴を有する。長い間、日本では、戦後の財閥解体などの歴史から、独占禁止法によって、純粋持株会社は事業支配力が過度に集中する恐れから禁止されていた。しかし、日本でも1997年（平成9年）6月に法改正により、それらが解禁され、子会社が金融機関に限定されている金融持株会社も1997年（平成9年）12月に解禁された。

　ここでの処理の特徴は、持株会社を使った処理であることに加えて、金融整理管財人の任期についても通常管理を命ずる処分の日から1年であったが、それを更に1年延長したことにあった。これは管財人のいままでの任期では、旧経営陣の瑕疵責任などを調査する時間が不足しがちになる、その欠点を補うべく破たんと再生処理を行うために十分な時間を確保するための改正であったと言える。

52　純粋持株会社とは、主たる事業の無い、子会社の株式を所有し、すべての小会社の事業活動を支配（統制）することのみを事業目的とするものである。事業持株会社は、他の会社の活動を支配（統制）するだけではなく、当会社自身も相当の規模で事業を行っている場合もある。前田（[前田, 2006]）694ページ参照。

53　抜け殻方式とは、ある既存会社が、当該事業部分を分割などによってグループの別会社に移して、その残った既存会社に持株会社としての機能のみを残す方法である。株式移転方式とは、グループ内である既存会社が持株会社（ホールディングカンパニー）としての機能を持つ、完全親会社を新設する方法である。株式交換方式とは、ある既存会社が他の会社を子会社化して、その既存会社に持株会社（ホールディングカンパニー）としての機能を持たせる方法である。（前田 [前田, 2006]）695-703ページ参照。

　なみはや銀行の破たん処理過程でも、銀行創設の経緯から経営陣の責任を問うというところで特徴を有する[54]。2000年（平成12年）8月4日、旧経営陣4人に対し、総額10億円を越える損害賠償を求める2件の訴訟が大阪地方裁判所に提起された。まず、両行について有価証券報告書に疑義があったのかという点について、それらは認められず、無罪の判決が下った[55]。

　この破たんのケースは、持株会社の手法を通じて、持株会社の子会社行が、破たん行複数を譲渡され、子会社で規模を拡大させ再生を計るというM&A型と言える。その方式からみて、財務体質改善のため合併させた銀行を一度破たんさせたときには、法律上でも、会計上でも、経営者の管理の職能、責任能力が問われることになって、その処理と再生には長い時間を必要とした。

2-4-5　新潟中央銀行の破たん処理過程の特徴

　この新潟中央銀行も無尽会社からの出発であって、1942年（昭和17年）新潟無尽株式会社の発足から始まった[56]。そして、

---

[54] 旧経営陣の責任追及については、（金融再生委員会［金融再生委員会, 2000]）22ページを引用した。

[55] 執行役員の善管注意義務、利益相反取引回避義務があるが、なみはや銀行の場合にそれが当てはまるのか、法的にさまざまな見解が存する（浜辺［浜辺, 2008]）472ページ参照。なお、（滿井［滿井, 2006]）の文献もわかりやすく、この破たん裁判についての詳述を参照し、それを引用した。

[56] 無尽会社は全国的に存在していた。山梨県では無尽ということが現在まで盛んに行われている。明治30年代から始まり、比較的古い歴史をもつ一般的金融機関の役割を果たした。農村でも都市でも立地しているが、農村よりも地方都市、大都市に存在する場合が多い。最初の無尽会社は、1901年（明治34年）東京の共栄貯金合資会社の設立であった。1939年（昭和14年）に無尽会社は資本金10万円の株式会社に改組された。この基準は当時、例外的に優良会社の規模に類するものであった。

他の無尽株式会社と同様に1951年（昭和26年）10月「相互銀行法」の制定によって、新潟相互銀行に商号を変更した。そして、1989年（平成元年）2月「金融機関の合併及び転換に関する法律」に基づく認可によって普通銀行に転換し、「新潟中央銀行」と改称した。

　新潟中央銀行の破たんは、平成に入って最初に預金取扱銀行間の内国為替取引の決済システムに支障を生じさせたケースであった[57]。システム支障の際、日本銀行自身が新潟中央銀行の立替払いを行い、その金額は後に日銀特融へ振替えられた。この時期、本書でも再三述べたが、第二地方銀行の経営破たんが相次ぎ、新潟中央銀行はその5行目であった。新潟中央銀行を含む4行（国民銀行・幸福銀行・東京相和銀行）は、それぞれ同族経営という特徴を有していた。

　新潟中央銀行の破たんの理由は、経営陣が恣意的にリゾート向け、不動産融資向け貸出を過度に行ったことであった。そのときの銀行経営者のモラル ハザードは深刻であった。それを明示しつつ、同行破たんまでの経緯を述べる。

　まず、1990年代初頭、新潟中央銀行は、バブル経済の時期に多額のリゾート向け融資（新潟ロシア村や柏崎トルコ文化村、多数のゴルフ場［ケイマンゴルフ場など］）と新潟空港開発向けの不動産融資を行った。そして、後にバブルが崩壊し、当行は多額の不良債権を抱えた。この事態を受けて、新潟中央銀行は収益拡大のため、新潟県外で融資を増やそうとした。しかし、他地域銀行との貸出競争に敗れ、経営上更に深刻な事態に陥った。

---

[57] 新潟中央銀行の破たん処理についての記述は、（金融再生委員会［金融再生委員会, 2000]）23-24ページを引用した。

　1999 年（平成 11 年）6 月、金融庁は、このままでは新潟中央
銀行が自己資本不足の事態に陥ると判断し、検査を踏まえて、新
潟中央銀行に「早期是正措置」を発動した。当行は、直ちに同年
9 月に 350 億円の増資計画を立てたが、結局、経営再建策は不調
に終わった。この事態を受けて、新潟中央銀行から預金流出も加
速し、経営危機の噂が高まった。そのため、新たな割当増資先を
探すことも困難になった。結局、経営陣は当行の自力再建を断念
し、新潟中央銀行は同年 10 月金融再生委員会（現在内閣府）に
金融再生法適用の申請を行い、事実上破たんし、金融再生委員会
により金融整理管財人による業務及び財産の管理を命じる処分を
受けた。

　新潟中央銀行の破たん処理の特徴は、当行の金融整理管財人
が、譲渡先の選定に関し、買い取る可能性のある銀行に多数接触
したことである。そして、管財人はそれらの譲渡候補先に事業計
画の提示を促し、候補先の中から譲渡先を選定するという手法を
取ったことである。言い換えれば、譲渡希望者を地域金融機関の
中から募って、譲渡先選定作業を一般公募に近い形で行った。こ
れは後に、継承する地域金融機関の情報が事前に公開され、金融
市場に金融システム不安の払拭と取引継続の安心感を与えること
につながったと言える。

　金融再生委員会は、2000 年（平成 12 年）9 月 29 日に金融整理
管財人が譲渡先の候補者を検討した結果を踏まえ、複数の銀行を
譲渡先として認定し、それを了承した。いままで譲渡先の決定に
際しては、金融再生委員会がシステムリスク回避ということだ
け述べて、譲渡の条件を明示しなかった嫌いがある。破たん行を
購入する側は、金融市場のその地域で買い取った後の銀行の市場

占有率や経営戦略を考慮する余裕は無かった。また、金融システム安定の目的から、当局も譲渡先を募る訳であるから、選定基準の明確化は重要な事項であった。ただし、そうしたチャンスがあったにもかかわらず、譲渡の条件として示された基準は「銀行」であれば、何の問題なくクリアされるものであった。すなわち、銀行であれば、譲渡可能な条件を提示するだけで、譲渡先は破たん行の地域に店舗のある金融機関であれば、どこでも選ばれる可能性がある。その意味で、地域の金融システムの安定性のみに重きを置いた譲渡先の条件設定と解釈できる。譲渡された銀行が、買収後、その地域の収益計画や市場戦略を提示し、それらの条件も含めて譲渡先決定の判断材料としなかったことは極めて残念な状態と言える。現行では、金融市場である機関が市場を占有する意味で独占禁止法に抵触する可能性も視野に入れており、金融当局も条件を明示して金融機関の破たん再生の許認可を与える方針に舵を切りつつあると言える。

　選考の結果、譲渡先は大光銀行と第四銀行、八十二銀行、東日本銀行とし、それぞれの銀行が破たんした新潟中央銀行を分割して譲渡することになった。特筆すべきは、2000年（平成12年）9月29日の時点で、営業譲渡先の決まらなかった群馬県内の店舗営業に係わる譲渡先の選定について、金融再生委員会は群馬銀行と東和銀行が適当であるという見解を発表し、実質上の斡旋行為を行ったことにある。

　その後、金融整理管財人は第四銀行、大光銀行、群馬銀行、東和銀行、八十二銀行と東日本銀行との間で、2000年（平成12年）12月20〜21日の両日をかけて、新潟中央銀行の営業譲渡契約を締結した。契約後、新潟中央銀行は2001年（平成13年）5

月 11 日までに営業を終了し、各受皿銀行へ 5 月 14 日付けで店舗
網と預金、正常債権のみを分離し、それらを譲渡・承継した。

　大光銀行は新潟中央銀行の新潟県内の 79 店舗の内 13 店を継承
し、八十二銀行は直江津支店と長野県内の店舗を、群馬銀行は群
馬県内の店舗、東日本銀行は、埼玉県（大宮、与野）と東京都内
（新宿、東京［上野］）の店舗を譲受した。新潟県外にあった店舗
は、大部分が受皿行の既存店舗に統合されることになった。

　最後に、新潟中央銀行の破たんの経営責任について言及してお
く。まず、破たん前に、旧経営陣が個人的に親密な企業に複数の
不正融資を行い、銀行に損害を与えたことが明らかになった[58]。

　1998 年（平成 10 年）から 1999 年（平成 11 年）まで、富士中
央ゴルフ倶楽部の運営会社に約 30 億円融資した案件では、管財
人は、この融資が経営陣の「迂回融資」の手法で、甘い審査に基
づいて当行に損失を与えたとして、経営陣を旧商法の特別背任容
疑で告発した。検察はそれを立件、2001 年（平成 13 年）1 月に
経営陣に逮捕と起訴を求めた。裁判の結果、経営陣の大森元頭取
は 2003 年（平成 15 年）の一審で有罪判決を受け、後に刑は確定
され収監された。

　整理回収機構［The Resolution and Collection Corporation：
RCC］が行った新潟中央銀行の旧経営陣に対する 31 億 6,000 万
円の損害賠償の訴訟では、大森元頭取ら一部経営陣との間で和解
が成立した[59]。破たんの原因でもあった融資されたテーマパーク
は、同行破たん後、すぐに閉園となり、再利用の目処も立たず廃
墟状態になった。他の融資先ゴルフ場についても同行解散まで、

58 旧経営陣に対する経営責任追及については、（金融再生委員会［金融再生委
員会, 2000]）24 ページを参照した。

整理管財人が経営権を他社に売却し、現在いくつかの施設が存在している。

　この新潟中央銀行の破たん処理のケースでは、決済システム上、不安の生じた中で、譲渡先を決めなければならない場合、監督官庁は、譲渡先の選定基準が満たされた銀行に、破たん行の店舗を速やかに譲渡斡旋したケースであったと言える[60]。

　このケースでは、破たん行の支店が地域内に多数存在していたとき、その地域である程度の市場占有率を有す複数の他銀行が、破たん行を分割し吸収したという特徴を指摘できる。この破たんの事例では、初めて金融の決済システム不安の事態が生じ、緊急の破たん処理を経験した。その対策のため、金融整理管財人の管理の終了期限を1年延長した。その理由は、破たん行の経営責任を追及し、破たん行で経営陣にモラル ハザードが生じたとき、破たんと再生の処理を迅速に実行するため、その作業だけに時間を取られて、事後の経営責任の明確化がおざなりになりかねな

---

[59]　整理回収機構［The Resolution and Collection Corporation：RCC］は、預金保険機構の全額出資の下、1996年（平成8年）7月に設立された住宅金融債権管理機構を前身とし、1999年（平成11年）4月に整理回収銀行と合併して現在の株式会社整理回収機構となった。この機構は住専問題以来、破たん金融機関等から買い取った不良債権等を適正かつ効率的に回収し、これら金融機関の破たん処理のために投入された公的資金すなわち国民負担の最小化に努めている。また、健全金融機関から不良債権を買取り、それらの回収を行い、健全金融機関の不良債権処理の促進にも寄与している。2017年（平成29年）3月末では、回収累計額は10兆706億円に達し、その回収利益の中から約1兆4,979億円を預金保険機構へ納付している。最近は、回収のみならず、事業再生支援にも着手し、雇用不安の解消や地域経済の活性化に貢献している。

[60]　新潟中央銀行の譲渡先の選定基準は、1.善意かつ健全な債務者への与信の維持継続が図られること、2.同行の営業地域の金融安定化と金融システム維持に貢献することの二つであった。筆者は、これは他の破たん行の譲渡先選考で一貫した基準であったと解している。

い。これには、破たん処理で処理過程を進める上で、緊急時に日
銀の信用保証の裏付けは必要であり、もし売却の処理時に意図せ
ぬ損失が確定すれば、今度は、国が替わってその損失を負担しな
ければならない。こうした処理の手続きから見て、破たん行の経
営責任の明確化は避けられず、そのため、金融整理管財人は国民
へ破たんの責任の所在と明確化（損害賠償請求）をより求められ
る。そのため金融整理管財人の年限を延長したのであった。

2-4-6　石川銀行の破たん処理過程の特徴

　石川銀行の破たんは、経営不安の時の増資が迂回融資とつなが
って、それによって債権が毀損したため、破たんしたという特徴
を有する[61]。

　石川銀行の起源について簡単に述べておく。歴史ある資金融通
を起源とした無尽講の北都無尽株式会社と輪島無尽株式会社が合
併した「北陸無尽株式会社」が当行の発端であった。この株式会
社は北国無尽株式会社（1944 年：昭和 19 年）を吸収合併した。
その後、この北陸無尽株式会社は、1951 年（昭和 26 年）の相互
銀行法施行のとき「加州相互銀行」に転換し名称を変更し、さら
に 1989 年（平成元年）普通銀行として石川銀行に改称した。こ
の銀行は創業者高木一族による同族経営であった。

　石川銀行は、石川県内の金融機関の総融資量に占める割合は、
当時の地域金融機関の北國銀行（40％）と北陸銀行（20％）と比
べて、石川銀行のシェアはたかだか 5％程度であった。当時、石

---

[61] 石川銀行の破たん処理に関しての記述は、（金融庁 ［金融庁, 2003］）1-4 ペ
ージを引用した。金融再生委員会は無くなり、金融庁が委員会の機能を担うこ
とになり、報告書提出の主体が異なっていることに注意を要する。

川銀行は地域金融市場では、弱小金融機関と見なされていた。当時の国内の金融自由化の進展とともに、国内市場で資金調達の多様化が進んだ。石川銀行もコール市場で資金調達を積極的に活用できるようになった。そのため、潤沢な資金を調達できても、営業基盤の弱い地域で貸出先を増やすことは難しかった。そのため石川銀行は県外での貸出を増加させて、収益を増大させる新規市場開拓戦略を採用した。新規の市場開拓では、手堅い小口貸出の案件を避け、一件あたりの融資額の大きいものを狙って、頭取自らが営業で音頭を取り、大都会の支店で融資を増大させた。

1974年（昭和49年）に開設した東京支店では、大口貸出先として、あるグループ企業一ヶ所だけに貸出を集中して行った。例えば、老舗レストランの不良債権を売却したのを切っ掛けに、福島交通グループ関係企業に融資した500億円、後に倒産したマンション開発・ディベロッパー「パシフィックアトラス」向け融資50億円、レジャー産業を手掛けた都内の広告代理店「ナショナルエンタープライズ」所有のゴルフ場向け融資に57億円など、小数かつ大規模な額の融資を行った。そのため、融資の一つが不調になる度に、不良債権は急増する結果に陥った。これらの融資の仕方からも分かるが、一件あたりの貸出が莫大な額なので、それが回収不能の事態に陥れば、石川銀行は自己資本比率も含め、財務体質は大きく毀損することになった。すなわち、大型の融資案件の一件が回収不能になったとき、石川銀行はどのように財務体質を改善していくのか、それがこの銀行経営者の喫緊の課題であった。

上記に記した融資の性質上、石川銀行の2000年（平成12年）3月期決算の不良債権の公表総額は1,363億円であったが、2001

年（平成 13 年）3 月期決算で不良債権はさらに 1,814 億円に膨れ、年間で約 500 億円の不良債権額の急増を記録した。

　2001 年（平成 13 年）の 1 月から 3 月までの金融庁の検査では、当局から当行の不良債権増加の指摘を受けたにもかかわらず、その半年後、不良債権額は更に 472 億円増加する事態に陥った。この事態を受け、金融当局は、石川銀行では不良債権の認定額が甘いという指摘をして、石川銀行は貸出額の減額と引当金の増大の処理を同時に講じた。そのため、自行の財務状況は一時的に悪化した。結局、金融庁の検査の結果、石川銀行の自己資本比率はマイナス値に転落することが判明した。石川銀行は生き残りをかけ増資を行うことを決断し、健全な値とされる国内の銀行業務に必要な自己資本比率 4％を達成することを目論んだ。

　石川銀行は 2000 年（平成 12 年）〜2001 年（平成 13 年）の間で、計 3 回総額約 371 億円の第三者割当増資を実施した。石川銀行が自己資本比率 4％を超えるために、預金残高の総額 5％を超える増資を行って、目標を達成した。それを達成させた手法は、預金を取り崩したとき、例えば、資金を借り入れるときに有利になるといって、その解約した預金を優先株に転換させる手法であった。すなわち、この増資達成は増資することを条件に融資を約束する迂回融資の違法行為を続けたことによる成果であった[62]。

　2001 年（平成 13 年）破たん懸念が広まり、当行の株式が無価値になったとき、当時、石川銀行の一族が役員を占める石川リース、北国実業などの 4 社が大量の増資株式を引き受けた。その総

---

[62] 増資したときの株式などは、すぐに換金可能であるという約定で、自己資本を上昇させた。後に、その経営責任について裁判が起きたことを付言しておく。

額は72億円であった。また、石川銀行の関連会社が名目上の大株主であったが、実際はギンガネット社（英会話教室グループNOVAの関連会社）が増資総額59億円を負担し、中心的役割を担っていた。この増資は実際に融資した金額の一部が増資引受原資であり、迂回融資を用いた見掛け増資であった。

金融当局は、石川銀行を2001年（平成13年）10月下旬から始まり、異例とも言える過去1年間に2回の金融庁特別検査を行って、この増資の矛盾を指摘した。結局、金融当局は当行で不良債権が451億円増加したことを指摘した。

この結果、石川銀行は2001年（平成13年）9月期決算で224億円の債務超過、自己資本比率は連結で-6.37%であり、その認定を受け、石川銀行は、金融当局に2001年（平成13年）12月28日預金保険法第74条第5項の規定の申出をし、経営破たんを確定させた。

この銀行の破たん処理の特徴は、金融当局が破たん行の経営上の会計の不正を暴き、預金保険法に基づき当行の破たん処理を進めたことにあった。銀行が経営状況を改善するため違法な形式で増資を行い、地域経済の貸出先企業から莫大な増資の資金を集めた。当局は、銀行の違法な増資手法を見抜き、その銀行を破たんさせたという意味で、金融市場のシステムの保護という意味から見て市場の番人としての役割を全うしたと言える。

石川銀行の破たん処理は、金融整理管財人が新潟中央銀行と同様に、破たん行を分割し、複数の受け皿銀行を探し営業譲渡を斡旋する形で行われた[63]。もちろん、その際、整理管財人は破たん

---

63 石川銀行の破たん処理と金融整理管財人の記述は、（金融庁［金融庁, 2003]） 2-3ページを引用した。

行の資産を管理しつつ、旧経営陣の責任追及を進めながら、譲渡先を選定した。これは新潟中央銀行の処理過程と酷似している。

　石川銀行は 2001 年（平成 13 年）12 月 28 日に破たんし、金融整理管財人が破たんした石川銀行の資産管理を開始した。最初に、石川銀行は、北陸銀行に同行を営業譲渡する方向で最終調整を行っていた。しかし、北陸銀行が石川銀行をメインバンクとした佐藤工業の経営破たんに際して、営業譲渡の交渉を中断する事態に至った。そのため、金融庁は石川銀行を日本承継銀行（ブリッジバンク）に一時譲渡した[64]。

　2002 年（平成 14 年）11 月 15 日、金融庁は受け皿行として北陸銀行、北國銀行、富山第一銀行、金沢信用金庫および能登信用金庫の 3 銀行と 2 信用金庫の譲渡適格性を審査し、それらを譲渡先行として承認した。2003 年（平成 15 年）3 月 24 日、石川銀行は日本承継銀行を経由して、北陸銀行に 42 店舗を営業譲渡し、残りを北國銀行・富山第一銀行・金沢信用金庫・能登信用金庫（現のと共栄信用金庫）に分割し営業譲渡した。

　ここでも、金融整理管財人が譲渡後、旧経営陣の責任追求を行った[65]。

　まず、石川県警察は 2007 年（平成 19 年）3 月、元頭取の高木茂、元東京支店長ら旧経営陣を特別背任罪で起訴した。後の裁判で、検察側は 高木元頭取に対し「銀行を犠牲にして自己保身を図り、多大な損失を負わせた」として懲役 5 年を求刑した。元支

---

[64]　石川銀行の承継銀行の一時譲渡の記述は、（金融庁［金融庁, 2003]）　3 ページを引用した。
[65]　旧経営陣の責任追及の記述は、（金融庁［金融庁, 2003]）2-3 ページを引用した。

店長など 2 人は既に一審の執行猶予付き有罪判決が確定した。もう一人の被告である高木は一審の判決を不服として控訴、それを棄却され上告した。2009 年（平成 21 年）7 月、彼の控訴は名古屋高等裁判所で棄却され、不正融資の主犯として認定され、懲役 3 年を言い渡した金沢地裁判決を支持し、被告が上告しない意向を示したため、実刑が確定した。

　他方、2013 年（平成 25 年）4 月 25 日 に、石川銀行の増資に応じた預金者、融資先を中心とする旧株主から提起された損害賠償請求訴訟では、最高裁第 2 小法廷が銀行側の上告を受理しない決定を下し、38 億円の賠償金が確定した。

　この破たん処理の過程では、金融当局は経営不良行が銀行経営の安定のため、増資を融資や預金と結びつけ、見せかけの財務の健全性を演じる不正を見抜いた。その後、金融当局が破たん行の資産を全面的に管理し、地域の複数の金融機関に分割して資産を譲渡させる銀行再生策を講じた。ここまでは、新潟中央銀行の破たん処理の過程と酷似している。また、このケースでは、譲渡引受に興味を持つ金融機関と守秘義務契約を締結した後、詳細資料を先方に提供するという手法を採った。

　この処理過程では、いまひとつ記載する特徴がある。それは、引受候補者が譲渡先をデュー デリジェンス（due diligence：適正評価）したという事実である[66]。

　また、この破たん処理中に省庁再編があった。そのため、大蔵省から金融庁に破たん処理に関する申請、承認などの業務が移っ

---

[66] デュー デリジェンス（due diligence）とは、日本語訳で「適正評価手続き」を意味する。ここでは金融機関が引受業務を行う際に、投資対象のリスクとリターンを適正に把握するために事前に行う一連の調査を意味する。

たことも述べておく。

2-4-7　中部銀行の破たん処理過程の特徴

　中部銀行は 1916 年 (大正 5 年) 静岡県浜松市に創設された西遠無尽株式会社を前身とした金融機関であった。終戦後、本店を静岡市に移転し、1952 年 (昭和 27 年) 相互銀行法の施行によって株式会社中部相互銀行に改称した。

　その後、1953 年 (昭和 28 年) 帝産グループの石川博資が中部銀行の経営主導権を握り、一族経営の金融機関になった[67]。中部銀行では、あえて社長を置くことはせず、会長が中部相互銀行の経営を担った。その後、1989 年 (平成元年) 普通銀行に転換し「中部銀行」に改称した。

　中部銀行の会長の役職は、石川博資の死後、石川一族が代々継承し、頭取は日本銀行出身者を迎えるという体制を堅持し続けた。

　この中部銀行の破たんに至る経緯について概略を記す[68]。

　1989 年 (平成 11 年)、石川一族の帝産グループは、中部銀行の融資を元手に不動産投資を拡大させた。バブル崩壊後、中部銀行の不良債権は一気に増大した。当時、中部銀行の負権総額は約 1,000 億円であった。このとき、経営責任を明確にするため、1994 年 (平成 6 年) 3 月、石川一族 (長男) は、表向き帝産グル

---

[67]　1933 年、帝産グループの発祥は、帝国産金興業株式会社 (現在の帝産観光バスの母体) であり、既存の鉱区を買収し、伊豆の大仁鉱山や北海道の鉱山の操業を再開し、成功を収めた。(高木 [高木, 2006] と [高木, 2003]) 本書の事業再生の手法を参照し、引用した。

[68]　中部銀行の破たん処理の過程と旧経営陣の責任追及の記述は、(金融庁 [金融庁, 2003]) 4-6 ページを引用した。

ープの経営から身を引くことで責任を取った。そして、翌年、長男が中部銀行会長から退く代わりに、日本銀行出身の飯塚明が頭取に就任した。

　飯塚はここで銀行経営体制の改革を試みた。まず、中部銀行の大株主であった帝産グループの影響力を削ぎ、一族経営の事態を変更することを画策した。まず、飯塚は1998年（平成10年）3月、協栄生命（現：ジブラルタ生命）と資本提携するとともに、静岡県内企業や地域金融機関に中部銀行の株式を売却し、帝産グループの株式保有による銀行の実効支配力を低下させる施策を講じた。これによって帝産グループの持ち株比率は98.29％から2.2％まで急減する結果となった。

　この飯塚への対抗策として、石川一族は帝産グループ企業の役員に一時復帰して、中部銀行の経営権の再奪取を企てたが、結局失敗に終わった[69]。

　1998年（平成10年）4月、飯塚は頭取を辞め、後継者に既に中部銀行に勤めていた日銀出身の栂井尚志副頭取を昇格させた。栂井頭取も飯塚路線を継承し、経営改革に取り組んだ。2000年（平成12年）10月、中部銀行の提携先であった協栄生命（現：ジブラルタ生命）が破たんする事態が生じ、中部銀行でも48億4,600万円の特別損失が発生した。この緊急事態を乗り越えるため、中部銀行は2001年（平成13年）3月、個人や取引先を対象に35億円の第三者割当増資を実施し、資本増強を行った。その後、金融庁は2001年（平成13年）11月に中部銀行を検査した。

---

[69]　不法と記したのは、このとき違法勢力と長男が結託し、乗っ取りを企て、不法な手段でグループ企業の役員に就任した。後に、警視庁捜査四課と品川署によって、彼らは公正証書原本不実記載の疑いで逮捕された。

当局は 2000 年（平成 12 年）9 月末の中部銀行の自己資本比率は単体で 3.05％、連結ベースで 2.63％に悪化していることを指摘し、同年 12 月、当行に早期是正措置を出した。この早期是正措置を受けて、中部銀行は市場へ信用不安払拭のため、2002 年（平成 14 年）1 月、国内の証券会社等に 200 億円の増資要請を柱とする経営改善計画を発表した。実は、この増資計画は当初からすでに行き詰まっていたが、あえて、基本合意に達したと公告したので、2002 年（平成 14 年）3 月金融庁は、更に中部銀行に業務改善命令を出した。

　金融システムの安定を図る意味から、政府は 2002 年（平成 14 年）4 月 1 日のペイ オフ解禁を控えていた。軌を一にして、金融庁も不良金融機関に対して強い態度で臨む方針を表明した。他方、地方自治体もペイオフ解禁を控え、独自の基準を設け、自治体の公金預金の預け先である金融機関を安心・安全であるか独自の基準で査定を行う動きが始まった。そうした金融環境の下、静岡県は独自に策定した基準を中部銀行が満たしていない事が判明した。県は新年度（2002 年 4 月 1 日より）より中部銀行に預けた公金預金を他行へ移す方針を固めたという風評が巷間に流れ、中部銀行で預金流出が起きた。その規模は 1 日 10 億円程度のときもあった。

　ペイ オフ解禁の実施の告知と重なり、中部銀行の業務改善命令の発動直後に、当行の預金流出は 1 日 20 億円程度まで増えた。その結果、早期是正措置発動から 2 ヶ月の間に、中部銀行の総預金量の 1 割以上の 445 億円が流出する事態になった。

　この事態を受けて、中部銀行は 2002 年（平成 14 年）3 月 7 日に臨時株主総会を開催し、大規模な増資案を決議し資本増強策を

企てた。その増資払込み策が予定通りに進めば、2002年（平成14年）3月期末の自己資本比率は単体、連結とも健全性の目安となる4%台を回復することになる。しかし、市場での中部銀行の信用不安は解消しないままであり、預金流出は依然続き、増資の引き受け相手もなかなか決まらなかった。その状況を見て、中部銀行はペイオフ解禁後、さらに市場で当行への信用不安が拡大するのは必至と判断した。そして、2002年（平成14年）3月8日、中部銀行は金融当局に預金保険法第74条第5項の規定によって、破たん処理を申請した。この後、金融庁は中部銀行を再度検査した。結果、破たん時に、中部銀行は281億円の債務超過状態にあり、自己資本比率も-10.77%であったことが判明した。

　破たん後、中部銀行は日本承継銀行に一時自行の銀行事業を引き継がせた。その最中、中部銀行は保有資産を整理し、中部銀行の支店が立地された地域に存する複数の金融機関に中部銀行の割譲譲渡が行われる方針が採られた。その結果、中部銀行の静岡県内の支店は清水銀行と静岡中央銀行に、神奈川県と東京都の支店は東京スター銀行に営業譲渡されることになった[70]。

　石川銀行と中部銀行の破たん処理での共通点について述べると、これらの銀行の破たんと再生の過程では、「日本承継銀行」というブリッジバンクを経由する形で破たん行を譲渡先金融機関に分割して、営業譲渡する形を用いたことである。この型は日本で初のケースであった。この型は、表面上ペイオフ解禁という制度の変更がなされるときに、金融機関の破たん処理によって金融システム不安が再燃するという事態を回避する方策であった。そ

---

[70]　石川銀行の日本承継銀行への経由については、（金融庁［金融庁, 2003]）3-4 ページを引用した。

の意味で、破たん行の業務を公的受け皿銀行（ブリッジ バンク）に委託することは、破たん行の保有する債権を選別調整しつつ、金融業務が行われ、破たん行が金融システムへの悪影響を抑え、破たん処理と再生が時間を掛けて進められるという長所を有す。すなわち、巷間での噂の流布などで誤った事実が広まる中で、破たん行の保有する真の情報の秘匿性を保持しつつ、受け皿行は破たん行の正確な情報入手の容易さが格段に上がった。金融システム不安が叫ばれる中で、この承継銀行は、破たん処理スキームを進める上で、非常に有用な用具であったと言える。

　ここまで日本の銀行の破たん処理の過程や再生について説明して、それぞれの特徴をつまびらかにしてきた。最後に、この日本承継銀行について説明しておく。日本承継銀行は、預金保険法第91 条にあるように、破たんした金融機関に対して法で定められた期間内に受け皿金融機関が現れないとき、その破たん金融機関の取引先の連鎖破たん等で金融秩序の崩壊を防止するための受け皿行を構築する必要に迫られて作られた官制銀行であった。

　上記の記載からも分かるように、破たん行の業務を一時的に引き継ぐ事を目的とした公的受け皿銀行（ブリッジ バンク）の創設は、預金保険機構が全額出資する子会社として認められている。この銀行は金融再生法第 27 条によって、2001 年（平成 13 年）3 月までの時限措置として導入された。その後、2000 年（平成 12 年）の預金保険法改正で恒久立法になった。

　承継銀行は、預金保険機構の子会社の位置であっても、銀行免許を取得して、銀行法上の「銀行」として金融市場で扱われる。破たん行の取引関係等もこの承継銀行にそのまま継承されるので、融資や預金等の業務も普段通りに行われる。もちろん、破た

ん行の不良債権を除いた債権もこの承継銀行に引き継がれた形になっている。

　承継銀行への継承状態には期限があり、破たん行との取引関係を形式的に原則2年、最大3年に限って業務の存続を認める形とした。そして、破たん行が最終的に受け皿となる金融機関（再承継銀行）に事業を承継したとき、承継銀行は清算される。また、事業を承継した破たん行で最終的な受け皿金融機関が見つからない事態が生じた場合でも、承継銀行は解散することになっている。

　これまで、実際に、株式会社日本承継銀行と株式会社第二日本承継銀行が設立されただけであった。これは、2012年（平成24年）の預金保険法改正により、整理回収機構が承継銀行業務を行う機能を追加したことと関係している。

　この承継銀行を用いて破たん銀行処理をした理由は、2012年（平成24年）のペイオフ解禁を円滑に行うためであった。破たんした石川銀行と中部銀行のいずれも、預金保険法上の特別資金援助（いわゆるペイオフ凍結）の時限措置を受けるための手続き上、この承継銀行を使用した。ただし、実際の日本承継銀行では、再承継先に対する基本合意契約と譲渡契約以外の業務はほとんど行わず、実際の金融業務も行ってはいなかった。もちろん、この銀行は、銀行故に日銀からの特別融資も利用できる。その意味で国家からの速やかな援助も可能な銀行であった。

2-5 地方経済の主要銀行（足利銀行）の破たん処理について

　ここで破たん行として取り上げた足利銀行は地域行としての以下の3つの特色があった[71]。

1. 最盛期に北関東地域（栃木、群馬、埼玉、茨城）だけで見

ても、当時の都市銀行を凌駕するという意味で、預金、貸出
に関して圧倒的な市場占有率を保っていたこと

2. 最初に当時三菱銀行系列であった川崎銀行の頭取を迎え、
   首都圏と緊密な関係を作る形で銀行経営を始めたこと

3. 栃木県・県内市町村で指定金融機関として地位を保ってい
   たこと

　当行の創設は1895年（明治28年）9月25日で、荻野万太郎
が足利銀行初代社長であった。足利銀行は当時の足利町（現足利
市）の繊維業者を中心取引先とする目的で創業し、まず両毛地区
（栃木県佐野市、足利）で業務を展開した。その後、当行は1914
年（大正3年）地方銀行で初めて支店を構え、本部機能を東京に
移したという史実もあった。

　設立当初、足利銀行は地元の繊維産業への融資に際して、手形
割引の短期貸出を中心に行っていた。他の融資に関して見たと
き、足利銀行は極力不動産担保を忌避し、流動性の高い担保物権
を用いた貸出、すなわち、棚卸資産担保で融資を行っていた。

　このような担保を用いた貸出を中心とした銀行の経営スタイル
からの転身を図るため、足利銀行は川崎銀行（三菱銀行の前身）
から派遣された亀山甚（後に常陽銀行初代頭取）に経営を任せ
た。1914年（大正3年）5月、足利銀行は地方銀行で初めて東京
支店を開設し、本部機能まで東京に移し、情報収集機能を強化し
た。例えば、東京川崎財閥と提携して、いち早く大不況の到来を
察知し、日本で恐慌の訪れる前の、1920年（大正9年）融資額の
3分の1ほどを事前に回収し、昭和金融恐慌の経営損失を最小限

71　本書の足利銀行の破たんと再生に関しての記述は、（天尾［天尾, 2007 ②]）
　131-137ページと（天尾［天尾, 2004 ①]）44-48ページを引用した。

に抑えた。すなわち、当行は情報入手によって損失を回避した経験を有していた。

1944年（昭和19年）まで、政府より戦時金融統合の命令があり、栃木県内6行を合併、12行を営業譲受し、栃木県では金融機関の配置は一県一行という形になった。これ以降、足利銀行では社長を東京財界出身者、日本銀行、興業銀行出身の者を4代続けて迎えることにした[72]。例えば、昭和金融恐慌の経験を活かし、足利銀行は融資に際して伝統の「地元密着・堅実経営」の姿勢を崩すことはなかった。1967年（昭和42年）、足利銀行本店は栃木県庁所在地の宇都宮市に移転した[73]。

足利銀行は1970年代に北朝鮮に対するコルレス バンクとなり、同国との海外送金業務の取り扱いを開始した。足利銀行は、1985年（昭和60年）富士銀行宇都宮支店から、自治体の指定金融機関の指定替えを受け、公金業務を介して栃木県内の自治体との関わりを深めることになった。

足利銀行の破たん事例で、着目する特徴を挙げるとすれば、それは当行が当時の大きな金融不安に耐えて、監査法人からの監査によるお墨付きのもと、金融当局が銀行の査定のこれまでの基準を突如見直し、当局より債務超過と認定されて、破たんした特異なケースであった。

現在は常陽銀行と持株会社を設立して、新たな経営ステージに

---

[72] 足利銀行の破たん時前にも、日銀出身者の頭取であって、この頃からこのような状態が続いていたと言える。当行の有名な中興の祖、向江久夫元頭取（1978〜1997年（会長職））も日銀理事の紹介で足利銀行に入行していることについても一言述べておく。

[73] 足利銀行では頭取は1980年に社長から頭取に名称が変更されているため、本文ではそのように記載した。

入っており、現在でも本書で記した上記の3つの特徴が随所に現れている。

2-5-1　足利銀行の破たんの原因について

　当時、あしぎんフィナンシャルグループ（あしぎんFG）の中核であった足利銀行が2003年（平成15年）9月の中間決算で債務超過の事態になった（2003年（平成15年）発表）。金融庁は預金保険法102条に基づき、足利銀行の全株式を強制取得して一時国有化を決めた。これはいままでにない破たん処理の方法であった。その理由は法律の預金保険法第74条第5項に基づき、「その財産をもって債務を完済することができず、その業務若しくは財産の状況に照らし預金等の払戻しを停止するおそれがある」という事態が足利銀行で起きる可能性を想定したからであった[74]。

　本件の破たんの原因に関して注目する点が二つある。一つは、それまで監査法人は、足利銀行の財務諸表にどのような意見を述べ、市場に注意を喚起してきたかという点である[75]。すなわち、企業の継続性の観点から、銀行に対する監査法人のチェックはどのようになされてきたのかということである。

　もう一つは、金融庁は、税効果会計上、繰延税金資産として自己資本にその導入を認めてきた会計処理の変更について、足利銀行に対し、それまで是認、もしくは否認の説明責任を果たしていたかという視点である。

---

[74] 破たんの原因については、（足利銀行［足利銀行, 2004②]）2-8ページを引用している。

[75] （永見［永見, 2004]）参照。この論文では、会計士の企業判断の意見の答申の問題が記述されている。

　前者について述べれば、監査法人は、足利銀行の財務諸表を見たときに、職務としてその財務データから当行の破たんの危機を察知し、企業の存続が危ぶまれる場合にはすぐに警告を行うはずである[76]。しかし、足利銀行の監査時に、監査法人そのものが「企業の継続性」という本質のコメントから、責任問題を恐れ、できれば避けて通りたいという姿勢に終始していた。監査法人の破たん金融機関への勧告機能が働かなかったという問題点を指摘できる。

　現在でも、市町村はかなりのコストを支払い、自ら取引銀行の財務上について破たんの恐れがないかを判断している。しかし、地方自治体が、取引銀行の保有するすべての情報を入手することは困難である。現在も、地方自治体自身は取引金融機関の現行の経営状況を判断し、それに迷っており、ここでの叙述はそれを根拠としている。

　当時も、足利銀行の健全性の情報に関して、当行の開示した情報だけで判断することが困難であった。マスコミも、足利銀行の経営問題を取り上げた[77]。北関東の地方自治体では「いま支援すれば、十分に銀行の健全性を維持できる」という意見を信じ、地域の政治家は音頭取りして、民間に足利銀行の優先株の購入を推奨し、救援増資策を積極的に支援した。それが後の破たん後、傷

---

[76] 税務会計の知識である税効果会計の自己資本に与える効果については、（田中［田中, 2005］）65-78ページの税効果会計の税法との関係についての記述を引用し、本書の考察は試みられている。また、繰延税金資産と自己資本のあり方についてと、繰延税金資産については、（田中［田中, 2005］）71-73ページ、（金融庁［金融審議会金融分科会第二部会, 2004②］）4-10ページを参照した。

[77] 共同通信社（2002年（平成14年）2月9日付）と夕刊フジ（2003年（平成15年）10月21日付）で「関東某有名地銀、金融庁が国有化準備」の記事が発表された。

口を大きくすることになった[78]。

　後者に指摘した、税効果会計の処理の監査での扱いについて
は、金融当局はその会計処理によって、銀行の見せかけの自己資
本の額が上がり、それが日本の銀行の健全性の確保につながって
いたことを知っていた。当局がその処理によって不良債権の処理
が遅れがちになることを十分把握していた[79]。実際に、これまで
多くの銀行が税効果会計処理で銀行の健全性の指標の数値を高め
ていた。そして、これまで金融当局は税効果会計を使用した発表
を否定しなかったのである。もちろん、当時の BIS（Bank for
International Settlements：国際決済銀行）規制でも税効果会計
を用いた自己資本の増強も認められていた経緯もあった[80]。

　足利銀行が破たんに至る前、例えば、足利銀行は内部資金を行
内に残す目的で、優先株を無配にするために、整理回収機構を通
じて金融庁に議決権を行使してもらうよう策を講じていた
（2002 年（平成 14 年））。ところが、金融庁からの検査では、突
然、足利銀行には、税効果会計による自己資本の参入を認めない

---

[78]　この増資の動きについて、金融当局は市町村にまったく注意を喚起していな
　　かった。2002 年（平成 14 年）1 月に栃木県と県内 12 市の地方自治体は総額
　　10 億 2000 万円の株を公的資金で引き受けた。（天尾［天尾, 2004 ①］）44 ペー
　　ジ引用。

[79]　金融機関の税効果会計処理は将来得る収益に関して支払う税金の現金を保持
　　している部分を、自己資本に算定することを許していた。都市銀行もそのよう
　　な会計処理を認めており、自己資本比率の低下に苦しんでいた当時の銀行の会
　　計処理手法であった。

[80]　1988 年 7 月に BIS（Bank for International Settlements ＝ 国際決済銀行）の
　　常設事務局であるバーゼル銀行監督委員会で合意された、銀行の自己資本比率
　　規制のこと。「バーゼル規制」「バーゼル合意」とも言われる。銀行として備え
　　ておくべき資産から資本の準備額をあらかじめ見積もり、それを上回る自己資
　　本を持つことを要求したものである。

ことを言い渡したのであった。その結果、突如、足利銀行は債務
超過の状態となって、破たんに至ったのであった。

　足利銀行が破たんに至った問題は二つ指摘できる[81]。一つは、
銀行として基本業務である貸出債権の管理を綿密に行っていなか
ったことである。言い換えれば、足利銀行はバブル経済期の貸出
増加に対して、その貸出債権のポートフォリオの管理制度を整え
ていなかった。それによって当行の自己資本比率は5％基準を切
り、その上、不良債権処理も遅れがちになり、破たんの致命傷に
なった。

　もう一つの原因は、1998年（平成10年）金融不安を考慮した
政府が施策を指示し、金融庁が作った2002年（平成14年）の金
融再生プログラムで、自己資本比率の上昇に寄与した繰延税金資
産の資産計上の監査を厳密化したことであった。そして、足利銀
行にそのプログラムを適用し、これまで同様の多額の繰延税金資
産を認めないことにし、債務超過の事態を判明させた。その結
果、金融庁は足利銀行を一時国有化にしたのであった[82]。

　まず、第一の原因について詳述する。これは足利銀行の経営の
歴史的経緯、あるいは、企業体質にも関連していると考える。以
下にその理由を記すことにした。

　足利銀行はバブル経済に差し掛かる時期に大型融資を積極的に

---

[81] ここでの記述は、（足利銀行［足利銀行, 2004 ②]）9-12ページを引用しつ
つ、筆者の解釈を記載した。

[82] （金融庁［金融庁, 2002]）2-4ページで示した不良債権処理が実施され、本
書でもそれを引用した。当時の金融不安の中、足利銀行は、上記のようにバブ
ル崩壊により貸出債権が不良債権化していたが、当時の北海道拓殖銀行・山一
證券・日本長期信用銀行など大手金融機関の破たんが相次いだ1998年（平成
10年）前後の金融不況は乗り越えることができた。（足利銀行［足利銀行,
2004 ②]）11-12ページを参照にした。

行った。行内で「鶴翼作戦」（鶴の胴体が栃木、頭は仙台・郡山、右翼が茨城、左翼は群馬・埼玉、そして尾は、東京・名古屋・大阪を指した）という融資拡大戦略を展開した。後に、それらの大規模な融資を実現するため「融資効率化」の名目上、審査部門と新規営業部門を統合する本部機構改革を行った[83]。これによって、より恣意的に、かつ早期に融資することが可能になった。その本部改革は融資審査が甘く大量の不良債権を生み出す温床になった。

　1975 年（昭和 50 年）に足利銀行の店舗数は 93 から 1995 年（平成 7 年）212 に倍増以上に増加した。1985 年（昭和 60 年）貸出金残高は 2 兆 3,000 億円から 1995 年（平成 7 年）4 兆 8,000 億円に増え、貸出は 10 年でおよそ 2 倍を超えた規模になった。当時、中曽根内閣時代にリゾート法が施行され、その影響もあり、足利銀行は首都圏近郊の建設業・不動産業から鬼怒川温泉や那須のホテル・旅館・ゴルフ場といった観光業、パチンコ店・飲食店などに積極的に融資を進めた[84]。

　地元関東地域で調達した資金（預金も含め）を無駄なく運用するため、経営陣は東京など他県外で与信する戦略を採用した。その結果、貸出金は埼玉と東京に流れ、一時、東京支店の貸出残高は宇都宮の本店営業部を抜き、都内支店（東京、日本橋、赤羽、新宿新都心、渋谷）の貸出金総額は 1 兆円を超えた規模まで膨れ上がった[85]。つまり、地方銀行でありながら地元の北関東地域で

[83]　足利銀行の web 上で記された社史（2002 年（平成 14 年）11 月時点）や当時の行員へのヒアリングによって当時の経営方針を確認した https://ja.wikipedia.org/wiki/ 足利銀行（平成 29 年 11 月時点）。
[84]　この時期、1995 年（平成 7 年）ホテルニュー岡部やあさやホテルは海外進出を果たし、また、栃木県内に豪華な建造物が建造された。この取引の実態は、（足利銀行［足利銀行, 2004 ②］）4-5 ページから、その実情は確認できる。

集めた資金で、東京他県外の与信を推進し成功を収めた稀有の事例であった。さらに系列ノンバンクである北関東リース（宇都宮）、足利銀行ファクター（宇都宮）、足利銀行リース（伊勢崎市）、あしぎん抵当証券（大宮市）を通じ、銀行融資では不適格な与信案件であったものも、ノンバンク融資を活用して積極的に与信を行っていた[86]。

　足利銀行の社史の Web（https://ja.wikipedia.org/wiki/ 足利銀行）（平成29年11月時点））で記された内容を引用すれば、バブル経済期に足利銀行は地盤の栃木県内、また、東京支店ではリゾート開発などの不動産融資を増大させた。

　1985年（昭和60年）〜1992年（平成4年）度の期間に、金利の自由化、バブル経済の処理のため、資金調達利子率や資金調達に掛かる費用は高止まったままであった。つまり、当時銀行が、収益を増大させるためには、貸出で大規模の融資を行って、調達金利の費用増加分を運用量によって補う経営方針を採用した。また、当時の足利銀行の多くの支店は、東京駅から100km内で立地していた。そこでの貸出では、都市銀行と競争しなければならなかった。都市銀行の提示する条件と大差無い利子率で勝負するためには、調達コストの高い自行では、利子率の競争は難しい。それ故、低い利ざやではあるが、貸出量で利益を生み出

---

85 当時の足利銀行の東京の支店は、東京・日本橋・赤羽・新宿新都心・渋谷に存在した。1995年（平成7年）に足利銀行の預金量は、全国地銀で第5位まで上昇した。

86 このノンバンクへの融資の状況については、（足利銀行［足利銀行, 2004 ②］）5ページと8ページから引用した。当時の子会社の数は、（足利銀行［足利銀行, 2004 ②］）18ページより引用した。なお検証にweb上で記された社史 https://ja.wikipedia.org/wiki/ 足利銀行（平成29年11月時点）を参照し、引用した。

し、勝負する戦略を採用した。言い換えれば、与信業務では「貸出金の規模の拡大」を第一義とし、資金調達時の利子率の上昇に対し、自行の利益を十分に賄うことができる大規模な与信先の開拓に努めることにした。

　当時、足利銀行営業区域では、上記の足利銀行の収益戦略に見合う貸出先（取引先）は、遊技業（パチンコ）と近隣の日光那須のレジャー、リゾート産業、とりわけ旅館とゴルフ場だけであった。その時期、足利銀行は貸出総額で見たとき、それらの産業向け貸出を急増させている。1999年（平成11年）、那須塩原に首都圏移転の政府答申が発表されると、首都圏に近い北関東地域ではレジャー向けだけでなく、居住向けの土地需要が増大した[87]。その結果、地価高騰による不動産関連融資が突如増える事態になった。当時、金融面では、不動産貸出の総量規制の影響もあったため、足利銀行は直接貸し出せない部分については、ノンバンク向け貸出の資金需要の役割でそれらの需要に対応した。しかし、そこでの貸出債権のほとんどは破産更生債権とそれに準ずるものであった[88]。

　首都圏に接している関東地域の産業規模と貸出金額が大きいといっても、大口貸出先にも限りがある。足利銀行は東京などの大都市に既に進出した経験を有しているので、新規の貸出需要の開拓を都市部に求めた。今度は、調達した資金を、すべて首都圏エ

---

[87]　那須塩原市では、首都移転構想について2017年現在で以下のhttp://www.city.nasushiobara.lg.jp/01/001007.html（平成29年11月時点）で、首都機能の移転先の詳細を見ると、当時の地域の過熱した状況を知ることができる。上記サイトを参照した。

[88]　（天尾［天尾, 2004①］）45ページの図3に足利銀行の破たん前の不良債権の危険債権が前年比で18％増加した事実が確認できる。

リアの都市店舗の融資に振り向けて、収益増を画策した。足利銀行の融資残高の変化を見れば、1984年（昭和59年）度末6,000億円であったが、1989年（平成元年）には1兆円を越える規模になった。足利銀行全体の融資残高は、ほぼ5年間で倍増し、1984年（昭和59年）度末で総額2兆2,854億円から1989年（平成元年）度末には総額で4兆4,577億円までに膨れあがった。

　金融市場で資金調達コストが上昇しても、あえて貸出利子率をほとんど上げず、貸出の規模を拡大させて収益を得る戦略は、増資の条件としていないだけで、石川銀行の破たん経緯と似通っている。足利銀行は、当時引き締め気味であった金融政策のもと、資金調達コストの管理に目を向けず、そのコストを少し上回るだけの利子率で貸し出しを行った。そして貸出規模を重視する経営スタイルを徹底した。この貸出スタイルに適合した貸出先業種は、バブル期の不動産関連企業向けだけであった。それらの企業は、バブル経済崩壊後、倒産確率も高かった。足利銀行の貸出先にそのような貸倒リスクの高い与信先が集中したことは、後に、足利銀行が不良債権処理を進める際、大きな足伽となった。与信先で見たとき、一つ一つの貸出案件の規模が大きいので、その不良債権処理を進めるときには、多額の貸倒引当金の手当を必要とする。つまり、一件あたりの貸出額が大きく、その貸出先の不良債権処理を進めるときには、銀行は引当金の充当によって手許の資金も不足しがちになり、これが当行のバランスシートを大きく毀損させることになった[89]。

　足利銀行は、この状況を立て直すため、まず、1989年（平成

---

[89]　本書の記述は、（足利銀行［足利銀行, 2004 ②］）4-9ページを引用した。

元年）に低収益である大企業向けの貸出額を減らすため、債権回収を進めることにした。足利銀行は、そこで回収した金額をすぐノンバンク向け、ゴルフ場、リゾート産業向けの貸出に振り向け、大口与信先の破たんを回避しようと目論んだ。しかし、この行動は、足利銀行が保有した債権の更なる質の劣化をもたらした。言い換えれば、収益性は低くても、信用の高い大企業の貸し倒れリスクは低い。結果、足利銀行は貸し倒れリスクの低い与信先を切り離したのであった。与信先について、経営の安定性を重視した貸出ポートフォリオ［portfolio］を崩したため、足利銀行の保有する債権の不良債権化は進むことになった。その与信戦略で銀行自体の経営の安定性も損なわれることになった。足利銀行の貸出主要先は、大口、設備投資需要の強いパチンコ業、レジャー、リゾート向け中心のものだけが残ることになった。言い換えれば、足利銀行の与信先ポートフォリオは、サービス業偏重で、かつ貸出規模の大きいものだけが残った[90]。

　当時、銀行本体の子会社であった足利銀行関連ノンバンクも、本体の財務状況を支えるべく奔走した。1986 年（昭和 61 年）度の資産総額は 860 億円であり、1991 年（平成 3 年）度に総額 5,816 億円に積み上がった。足利銀行の貸出を補完する意味で、ノンバンクでも同様の融資拡張路線は続けられた。しかし、これは足利銀行だけの動きでなかった。当時、大多数の地方銀行もバブル期の調達利子率の急上昇に直面し、貸出一件あたりの融資量を拡大する方策を講じたいという誘惑に駆られた。なぜ全ての銀行がそうならなかったのかと言えば、銀行の本店ならびに、すべ

90　（足利銀行［足利銀行, 2004 ②]）5 ページを引用した。

ての支店が同じ貸出行動を採れば、特定の業種の貸出だけが集中的に行われ、その与信残高が急増する事態に陥る。足利銀行は全体として貸出債権のポートフォリオの状態を制御する視点が無かったのである。すなわち、銀行経営の安定性を考慮した貸出ポートフォリオの計画を策定できなかったのである。

　足利銀行が銀行経営で本店と支店合わせて与信の業務について、特定の産業に偏らないよう貸出量のバランスを保つことができなかったという証左は、当時の足利銀行の貸出の与信判定システムからもその傾向を読み取ることができる。それらを箇条書きに要約すれば、以下の3つの特徴を有していた。

1. 営業店の業績評価は、「費用」を考慮しない収益・運用偏重でなされた。

2. 貸出の重なる同一債務者の信用管理がなされていなかった（これは、与信上限の規制や会社にクレジットライン設定がなされていないことを意味する）。

3. 業種別、地域別与信集中リスクに対して審査や管理がなされていない[91]。

　こうした与信判定システムのもとでは、各店舗は与信企業への融資量を増やすことが、直ぐに行員の業績評価につながった。そして、足利銀行の行員は、モニタリングによる貸出先の貸し倒れリスクの算定などという時間のかかる業務に手を掛けることはしなかった。それ故、銀行が保有する与信先の情報の絶対量は不足しがちになる。それは、いざ不良債権が急増したとき、与信先の原因を特定できず、その対処と処理も遅れがちになる。

---

[91] ノンバンク融資やリスク管理の言及は、（足利銀行［足利銀行, 2004 ②]）6-7ページを引用した。

　銀行経営者が、行員の与信先の情報の入手の行為に対し、低い評価しかできないのは、「情報」の本来持つ性質と無関係とは言えない[92]。しかし、足利銀行の経営陣が、経済環境の変化に対応し、バブル期の融資拡大路線を速やかに変更しなかった原因は、この足利銀行の与信判定制度の歪みにあったと解すこともできる[93]。

　金融庁が2013年（平成25年）まで、日本長期信用銀行、日本債券信用銀行の破たんを経験し、金融再生プログラムや金融検査マニュアルなどを見直し、金融機関の健全性の判定を行ったのは、実は都市銀行と同様に、地域の金融機関も与信先のリスク管理をおざなりにしているのではないかという疑念からであった[94]。破たんが発生する前の旧い金融庁の銀行の検査マニュアルでは、当時、銀行の保有資産の担保価値の調査こそ重視しているが、貸出先のモニタリング情報の入手にはあまり重きを置いていなかったという偏った特徴を有していた（金融庁［金融庁, 2004②］参照)[95]。

---

[92]　情報とは簡単に複製できる場合もあるし、その情報が収益や経営に良いか、悪いかという判断は困難である。

[93]　このような教育を受けた行員が、経営のトップで居られることはまず無い。もし、そのような者がいるのであれば、行員のモラルとして、その企業のリスク管理や戦略を観察し、貸出を行うのがバンカーである。

[94]　金融再生プログラム（金融庁［金融庁, 2002]）と金融検査マニュアル（金融庁［金融庁, 2004②]）参照。

[95]　破たん期の金融庁検査マニュアル（金融審議会金融分科会［金融審議会金融分科会, 2005]）（金融審議会分科会［金融審議会金融分科会, 2003]）（金融庁［金融庁, 2004②]）では、債権の良・不良の区分、それに伴う貸倒引当金の充当に重きをおいた、不良債権処理が可能なのかどうかを調査することを目的とした内容になっている。

2-5-2　足利銀行の稚拙な経営改善策の実施
—不良債権処理と増資策—

　不良債権処理で銀行の財務上体力が弱まるという事態は、貸し倒れ引当額を上回った損失が発生した場合に起きる。いざ、引当が生じたとき、足利銀行の行員は現在までの審査方法やモニタリングが甘かったのではという不安が高まり、銀行の与信審査はより慎重姿勢に転じ、貸出規模も縮小しがちになる。実際に、信用不安が高まったとき、破たんの2年前まで足利銀行の貸出金残高は3兆8千億円台で推移したままであった[96]。足利銀行では、破たん直前でも貸出萎縮の事態は生じなかった[97]。

　足利銀行行員の人事評価方法も、前に記した与信判定システムと関連付けられていた。これを箇条書きして要約したのが以下である。

（足利銀行行員の人事評価方法）

1.　営業店の行員への人事評価は、「費用」を軽視し、収益運用偏重でなされていた。

2.　同一債務者の信用管理をしなくても評価の対象としなかった（与信先の貸出額の上限規制や個社別のクレジットラインを設定していなかった）。

3.　業種別、地域別で与信先が集中したとき、行員がリスクに

---

[96]　（天尾［天尾, 2004①］）45ページの図3、47ページの図4参照。図の貸出残高や前年度比の実質数値の変化率で見ても、上下を繰り返す動きであった。

[97]　（天尾［天尾, 2004①］）45ページを引用した。破たん前に貸出と預金残高の双方が一定水準で推移していることが分かる。経営状況については、（足利銀行［足利銀行, 2004②］）の概要の〈業務及び財産の状況の記載事項〉の〈参考〉［不良債権処理額・業務純益・含み損益・自己資本等の推移］の表を参考にした。

　　対して審査と管理を行わない場合にも、それらを行員の人事
　　評価の対象としなかった。

　これらの文面からも分かるように、足利銀行行員の人事評価制
度では、行員は与信先の情報入手コストに無関心になりがちであ
り、それは銀行内でモニタリング情報の不足の事態を引き起こす
行内環境が醸成される事態にあったと言える[98]。

　すなわち、行員の人事評価制度では、足利銀行行員はただ貸出
だけが業績評価の対象であるということを示したのが1の項目で
あり、借り手に対するモニタリング情報の入手という業務は一切
評価されないと言う意味で、それが2と3の項目に描かれている
と言える。

　こうして足利銀行が経営危機に陥ったとき、地域住民はこの金
融機関を支えるために奔走した。

　1994年（平成6年）3月期決算期に破たん先債権の総額が632
億円であって、経営不安が巷間で噂され、ついに1997年（平成
9年）秋に取り付け騒ぎが発生した。そのとき、足利銀行は歴史
的につながりの深い東京三菱銀行（現・三菱UFJ銀行）から総額
1,000億円の資金調達を行い、同時にリストラ策を策定し公表し
つつ、地元取引先の金融支援も併せて行った。この策は功を奏
し、足利銀行の信用不安が沈静化したのであったが、それまで
1997年（平成9年）9月末の総預金残高は5兆3,740億円であっ
たが、1998年（平成10年）には預金残高は5兆856億円に減少
した。この1年の間、当行で3,000億円近い預金が流出した。

　足利銀行は1990年代に開設した埼玉県内の上尾と鴻巣や、問

題融資の多かった東京地区の各支店を 2000 年（平成 12 年）までに近隣店舗に吸収させ業務規模を縮小した[99]。

足利銀行は、1999 年（平成 11 年）から 2000 年（平成 12 年）まで、計 3 回総額 1,350 億円の公的資金の投入を受けつつ、2000 年（平成 12 年）11 月に自己資本増強のため 6,000 万株の優先株（1 株額面 500 円、計 300 億円）を発行し資金調達を行った。さらに、足利銀行は 2001 年（平成 13 年）になり 不良債権処理を進め、2003 年（平成 15 年）3 月期決算時までに業績の V 字回復を目論み、経営改善計画「あしぎん改善計画 プロジェクト A」を発表した。この計画を支援するため、行内に地元財界人を中心とした経営諮問委員会を設置した。しかし、当時、地元経済も景気低迷期にあったため、健全化計画の実行と支援は掛け声だけで遅遅として進まなかった。

足利銀行は、更なる自己資本増強策として 2002 年（平成 14 年）1 月に約 300 億円の普通株増資を行った（1 株 114 円で実施）。この一連の増資に栃木県および県内 12 市の自治体が総額 10 億 2,000 万円の株式を公的資金で購入し対応した。そうした施策も功を奏すこともなく、2002 年（平成 14 年）3 月期決算で、足利銀行は大幅な純損失の状態となり、資本増強策で用いた優先株も無配の状態に陥った。

他方、足利銀行は自行と親密な融資先企業が自ら自己破産を申請して、当行の不良債権処理は加速する事態になった。例えば、2000 年（平成 12 年）12 月上野百貨店が自己破産（負債総額 164 億円）し、上場企業で当行を準メインバンクとした日本ビューホ

---

99 埼玉では上尾、鴻巣で、東京では渋谷、新宿新都心、赤羽、日本橋の支店を廃止した。

テルなどの大口融資先でも倒産が続いた。そして、2001年（平成13年）10月には本書で後述することになるシモレン株式会社が民事再生法を申請（足利銀行の不良債権額約130億円、翌年破産宣告）した。

また2002年（平成14年）に入り、『北朝鮮による日本人拉致疑惑』が国内問題として大きく取り上げられたとき、足利銀行は北朝鮮向けコルレス業務の取り扱いがもともと少なかったことを理由に、海外への資金送金などの金融業務を速やかに打ち切ることにした。

2003年（平成15年）3月、足利銀行は子会社の北関東リースと株式移転することで、金融持株会社「あしぎんフィナンシャルグループ」を設立し[100]、その後、足利銀行は一時国有化の事態になった。

本書で取り上げた銀行破たんのケースの多くは、銀行が保有する貸出債権で不良債権処理が相次ぎ、銀行が自己資本を劣化させて財務状況を悪くし、それに対応しようと増資を画策したが失敗し、結局、破たんに至る事例が多かった。足利銀行の場合には、増資策だけを見れば、地域住民や地方自治体、地域の財界などが積極的に優先株を購入し、金融機関を延命させようと支え続けた稀有のケースと言える。しかし、その行為によって、地方公共団体が公的費用負担で優先株を購入するなど、破たんしたとき傷口をさらに拡げる結果に至った。こうした失態の反省として、現在、栃木県と宇都宮市では、金融機関に公金を預け運用する際、

---

[100] 当時、この持株会社化は黒字であった子会社を取り込み、単体で赤字であった足利銀行が公的資金で投入された優先株復配を目指すためになされたという批判があった。

自治体自身が取扱金融機関の財務状況などを丹念に調査する部署を設け調査し、注意を怠っていないことを付言しておく。

　足利銀行の破たんの原因は、経営方針や人事評価方法によって、行員の与信先のモニタリングが不徹底になりがちであって、貸出債券が不良債権化したときに、それに対応すると言う意味から、行内で銀行のリレーションシップ バンキングの機能が欠如していた状態にあったからである。すなわち、足利銀行の保有する全債権で、モニタリング情報の不足によって、不良債権増加の原因が特定できない。あるいは、借り手へのモニタリング不足の状態は、貸し手の与信情報量の不足を引き起こすことになる。そのため、他行と比して、足利銀行は景況感に応じた債権の質の再検討の判断に遅れをとりがちになった。それ故、足利銀行はバブル崩壊による経済状況の急激な変化に対して貸出業態の整理や貸し手の選別の転換が遅れ、破たんに至った。これが、足利銀行の破たんの直接の原因であった。

2-5-3　足利銀行の再生の過程
―受け皿行の選定と経営責任の追及―

　通常、銀行が不良債権処理を進める最終段階では、会計上、回収不能額を損失として確定し計上させる。すなわち、確定期に損失分を貸倒引当金勘定から充当することになる。これは貸出先へのモニタリングの甘さは、結局、直接会計上引当額の不足につながり、そのとき銀行はその分だけ自己資金を調達して賄う必要に迫られる。もし、資金調達が上手く行かなければ、結局、自行の自己資本を減少させる結果に終わる。

　ここで、破たん後の特別危機管理下で足利銀行はどのように不

良債権を処理していたの か、その概要を述べる[101]。

「経営に関する計画（預金保険法第115条に基づく計画書）」
（足利銀行［足利銀行, 2004 ①］）の資料によると、特別管理の早
期終了のために、現在の財務体質を見直し、受け皿銀行が購入で
きる健全な形に再生させるため、再建を図る必要があったと記さ
れている。その方針に基づき、破たん行の最初のプロセスでもあ
る、足利銀行は手許にある債権を良と不良に厳しく選別して、経
営計画の策定を試みた。同時に、足利銀行は自己資本の保有資産
に計上した株式を見直し、その残高圧縮に取り組んだ。当時、多
くの金融機関でも自己資本に占める保有株式の調整の動きは加速
していた。これは当時の新BIS規制の時価評価基準の変更に対応
した動きでもあった。

さて、足利銀行の特別危機管理下の処理策について箇条書きで
要約すれば、その方針は以下の5つであった[102]。

1. 債務者区分の判定についてアドバイザーなどの助言に基づ
   き基準見直しを行った（恣意性の高いと判断された融資を排
   除した）。
2. 不動産担保の評価を2003年（平成15年）9月期と比べ、10
   ～30ポイント引き下げた。
3. 貸倒引当金は、直近の貸し倒れ実績率を用いて、実態に即
   した引当額の増強を行った。

---

[101] 足利銀行の受け皿行の選定に関しては、（栃木県［栃木県産業再生委員会地
域金融再生部会, 2005]）　10-15ページにあるように、望ましい受け皿行の形
ということが議論され、その方向で再生が定まった経緯を確認できる。
[102] 本書での足利銀行の破たん処理後の再生過程についての記述は、（足利銀行
［足利銀行, 2004 ①］）の「経営に関する計画（預金保険法第115条に基づく計
画書）」の報告書を引用した。

4. 子会社と関連会社 6 社について清算を含め整理作業を行った（銀行の融資基準を超えた貸出の処理）。

5. 銀行が保有する不動産を営業用、遊休というように区分を見直し、遊休部分に関して会計上評価損として全額計上した。

金融当局は、当時、足利銀行の受け皿行を探す上で、足利銀行の財務状況の建全化を喫緊の課題と考えていた。まず、再生の第一段階は銀行業務に直接関係してないグループ企業の保有した債権処理であった。そして、その後、本体である足利銀行の与信先の不良債権処理が順次進められた。実際に当時の足利銀行の保有債券の開示債権額を見ると、不良債権合計額が 7,348 億円（2003年（平成 15 年））であり、その内訳を見ると要管理債権総額が 1,664 億円（2003 年（平成 15 年）9 月末と比べて 442 億円減少）、危険債権総額が 4,119 億円（2003 年（平成 15 年）9 月末と比べ 1,882 億円増加）、破産更生債権及びこれらに準ずる債権総額が 1,564 億円（2003 年（平成 15 年）9 月末と比べ 467 億 円増加）であった。このように保有債権の評価をより厳しく行った結果、足利銀行では貸倒引当金を大きく引き当て、処理を進める準備が整うことになった。

2006 年（平成 18 年）11 月 2 日、金融庁は破たんした足利銀行の受け皿（スポンサー）行に対しての基本的な条件を提示し、受け皿行候補の公募を行った。その後、2 段階の審査を経て、2007年（平成 19 年）9 月 21 日に、同庁は受け皿行の最終審査に入ることを発表した。2007 年（平成 19 年）11 月 22 日まで、受け皿候補先から、破たんした足利銀行の企業価値評価を含む譲受条件等の提出を受け付けた[103]。

　そして、二次選考で、以下の5つの会社が候補として名乗りを上げた。

1.　野村ホールディングスのベンチャーキャピタルを中心とした投資グループ出資の持株会社（「野村グループ連合」）
2.　日興シティグループ証券が主幹事となって、横浜銀行・東邦銀行・山梨中央銀行および火曜会参加行（千葉銀行・常陽銀行・八十二銀行を中心とした地銀）と、日本生命保険、東京海上日動の協同出資で設立する持株会社（「地銀連合」）
3.　（旧）みずほ証券を主幹事としたベンチャーキャピタル
4.　大和証券SMBCと栃木銀行
5.　ローンスター

　この5つの候補を大別すると、1〜4までは国内の証券会社を含めた投資グループの出資による持株会社（日本ファンド）、5のみ外資系ファンドであった。日本の投資信託銀行や投資ファンドも受け皿行として名乗りを上げたのは特徴的であった。この銀行買収の狙いは、破たん行の資産を良好にし、それを他銀行に売り払う際、所有していた株式を市場で売却し、短期的に利益を得るという計画が見え隠れする。最終的には、1野村グループ連合と2地銀連合が出資額などを競い合い、一騎討ちの様相となった。栃木銀行を含めた連合は地元と連携しやすいが、銀行として規模が小さすぎること（3と4については受け皿の資本不足の評価）、5については外資であったが、突き詰めると地方銀行がその出資者であって、過去の外資系ファンドが主導した銀行の再生状況、再生後の融資姿勢への反発（財界から上がった声）の声が

---

103 本書の記述は、（足利銀行［足利銀行, 2006］）と（金融庁［金融庁, 2006］）を引用した。

上がり、受け皿行選考から除外される結果になった[104]。

　当初、地銀連合が受け皿行として有力視された。しかし、2008年（平成20年）3月14日、金融庁は足利銀行を野村グループ連合が設立する足利ホールディングス（株式譲渡額1,200億円）に売却することを決定した。今まで譲渡の際、破たんした銀行が、受け皿行を経て再生する場合、新たに設立した銀行へ譲渡され（承継銀行から転売されたときでも）、前の銀行名は改称されるのが慣行であった。しかし、足利銀行の売却のケースで、野村グループ連合は、新生銀行・あおぞら銀行などと同じく創業時の法人格のまま異動させ、商号についても持株会社を足利ホールディングスとして、地域におけるネームバリュー等を考慮した案を提示した。当時、これはイメージ戦略を前面に押し立てており、公募選考の際の勝因であったと見られる。

　このような経緯を経て、2008年（平成20年）7月1日、足利ホールディングスが足利銀行の株式を取得し傘下に入った時点で、足利銀行は特別危機管理体制から解放された。受け皿行の出資者の足利銀行保有の目的は、キャピタル ゲインの確保であった。出資者は足利銀行株について日本市場でIPO（Initial Public Offering：新規株式公開）を用いて早期の再上場を目論んだ。そして、足利銀行株は、2013年（平成25年）12月19日に再上場した。「足利ネクスト投資事業有限責任組合」との契約期間が満了すると、オリックス社が足利HDの第二位株主となった。現

---

[104] 本書での受け皿行決定から2018年までの経緯については、（足利銀行［足利銀行, 2004 ③]）と（全国銀行協会［全国銀行協会, 2017]）とweb上で記された足利銀行の破たんまでの社史（https://ja.wikipedia.org/wiki/足利銀行）（平成29年月時点）社史から銀行の社史を遡り、その文献を引用した。

在、茨城県を地盤とした地銀上位の常陽銀行と足利ホールディングスは、2015 年（平成 27 年）11 月 2 日に株式交換によって経営統合した。

　2013 年（平成 25 年）、東日本銀行と足利銀行の統合の企ては水面下で交渉を行ったがまとまらなかった。東日本銀行の関東広域での規模拡大の脅威を肌で感じる中、足利銀行と常陽銀行との統合交渉は始まり、足利 HD 大株主のキャピタル ゲイン獲得と常陽銀行の営業地域拡大という双方の利害が一致し、上記の如き統合という結論に至った。

　足利銀行はこの常陽銀行との経営統合交渉が進むのと時を同じくして、埼玉県を地盤とする埼玉りそな銀行の親法人であるりそなホールディングスから経営統合の秋波が送られていた。足利ホールディングス側は、こちらとの話合いには応じず、常陽銀行との経営統合を選択した。2016 年（平成 28 年）4 月 25 日に、同年10 月 1 日付で足利ホールディングスは、めぶきフィナンシャルグループに改称し、常陽銀行株式 1 株に対し持株会社株式 1.170株とした株式交換によって持株会社傘下で足利銀行と経営統合を実施した。この持株会社は、コンコルディア フィナンシャルグループ、ふくおかフィナンシャル グループに続いて、当時、地銀第 3 位の規模の銀行グループである（2018 年 3 月現在）[105]。

　この足利銀行の破たん処理でも、受け皿行を探す過程で、旧経営陣の責任追及がなされた。これについても概観しておく。

---

[105] 茨城県の常陽銀行の足利銀行の M&A の動向と合併の意義については、常陽銀 行 の ホ ー ム ペ ー ジ http://www.joyobank.co.jp/kabunushi/corporate/index.html（平成 29 年 11 月時点）の企業情報のディスクロージャー誌の社史の内容を引用した。

　ここでは責任追及のときに巷間でも注視された2つの不正融資の事例を記しておく。この時にも、破たん行の処理後に旧株主や新会社から旧経営陣に対し不正融資の損害賠償請求が出されたことも付言しておく[106]。

　まず一つは、当時の足利銀行の監査法人も関係した案件であった。生コンなどの建築材料の製造販売を主業務とした株式会社シモレン（1888年（明治21年）創業）への過剰融資であった。1992年（平成4年）当時の社長が乗馬クラブ事業参入のため、足利銀行に融資を申し込んだ。足利銀行は、乗馬クラブの採算性やシモレンの資産状況を考慮せず過剰融資を行った。このシモレンは開業した乗馬クラブの赤字を秘匿するため、粉飾決算を行っていた。それが後に判明し、同社は足利銀行にそれらの虚偽を謝罪した。その後、足利銀行は他の金融機関にこのシモレンの情報を秘匿して、シモレンの特別融資枠を設定したのであった。その狙いは、当時、足利銀行は、シモレンの粉飾決算の謝罪を受けて、他金融機関にその情報を秘匿したまま、シモレンの手形などを他銀行に引き受けさせ、自行の貸出額だけを減らす動きを画策するためであった。メディアによって当時の監査法人がシモレンの不正を秘匿したまま、足利銀行に「適正意見」を出していた事実が報道され、足利銀行とシモレンとの関係が明るみとなった。

　破たん処理の最中、足利銀行は2005年（平成17年）2月に「貸倒引当金の過小引当てや繰延税金資産の水増しなどの不正会計」、上記の「荒川観光開発とシモレンへの不正融資」、「優先株

---

[106] 足利銀行への損害賠償請求の結審は、以下の足利銀行発表の http://www.ashikagabank.co.jp/news/pdf/abk_q753.pdf （平成29年11月時点）サイトで事実を確認し、事実を確認してから引用した。

の違法配当」によって、銀行に大きな損害を与えたとし預金保険法116条に基づき、宇都宮地方裁判所に歴代頭取3名を含む元役員13人に対し、総額46億円の損害賠償請求の3件を提訴した。

　この判決では、経営責任について「重大な任務懈怠」という文言が明記され、当時の元頭取と役員の9人だけは、個人資産のうち当面の生活資金としての100万円分以外をすべて処分し、賠償に充てることで一部和解が成立した。

　いま一つは、十分な担保無しに、専務のみの決裁で、建設資金を荒川観光開発株式会社に融資した案件であった（融資総額119億円（建設追加融資92億円を含む））[107]。荒川観光開発への追加融資については、賠償請求権を譲受した整理回収機構が関係していた。同機構は足利銀行の追加融資によって損害を与えられたとして、足利銀行に対し損害賠償訴訟を起こした。2010年（平成23年）3月、宇都宮地裁は足利銀行に整理回収機構に対し18億円の支払いを命じた。足利銀行は上訴するも、同年12月二審の東京高裁で棄却され、賠償が確定した。この事案で、当時の頭取の監督責任も問われた。結局、2009年（平成21年）3月、頭取の遺族が責任の一部を認め、7,000万円の賠償金を整理回収機構に支払うことで和解がなされた。

　上記の2つの融資について、旧経営陣に対する刑事事件としての立件も検討された。しかし、事件の証拠が得られず、刑事事件の立件までには至らなかった。足利銀行は、シモレンの粉飾決算を見過ごした当時の中央青山監査法人と担当会計士に、損害賠償請求を提訴し、2007年（平成19年）7月足利銀行側が2億6,500

---

[107] これは、会員権収入によって土地取得費すら賄えなかったゴルフ場「秩父キングダム カントリークラブ」への融資であった。

万円を受け取る和解が成立した[108]。

　以上のように、この足利銀行の破たんの責任追求や損害賠償請求について見たとき、バブル期の経営陣の経営責任、公認会計士の責任が明示されて、損害賠償が支払われた。いままで銀行の破たんと再生処理でよく起きる公的費用負担任せの事態には終わっていない。旧経営陣の責任追及を、民間、公的機関が共に行い、破たんの原因を特定し、損失額が莫大であって少額と思えるかもしれないが、その一部を回収したことがこの破たん例の特筆すべき特徴と言える。

　監査法人が、足利銀行の違法な経営実態に目をつぶって意見を表明した事態で、監査法人そのものが消失する事態が起きたことも特徴と言える[109]。そして、他方、裁判で旧経営陣に損害賠償請求して争うことはできても、経営責任の追及は難しく、金融機関の被った被害金額と比すれば、些少な金額しか戻らなかったことも指摘しておく。

---

[108] 本書の訴訟判決についての記載は、web上で記された足利銀行の破たんまでの社史（https://ja.wikipedia.org/wiki/足利銀行）（平成29年月時点）を参照し、事実確認したものだけを引用した。

[109] この足利銀行の不正が明らかになった後、この不正に関与した監査法人（中央青山）は、日興コーディアルグループやカネボウでも不祥事を引き起こしたことが判明し、結局、この監査法人は2007年（平成19年）に解散した。

第3章　日本の地方銀行の理想型とは何か
―破たん後の再生の姿―

　本書ではここまで金融機関の破たんと再生処理について公的負担や費用の視点で省察した。現在まで、筆者は日本の都市銀行（メガバンク）の統廃合はほぼ終わっていると見ている[1]。この見方に異論のある研究者もいるかもしれない。例えば、日本銀行の金融システムレポート（日本銀行［日本銀行, 2017②］）の研究によれば、世界の金融市場で見たとき、日本の都市銀行は世界の銀行から比べ収益率が低いという指摘もある[2]。この視点から見れば、都市銀行であっても海外金融機関からM&Aという事態も近い将来あるのかもしれない。

　別の視点で見たとき、バブル後の不良債権処理の過程から、現在でも地方銀行Ⅰ、地方銀行Ⅱ、信用金庫、信用組合で統廃合は着実に進んでいる。これらの統廃合を進めるにあたり、金融庁は地方銀行のモデルとなる型を指針として提示した。これが、「リレーションシップ バンキング（relationship banking）」であっ

1　例えば、金融システムレポート（日本銀行［日本銀行, 2017②］）67-68ページでは、金融市場で地域銀行の支店数の数が適正なのかどうかという研究がなされている。都市銀行の数より支店（店舗）の配置についての議論が主流となっている。日本金融学会で、研究者から日本の都市銀行が欧米の金融機関にM&Aされる可能性は少ないとは言わないが、銀行の新規参入には政府の許認可、規制が存在する産業であり、これは新規参入者には難しい条件という指摘があった。

2　（日本銀行［日本銀行, 2017②］）56-60ページ参照。https://www.boj.or.jp/research/brp/fsr/fsr171023.htm/（平成29年3月）では、日本と海外の金融機関の収益率の現況について分析し、特にⅣでは日本の低収益の問題を指摘している。

た[3]。

　この概念は、銀行の本来果たすべき機能について単に述べただけであり、この機能を重視したといっても、本来、銀行にこの機能は必要不可欠な資質と考える。むしろ、これを銘打たなければならないほど、銀行はリレーションシップ バンキングの役割を果たしていないのか。それを確かめるのが本書の目的と言える。

　ここでは銀行がこれまで生き残り戦略として行った施策が、どのように実際の業務に影響していたのかを、統計データを通して、金融庁の理想としている姿とそれがどれほど異なっているのかを明示することにある。そうすることで、現在の日本の地域の金融機関の現実の姿を明らかにできるはずである。まず、はじめに金融機関の業況を述べることにしよう。

　本書では地域金融機関とは地域密着型の金融機関と考えているが、金融機関を種別に4つの銀行にグループ分け（都市銀行、地方銀行Ⅰ、Ⅱ、信用金庫）して、ここでは考察することにした。

　まず、都市銀行、地方銀行Ⅰ、Ⅱ、信用金庫も含めた個人向けローン残高（末残）（Ch_loan_ind）、住宅ローン貸出残高（末残）（Ch_loan_home）、地方自治体向け貸出の残高（末残）（Ch_lend_pub）の前年同月比変化率を採った図3−1を見ると、地方自治体向けは期間全般でおおよそプラスの成長を記録した。

　また、個人向けローン（住宅ローンも内訳に含まれる）も一時マイナスを記録したが、おおよそ全期間で見れば、上昇基調で推

3　金融庁は、（金融庁［金融庁, 2005 ②]）の発表で、はじめて中小・地域金融機関がリレーションシップ バンキングの機能強化を通じ、中小企業の再生と地域経済の活性化を図るという、不良債権問題の解決のアクション プログラムに基づく指針を示した。

図3-1　個人・住宅ローンと地方自体向け貸出の変化の推移

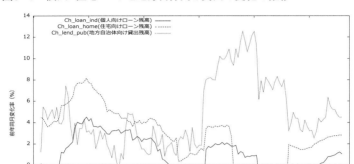

この図 3-1 のこれらの貸出残高（末残）の数値データは、日本銀行の時系列データ検索サイト（日本銀行［日本銀行, 2017 ①］）　http://www.stat-search.boj.or.jp/index.html で入手したものである。

移した。2011 年（平成 23 年）まで金融機関は地方自治体向けの貸出の勢いを増し、2011 年（平成 23 年）を過ぎてから個人向けローンと住宅ローン向け貸出を積極的に行ったことも確認できる。

　本書で図表を書く際、データ入手については、日本銀行の時系列データ検索サイト（日本銀行［日本銀行, 2017 ①］）http://www.stat-search.boj.or.jp/index.html で入手した数値データを用いている。

　まず、個人向けローンについて、銀行グループ毎の、都市銀行、地方銀行Ⅰ、Ⅱ、信用金庫の貸出利子率に対しての感応度（反応度）の違いを検証しよう。

　それぞれの図の縦軸に全銀行の個人向けローンの総残高の対数値、横軸に銀行グループ毎の新規の貸出約定平均利子率の総合値

（貸出利子率総合と記す）とした散布図を示し、その利子で貸出額の対数値を最小二乗法で推計した結果を表にした（都市銀行：図3-2, 表3-1、地方銀行Ⅰ：図3-3, 表3-2、地方銀行Ⅱ：図3-4, 表3-3、信用金庫：図3-5, 表3-4 参照）[4]。

　銀行グループ間での預貸活動の違いに着目したのは、銀行は本来、金融当局からの監督と規制によって縛られているため、銀行グループ毎で経営活動に差が生じにくいという考えがある。また、資金調達の面で見ても、銀行グループ間で調達利子に差異が生じにくいのであれば、例えば、信用金庫グループだけが利子に敏感に反応して与信活動を行うかもしれない。そのような理由から、銀行グループ間で差異が生じるという仮説は現実的であり、それ故、以下のような帰無仮説を設定することにした。

　帰無仮説：銀行グループ毎の預貸活動を含めた行動は銀行間で
　　　　　　差異はない。

　この仮説を検定するため、都市銀行、地方銀行Ⅰ、地方銀行Ⅱ、信用金庫のグループ毎の、預貸活動について、パネルデータを用いた重回帰モデルによって推計し、上記の帰無仮説が統計的に棄却されうるのかを検討した。

　まず、本章の目的を果たす準備段階として、個人向けローンの総額と銀行グループの貸出利子率との関係について以下のような

---

[4] 本書でも用いる利子率は新規の貸出約定平均金利の総合、短期、長期の値を使用している。これは、日本銀行の時系列データ検索サイト（日本銀行［日本銀行, 2017①］）http://www.stat-search.boj.or.jp/index.html で入手したものである。

単回帰式で推計を行った。

$$Y_j = \alpha + \beta_j X_{ij} + u_j$$

　ただし、Y_j は、個人向けローン残高の総額の対数値（l_loan_ind）であり、αは定数項、X_{ij} は利子率で i は銀行グループ毎の番号で i ＝1 が都市銀行、i ＝2 は地方銀行Ⅱ、i ＝3 は地方銀行Ⅱ、i ＝4 は信用金庫とし、j は観測値の番号であり、u_j は j での誤差項 $u_{ij} \sim N(0, \sigma^2)$ である。

　本書の推計に用いたデータは、個人向けローン残高（末残値）の総額、銀行グループ毎の利子率について 2001 年（平成 13 年）4 月から 2013 年（平成 25 年）3 月までの月次データの値を用いている。

　ここでは、まず銀行グループ毎の単回帰の推計結果を以下に記しておく（表 3-1〜表 3-4、図 3-2〜図 3-5 参照)[5]。

都市銀行　：　$Y_j = 13.3 \quad - 0.0535* X_{1j} + e_j$
$\quad\quad\quad\quad\quad\quad (1168***) \quad (-5.681***)$

地方銀行Ⅰ：　$Y_j = 13.4 \quad - 0.0413* X_{2j} + e_j$
$\quad\quad\quad\quad\quad\quad (607.4***) \quad (-3.389***)$

地方銀行Ⅱ：　$Y_j = 13.4 \quad - 0.0649* X_{3j} + e_j$
$\quad\quad\quad\quad\quad\quad (558.6***) \quad (-4.453***)$

信用金庫　：　$Y_j = 13.4 \quad - 0.0464* X_{4j} + e_j$
$\quad\quad\quad\quad\quad\quad (528.8***) \quad (-4.453***)$

推計式の下の（）の値は t 値であり、＊は＊が有意水準 10%　＊＊有意水準 5%、＊＊＊は有意水準 1% である。

156

　この４つの銀行グループの推計結果を見たとき、グループ毎の式を比べたとき、定数項でも、直線の傾きの値においても、それほど大きな差異がなく、一見、帰無仮説を棄却できるように見えない。

　しかし、この個人向けローン残高の総額と各銀行グループの利子率との単回帰による推計式だけでは、銀行グループ毎で違いが生じているのかを結論づけることは各回帰式の調整済み決定係数［Adj R-squared］の低さに加え、異なる単回帰式推計結果を比較

表3-1　最小二乗法（OLS），観測：2001:04-2013:03（観測数　144）

従属変数:Y_j：個人向けローン残高（1_loan_ind）

	係数	Std. Error	t値	p値	
α	13.3461	0.0114253	1168	<0.0001	***
X_{1j}	− 0.0534649	0.00941156	− 5.681	<0.0001	***

Mean dependent var	13.28297	S.D. dependent var	0.034805
Sum squared resid	0.141149	S.E. of regression	0.031528
R-squared	0.185178	Adjusted R-squared	0.179440
F（1, 142）	32.27113	P-value（F）	7.32e-08
Log-likelihood	294.4709	Akaike criterion	− 584.9417
Schwarz criterion	− 579.0021	Hannan-Quinn	− 582.5282
Rho	0.894063	Durbin-Watson	0.198337

表のp値の後の、***……有意水準1%　**……有意水準5%　*……有意水準10%となっている。この推計の数値データは、日本銀行の時系列データ検索サイト（日本銀行［日本銀行, 2017①］）http://www.stat-search.boj.or.jp/index.html（2017年11月時点）より入手した。
表のαは定数項、Std. Errorはこの推計式の分散に対応する各パラメーターの標準偏差、R-squaredは決定係数、Adjusted R-squaredは修正済み決定係数である。F（ ）はF値を示す。S.E. of regressionは推計式の攪乱項の分散の不偏推定量であるs^2の計算値である。加藤（加藤［加藤, 2012］）54-57ページ参照。

5　推計式を書くとき、推計結果の切片の部分は小数点第2位を、傾きの値は小数点第5位を四捨五入している。

する事自体、統計的根拠を欠く。

図3-2　I_loan_ind 対 rate_toshi（最小二乗フィット付）

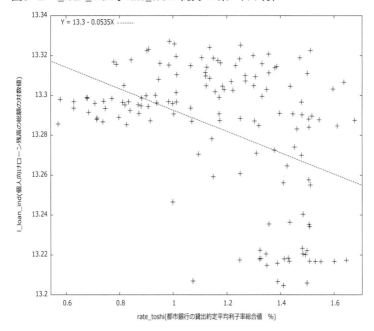

この図 3-2 の数値データは、日本銀行の時系列データ検索サイト（日本銀行［日本銀行, 2017］）http://www.stat-search.boj.or.jp/index.html で入手したものである。この日本銀行の時系列データの源は、全ての都市銀行の時系列データであり、その平均値の 12 ヶ月 × 12 年 = 144 個のデータで推計している。

表3-2　最小二乗法（OLS），観測：2001:04-2013:03（観測数：144）

従属変数:Y_j ：個人向けローン残高（l_loan_ind）

	係数	*Std. Error*	*t*値	*p*値	
α	13.3569	0.0219908	607.4	<0.0001	***
X_{2j}	− 0.0413417	0.0122001	− 3.389	0.0009	***

Mean dependent var	13.28297	S.D. dependent var	0.034805
Sum squared resid	0.160267	S.E. of regression	0.033595
R-squared	0.074815	Adjusted R-squared	0.068299
F（1, 142）	11.48278	P-value（F）	0.000909
Log-likelihood	285.3251	Akaike criterion	− 566.6503
Schwarz criterion	− 560.7107	Hannan-Quinn	− 564.2368
Rho	0.974153	Durbin-Watson	0.028854

表3-3　最小二乗法（OLS），観測：2001:04-2013:03（観測数：144）

従属変数: Y_j ：個人向けローン残高（l_loan_ind）

	係数	*Std. Error*	*t*値	*p*値	
α	13.4200	0.0240258	558.6	<0.0001	***
X_{3j}	− 0.0649	0.0113176	− 5.738	<0.0001	***

Mean dependent var	13.28297	S.D. dependent var	0.034805
Sum squared resid	0.140620	S.E. of regression	0.031469
R-squared	0.188232	Adjusted R-squared	0.182515
F（1, 142）	32.92684	P-value（F）	5.56e-08
Log-likelihood	294.7413	Akaike criterion	− 585.4825
Schwarz criterion	− 579.5429	Hannan-Quinn	− 583.0690
Rho	0.970937	Durbin-Watson	0.042848

これらの表のp値の後の、***……有意水準1%　**……有意水準5%　*……有意水準10%となっている。この推計の数値データは、日本銀行の時系列データ検索サイト（日本銀行［日本銀行, 2017］）http://www.stat-search.boj.or.jp/index.html（2017年11月時点）より入手した。

表のαは定数項、Std. Error はこの推計式の分散に対応する各パラメーターの標準偏差、R-squared は決定係数、Adjusted R-squared は修正済み決定係数である。F（）はF値を示す。S.E. of regression は推計式の攪乱項の分散の不偏推定量であるs^2の計算値である。加藤（加藤［加藤, 2012］）54-57ページ参照。

図3-3　l_loan_ind 対 rate_chigin1（最小二乗フィット付）

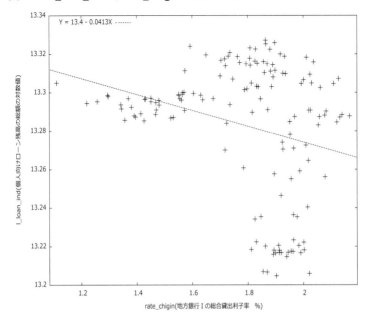

図3-4　l_loan_ind 対 rate_chigin2（最小二乗フィット付）

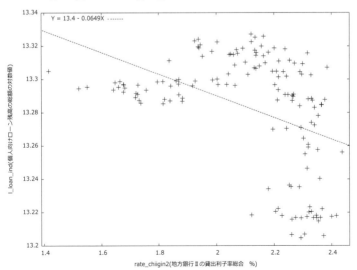

これらの図の数値データは、日本銀行の時系列データ検索サイト（日本銀行［日本銀行, 2017］）http://www.stat-search.boj.or.jp/index.html で入手したものである。この日本銀行の時系列データの源は、全ての地方銀行Ⅱの時系列データであり、その平均値の 12ヶ月 × 12 年 = 144 個のデータで推計している。

表3-4　最小二乗法（OLS），観測：2001:04-2013:03（観測数：144）

従属変数：Y_j ：個人向けローン残高（l_loan_ind）

	係数	*Std. Error*	*t*値	*p*値	
α	13.3951	0.0253330	528.8	<0.0001	***
X_{4j}	− 0.0463932	0.0104193	− 4.453	<0.0001	***

Mean dependent var	13.28297	S.D. dependent var	0.034805
Sum squared resid	0.152005	S.E. of regression	0.032718
R-squared	0.122513	Adjusted R-squared	0.116333
F（1, 142）	19.82570	P-value（F）	0.000017
Log-likelihood	289.1362	Akaike criterion	− 574.2724
Schwarz criterion	− 568.3328	Hannan-Quinn	− 571.8589
Rho	0.939278	Durbin-Watson	0.112507

表の p 値の後の、***……有意水準 1%　**……有意水準 5%　*……有意水準 10% となっている。この推計の数値データは、日本銀行の時系列データ検索サイト（日本銀行［日本銀行, 2017 ①]）　http://www.stat-search.boj.or.jp/index.html（2017 年 11 月時点）より入手した。

表のαは定数項、Std. Error はこの推計式の分散に対応する各パラメーターの標準偏差、R-squared は決定係数、Adjusted R-squared は修正済み決定係数である。F（）は F 値を示す。S.E. of regression は推計式の攪乱項の分散の不偏推定量である s^2 の計算値である。加藤（加藤［加藤, 2012]）54-57 ページ参照。

図3-5　l_loan_ind 対 rate_shinkin（最小二乗フィット付）

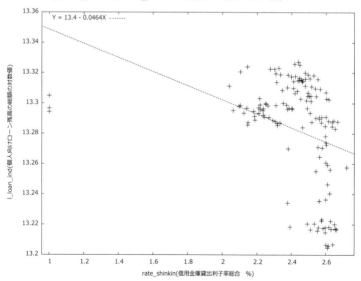

この図 3-5 の数値データは、日本銀行の時系列データ検索サイト（日本銀行［日本銀行, 2017］）http://www.stat-search.boj.or.jp/index.html で入手したものである。この日本銀行の時系列データの源は、全ての信用金庫の時系列データであり、その平均値の 12 ヶ月 × 12 年 = 144 個のデータで推計している。

　さきほどの単回帰推計は、あくまで各銀行グループの傾向だけを見るために行ったものである。本書で着目しているのは、銀行グループ間の違いを把握することである。そこで以下のようなパネルデータを用いた重回帰モデルを推計した。

$$Y_j = \alpha + \beta X_{ij} + \gamma_1 D_1 + \gamma_2 D_2 + \gamma_3 D_3 + \delta_1 D_1 {}^* X_{ij}$$
$$+ \delta_2 D_2 {}^* X_{ij} + \delta_3 D_3 {}^* X_{ij} + u_j$$

ただし、α：定数項、Y_j: 個人向けローン残高の対数値、
X_{ij}: 銀行グループ i の貸出約定平均利子率（i = 1：都市銀行グループ、i = 2：地方銀行 II、i = 3：地方銀行 II、i = 4：信用金庫。）、j は観測値の番号であり、
D_1、D_2、D_3：銀行グループを識別するためのダミー変数、〔都市銀行：(0, 0, 0)、地方銀行 I：(1, 0, 0)、地方銀行 II：(0, 1, 0)、信用金庫：(0, 0, 1)〕
誤差項は u_j: $u_j \sim N(0, \sigma^2)$ である。

　このダミー変数の定義から自明の通り δ_1 は $D_1 {}^* X_{2j}$ の係数であるから、都市銀行グループと地方銀行 I グループとの平均利子の差を表す。δ_2、δ_3 も同様にそれぞれ、地方銀行 II グループ、信用金庫グループの利子率と都市銀行グループのそれとの差を表している。

　この重回帰モデルは、理論的には銀行グループ毎で推計した定数項と都市銀行グループとの平均利子の差が明示される形になっている。それ故、銀行グループ毎に預貸活動に違いがないという前の帰無仮説を以下のように 2 つに分けて設定することにした。

　帰無仮説 1　銀行グループ間で定数項に違いは無い。
　帰無仮説 2　銀行グループ間で利子率に違いが無い。

上記の重回帰モデルの推計結果は下記の通りである（表3-5参照）。

$$Y_j = 13.3461 - 0.0534649*X_{ij} + 0.0107470*D_1$$
$$\qquad (1154***) \qquad (-5.610***) \qquad\qquad (0.4499)$$

$$+ 0.0738760*D_2 + 0.148113D_3 + 0.0121232D_1*X_{2j}$$
$$(2.738***) \qquad (3.969***) \qquad\qquad (0.8078)$$

$$- 0.0114777\,D_2*X_{3j} - 0.0333148\,D_3*X_{4j} + e_j$$
$$(-0.7692) \qquad\qquad (-1.917*)$$

表3-5 パネルデータによる重回帰モデル推計結果：最小二乗法（OLS），観測数：576

従属変数: Y_j ：（個人向けローン残高対数値:l_loan_ind）

	係数	*Std. Error*	t値	p値	
α	13.3461	0.0115692	1154.	<0.0001	***
X_{ij}	−0.0534649	0.00953010	−5.610	<0.0001	***
D_1	0.0107470	0.0238862	0.4499	0.6529	
D_2	0.0738760	0.0269805	2.738	0.0064	***
D_3	0.148113	0.0373146	3.969	<0.0001	***
D_1*X_{2j}	0.0121232	0.0150078	0.8078	0.4195	
D_2*X_{3j}	−0.0114777	0.0149215	−0.7692	0.4421	
$D3*X_{4j}$	−0.0333148	0.0173767	−1.917	0.0557	*

Mean dependent var	13.28297	S.D. dependent var	0.034714
Sum squared resid	0.578909	S.E. of regression	0.031925
R-squared	0.164523	Adjusted R-squared	0.154226
F（7, 568）	15.97870	P-value（F）	3.22e-19
Log-likelihood	1170.674	Akaike criterion	−2325.348
Schwarz criterion	−2290.499	Hannan-Quinn	−2311.757

表のp値の後の、***……有意水準1%　**……有意水準5%　*……有意水準10%となっている。この推計の数値データは、日本銀行の時系列データ検索サイト（日本銀行［日本銀行, 2017 ①]）http://www.stat-search.boj.or.jp/index.html（2017年11月時点）より入手した。
表のα.は定数項、Std. Errorはこの推計式の分散に対応する各パラメーターの標準偏差、R-squaredは決定係数、Adjusted R-squaredは修正済み決定係数である。F（）はF値を示す。S.E. of regressionは推計式の攪乱項の分散の不偏推定量であるs^2の計算値である。加藤（加藤［加藤, 2012]）54-57ページ参照。

　上記の推計結果が示すとおり、統計的に有意な係数はβ、γ_2、γ_3、δ_3 である。この結果から下記を推論できる。

1.　　地方銀行Ⅰ：γ_1もδ_1も有意ではないので、帰無仮説1、2とも棄却できない。すなわち、定数項および直線の傾き共に基準とした都市銀行グループとの間に差が認められない。

2.　　地方銀行Ⅱ：γ_2が高度に有意であるから、すなわち、帰無仮説1は棄却できる。一方δ_2は有意ではないので、帰無仮説2は棄却できない。基準となる都市銀行のグループと比べ、貸出残が0.0738（対数値）多い。直線の傾きである利子への反応度で差があるとは言えない。

3.　　信用金庫：γ_3、δ_3とも有意であるので、帰無仮説1，2共に棄却できる。すなわち、基準となる都市銀行グループと比べて、貸出残が0.148（対数値）で上回り、傾きは都市銀行との差は、0.033（対数値）小さい。

　つぎに、個人向けローンの内訳の一つである住宅ローンの貸出残高（末残）の対数値と銀行グループ毎の利子率（貸出約定平均利子率の総合値）との関係を検証しよう[6]。

6　住宅利子率に何を採用するかという問題、また住宅金融公庫の提示する利子率を想定した場合、どの金融機関でも同じ水準であり、推計の意味を考慮し、貸出利子率も総合の水準を用いることにした。本来、筆者は銀行が提示する利子率は自行の経営状態、資金調達の仕方や預金量などで違いが生じると考えているからである。

その仮説を検証する前の準備段階として、ここでも以下のような単回帰推計で銀行グループ間のおおよその特徴を探ることにした。

$$Y_j = \alpha + \beta_i X_{ij} + u_{ij}$$

ただし、このたびの Y_j は、住宅ローン向け貸出金残高（末残）の総額の対数値（l_loan_home）であり、αは定数項、X_{ij} は貸出約定平均利子率（総合値）で i は銀行グループ毎の番号で i = 1 が都市銀行、i = 2 は地方銀行 I、i = 3 は地方銀行 II、i = 4 は信用金庫とし、j は観測値の番号、u_j は j での誤差項 $u_j \sim N(0, \sigma^2)$ である。

この推計結果は以下の通りである（表3-6から表3-9、図3-6から図3-9参照）[7]。

都市銀行　：　$Y_j = 14.0 \quad - 0.194{*}X_{1j} + e_j$
　　　　　　　　　(486.4***)　(-8.174***)

地方銀行 I ：　$Y_j = 14.1 \quad - 0.186{*} X_{2j} + e_j$
　　　　　　　　　(249.8***)　(-5.928***)

地方銀行 II ：　$Y_j = 14.3 \quad - 0.254{*} X_{3j} + e_j$
　　　　　　　　　(246.3***)　(-9.253***)

信用金庫　：　$Y_j = 14.2 \quad - 0.174{*} X_{4j} + e_j$
　　　　　　　　　(216.4***)　(-6.457***)

推計式の下の（）の値はt値であり、*は*が有意水準10%　**有意水準5%、***は有意水準1%である。

7　推計式は、切片を小数点第2位、傾きの値は小数点第4位で四捨五入して記している。

図3-6　l_loan_home 対 rate_toshi（最小二乗フィット付）

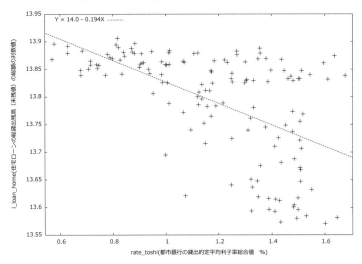

図3-7　l_loan_home 対 rate_chigin1（最小二乗フィット付）

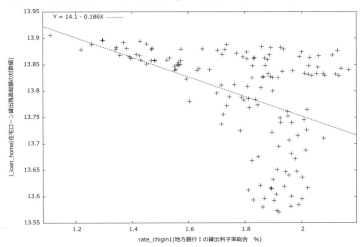

これらの図の住宅ローン貸出残高（末残）総額の対数値数値データと各銀行グループの貸出約定平均利子率総合値は、日本銀行の時系列データ検索サイト（日本銀行［日本銀行, 2017 ①］）　http://www.stat-search.boj.or.jp/index.html　で入手したものである。

表3-6 最小二乗法（OLS），観測：2001:04-2013:03（観測数：144）

従属変数:Y_j：住宅ローン向け貸出金残高（l_loan_home）

	係数	*Std. Error*	*t*値	*p*値	
α	14.0211	0.0288269	486.4	<0.0001	***
X_{1j}	-0.194104	0.0237461	-8.174	<0.0001	***

Mean dependent var	13.79177	S.D. dependent var	0.096126
Sum squared resid	0.898542	S.E. of regression	0.079547
R-squared	0.319978	Adjusted R-squared	0.315189
F（1, 142）	66.81682	P-value（F）	1.50e-13
Log-likelihood	161.2021	Akaike criterion	-318.4042
Schwarz criterion	-312.4646	Hannan-Quinn	-315.9907
Rho	0.818852	Durbin-Watson	0.341957

表3-7 最小二乗法（OLS），観測：2001:04-2013:03（観測数：144）

従属変数Y_j：住宅ローン向け貸出金残高（l_loan_home）

	係数	*Std. Error*	*t*値	*p*値	
α	14.1242	0.0565334	249.8	<0.0001	***
X_{2j}	-0.18593	0.0313639	-5.928	<0.0001	***

Mean dependent var	13.79177	S.D. dependent var	0.096126
Sum squared resid	1.059190	S.E. of regression	0.086366
R-squared	0.198399	Adjusted R-squared	0.192754
F（1, 142）	35.14540	P-value（F）	2.22e-08
Log-likelihood	149.3591	Akaike criterion	-294.7181
Schwarz criterion	-288.7785	Hannan-Quinn	-292.3046
Rho	0.957619	Durbin-Watson	0.048389

これらの表のp値の後の、***……有意水準1% **……有意水準5% *……有意水準10%となっている。この推計の住宅ローン貸出残高（末残）総額の対数値数値データと各銀行グループの貸出約定平均利子率総合値のデータは、日本銀行の時系列データ検索サイト（日本銀行［日本銀行, 2017 ①]） http://www.stat-search.boj.or.jp/index.html（2017 年 11 月時点）より入手した。

表の Const. は定数項、Std. Error はこの推計式の分散に対応する各パラメーターの標準偏差、R-squared は決定係数、Adjusted R-squared は修正済み決定係数である。F（ ）は F 値を示す。S.E. of regression は推計式の攪乱項の分散の不偏推定量である s^2 の計算値である。加藤（加藤［加藤, 2012]）54-57 ページ参照。

図3-8　l_loan_home 対 rate_chigin2（最小二乗フィット付）

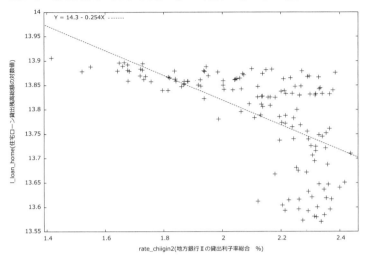

図3-9　l_loan_home 対 rate_shinkin（最小二乗フィット付）

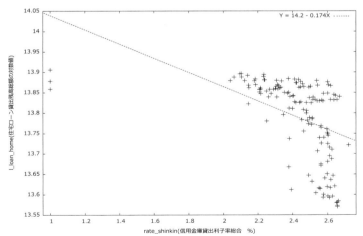

これらの図の住宅ローン貸出残高（末残）総額の対数値数値データと各銀行グループの貸出約定平均利子率総合値は、日本銀行の時系列データ検索サイト（日本銀行［日本銀行, 2017 ①］）　http://www.stat-search.boj.or.jp/index.html で入手したものである。

_168_

表3-8 最小二乗法（OLS），観測：2001:04-2013:03（観測数：144）

従属変数: Y_j：住宅ローン向け貸出金残高（l_loan_home）

	係数	*Std. Error*	*t*値	*p*値	
α	14.3268	0.0581705	246.3	<0.0001	***
X_{3j}	−0.253549	0.0274018	−9.253	<0.0001	***

Mean dependent var	13.79177	S.D. dependent var	0.096126
Sum squared resid	0.824323	S.E. of regression	0.076191
R-squared	0.376148	Adjusted R-squared	0.371754
F（1, 142）	85.61799	P-value（F）	3.04e-16
Log-likelihood	167.4093	Akaike criterion	−330.8186
Schwarz criterion	−324.8790	Hannan-Quinn	−328.4051
Rho	0.932453	Durbin-Watson	0.106694

表3-9 最小二乗法（OLS），観測：2001:04-2013:03（観測数：144）

従属変数: Y_j：住宅ローン向け貸出金残高（l_loan_home）

	係数	*Std. Error*	*t*値	*p*値	
Const.	14.2133	0.0656700	216.4	<0.0001	***
X_{4j}	−0.174397	0.0270097	−6.457	<0.0001	***

Mean dependent var	13.79177	S.D. dependent var	0.096126
Sum squared resid	1.021449	S.E. of regression	0.084813
R-squared	0.226961	Adjusted R-squared	0.221517
F（1, 142）	41.69069	P-value（F）	1.58e-09
Log-likelihood	151.9714	Akaike criterion	−299.9428
Schwarz criterion	−294.0032	Hannan-Quinn	−297.5293
Rho	0.870635	Durbin-Watson	0.240089

これらの表のp値の後の、***……有意水準1% **……有意水準5% *……有意水準10%となっている。この推計の住宅ローン貸出残高（末残）総額の対数値数値データと各銀行グループの貸出約定平均利子率総合値のデータは、日本銀行の時系列データ検索サイト（日本銀行［日本銀行, 2017 ①］）http://www.stat-search.boj.or.jp/index.html（2017年11月時点）より入手した。

表のConst. は定数項、Std. Error はこの推計式の分散に対応する各パラメーターの標準偏差、R-squared は決定係数、Adjusted R-squared は修正済み決定係数である。F（ ）はF値を示す。S.E. of regression は推計式の攪乱項の分散の不偏推定量である s^2 の計算値である。加藤（加藤［加藤, 2012］）54-57 ページ参照。

　上記の銀行グループ毎の単回帰式を見たとき、定数項と傾きの数値を見ても、定数項にはほとんど差がなく、傾きの数値には少し違いがあるようにも見える。しかし、統計学から考えて、銀行グループ間で差が生じているのかを検討することは不可能である。

　ここでも、銀行グループ毎で違いが生じたのかを見るため、パネルデータを用いて下記の重回帰モデルを推計した。

$$Y_j = \alpha + \beta X_{ij} + \gamma_1 D_1 + \gamma_2 D_2 + \gamma_3 D_3 + \delta_1 D_1 * X_{ij}$$
$$+ \delta_2 D_2 * X_{ij} + \delta_3 D_3 * X_{ij} + u_j$$

ただし、α：定数項、Y_j：住宅ローン残高の対数値、
X_{ij}：銀行グループ i の貸出約定平均利子率（i＝1：都市銀行グループ、i＝2：地方銀行Ⅰ、i＝3：地方銀行Ⅱ、i＝4：信用金庫。）、j は観測値の番号であり、D_1、D_2、D_3：銀行グループを識別するためのダミー変数、〔都市銀行：(0, 0, 0)、地方銀行Ⅰ：(1, 0, 0)、地方銀行Ⅱ：(0, 1, 0)、信用金庫：(0, 0, 1)〕、u_j：j での誤差項〜N $(0, \sigma^2)$ である。

　このダミー変数の定義から自明の通りδ_1は $D_1 * X_{2j}$ の係数であるから、これは基準とした都市銀行グループと地方銀行Ⅰグループとの平均利子の差を表す。δ_2、δ_3 は同様にそれぞれ、地方銀行Ⅱグループ、信用金庫グループの利子率と基準とした都市銀行グループのそれとの差を表している。

　住宅ローンでは、銀行毎に貸出の量（定数項）で注力に差が生じる場合もあり、また、銀行間でのローン金利（利子率）の競争が激しいことも予想でき、銀行グループ毎に定数項と利子の差の違いがあるはずである。これらを検証するために下記の帰無仮説を設定した。

帰無仮説 1　銀行グループ間で定数項に違いが無い。

帰無仮説 2　銀行グループ間で利子率に違いが無い。

重回帰モデルの推計結果は以下の通りである（表 3-10 参照）。

$$Y_j = 14.0211 - 0.194104*X_{ij} + 0.103103D_1$$
$$(483.5***) \quad (-8.126***) \quad\quad (1.722*)$$

$$+ 0.305716D_2 + 0.527788D_3 + 0.00816781D_1*X_{2j}$$
$$(4.521***) \quad\quad (5.643***) \quad\quad (0.2171)$$

$$- 0.059445D_2*X_{3j} - 0.116868D_3*X_{4j} + e_j$$
$$(-1.590) \quad\quad\quad (-2.683***)$$

推計式の下の（）の値は t 値であり、* は * が有意水準 10%　** 有意水準 5%、*** は有意水準 1% である。

表3-10　パネルデータによる重回帰モデル推計結果
最小二乗法（OLS），観測数：576

従属変数 Y_j：住宅ローン残高対数値

	係数	*Std. Error*	*t*値	*p*値	
α	14.0211	0.0289964	483.5	<0.0001	***
X_{ij}	−0.194104	0.0238857	−8.126	<0.0001	***
D_1	0.103103	0.0598669	1.722	0.0856	*
D_2	0.305716	0.0676223	4.521	<0.0001	***
D_3	0.527788	0.0935231	5.643	<0.0001	***
D_1*X_{2j}	0.00816781	0.0376147	0.2171	0.8282	
D_2*X_{3j}	−0.0594450	0.0373985	−1.590	0.1125	
D_3*X_{4j}	−0.116868	0.0435519	−2.683	0.0075	***

Mean dependent var	13.79177	S.D. dependent var	0.095875
Sum squared resid	3.636563	S.E. of regression	0.080015
R-squared	0.311957	Adjusted R-squared	0.303478
F（7, 568）	36.78997	P-value（F）	1.76e-42
Log-likelihood	641.4312	Akaike criterion	−1266.862
Schwarz criterion	−1232.013	Hannan-Quinn	−1253.272

表の p 値の後の、***……有意水準 1％　**……有意水準 5％　*……有意水準 10％となっている。この推計の住宅ローン貸出残高（末残）総額の対数値数値データと各銀行グループの貸出約定平均利子率総合値のデータは、日本銀行の時系列データ検索サイト（日本銀行［日本銀行, 2017 ①］）http://www.stat-search.boj.or.jp/index.html（2017 年11 月時点）より入手した。
表のαは定数項、Std. Error はこの推計式の分散に対応する各パラメーターの標準偏差、R-squared は決定係数、Adjusted R-squared は修正済み決定係数である。F（）は F 値を示す。S.E. of regression は推計式の攪乱項の分散の不偏推定量である s^2 の計算値である。加藤（加藤［加藤, 2012］）54-57 ページ参照。

　上記の推計結果からも分かるように、統計的に有意な係数は β、γ_1、γ_2、γ_3、δ_3 である。この結果から下記を推論できる。

1. 地方銀行Ⅰ　：γ_1 は有意であるから、帰無仮説 1 は棄却できる。基準とした都市銀行グループと比べて定数項の係数である貸出残が 0.103（対数値）大きい。一方δ_1 は有意で無い

ので、帰無仮説 2 は棄却できない。すなわち、直線の傾きは
都市銀行のそれとの間に差を確認できない。

2.　地方銀行 II　：γ_2 は有意であるから、帰無仮説 1 は棄却で
きる。基準とした都市銀行グループと比べ、定数項の係数で
ある貸出残が 0.305（対数値）大きい。一方 δ_2 は有意で無い
ので、帰無仮説 2 は棄却できず、地方銀行 II の傾きでは統計
的に都市銀行との間に差は認められなかった。

3.　信用金庫　：γ_3、δ_3 ともに有意であるので、帰無仮説 1，2
共に棄却できる。すなわち、基準とした都市銀行グループと
比べて、貸出残が 0.5277（対数値）で上回り、信用金庫の傾
きは基準となる都市銀行グループと比べ 0.1168（対数値）低
下するという統計的に優位な結果を得た。

3-1　日本の銀行グループの収益構造について
　　　―貸出利子率別貸出額の推移―

　地域銀行の収益構造を見ると言っても、それは、結局、日本の
銀行業の費用と収益を見ることに尽きる。バブル崩壊後で、全国
銀行の経費を見たとき、人件費と物件費の経費は 1997 年（平成
9 年）を境にして、低下して推移しているからである[8]。

　信用金庫グループでも確認できるが、実は貸出について見れ
ば、製造業向けは振るわず、サービス業向けが主役になっている
事実がある。例えば、介護、医療ビジネスと不動産向け貸出だけ
が急増して、他産業においての貸出は減退している[9]。

---

[8]　（天尾［天尾, 2004］）　84-87 ページで、経費のうちの人件費が 1997 年度
（平成 9 年度）と物件費の変化が 1998 年度（平成 10 年度）より低下局面に入
ったことを述べ、本書ではそれを引用した。

　地域金融機関の貸出は運転資金と新設も含めた更新の設備投資資金の二つに大別できる。そして、金融機関を使った貸出目的は圧倒的に日々の運転資金中心である。2021年（令和3年）の現在までデフレ脱却を旗印に日銀は超金融緩和を令和を越えても続けている[10]。銀行は、与信先の貸出利子率を相対取引で決めて、与信先それぞれの貸出残高を定めている。もちろん、金融機関が貸し出す際に、企業毎に各県の信用保証協会から政府保証できる金額を十分考慮しているのは間違いない。

　本書で、貸出利子率別の貸出残高の値を用い、日本の金融機関がここ数年に渡り利子率別で見た貸出残高をどのように変化させたのか、銀行の収益部分を利子貸出と考え、その特徴を明白にすることを目指した。利子率別貸出を探ることは、都市銀行グループや大手地銀が収益の柱としたノンバンク向け貸出の動向を見ることにもつながり、本書執筆の目的と合致する。そして、ここでも重回帰モデルによる推計を行って、全貸出の中で、利子毎の貸出総額の動きのそれぞれの特徴を明示した。

　まず、その検討をする準備段階として、グラフで利子区分での貸出残高の動きを見ておく。まず、1996年（平成8年）〜2016年（平成28年）までの特徴について、以下の図3-10と図3-11で見ておこう。

　まず、この図3-10の中で銀行全体の収益と関連している貸出

9　（天尾［天尾, 2017]）173-175ページを引用した。信用金庫の貸出動向については、サービス産業が2014〜2016年にかけて、不動産業向けは2004〜2016年まで増大し続けている。
10　（白川［白川, 2008]）17-35ページで、金融政策とその目標について述べており、本書で日本銀行、金融当局が行う政策については、本書の箇所を念頭において記述している。

図3-10　利子率別貸出残高の推移

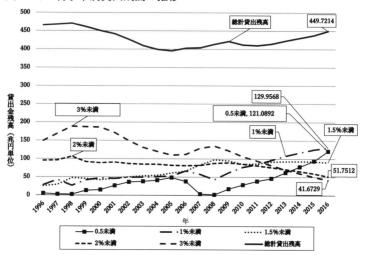

この図は日本銀行の時系列データ検索サイト（日本銀行［日本銀行, 2017］）http://www.
stat-search.boj.or.jp/index.html より数値データを入手し作成した。

残高総額は安定して推移している。すなわち貸出要因は銀行の収
益にどのように寄与しているのか分からないのである。そこで、
貸出利子率別の残高の動きを見て、どの利子率貸出が一番貸出額
を増やすことになったのかを見ることにした訳である。まず図3
-10からも分かるように、3％未満（2％以上3％未満まで）、2％
未満（1.5％以上2％未満まで）の貸出は、1996年（平成8年）か
ら長期減少の傾向であった。しかし、0.5％未満（0.5％未満）と
1.5％未満（0.5％以上1.5％未満）の貸出残高（月末残高）は
2008年（平成20年）を境にして増大に転じている事が分かる[11]。

---

[11]　本書の図 3-10〜図 3-12 および表 3-10〜表 3-14 で記したものは、（日本銀行
　　［日本銀行, 2017 ①]）のデータ検索サイトから入手した数値データから描き、
　　推計を行った。

図3-11　3%以上の利子率別貸出残高の推移

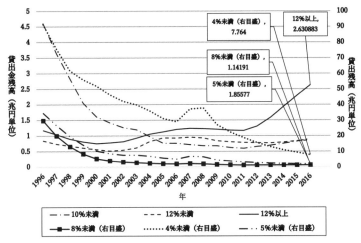

この図は日本銀行の時系列データ検索サイト（日本銀行［日本銀行, 2017］）http://www.stat-search.boj.or.jp/index.html より数値データを入手し作成した。

　その他の利子率で、3%以上の利子率以上の区分分けした利子毎の貸出残高（月末残値）の動向について見たのが、図3-11である。

　図3-11の貸出残高を見たとき、1996年（平成8年）から4%未満の貸出末残高（図の右目盛）は時間を通して急減している。その反面10%を超えての貸出は急減したが、2011年（平成23年）を境に緩やかな増加に転じて、12%以上の貸出は急増を続けている。これは金融機関の貸出行動で見たとき、2008年（平成20年）を超えて高利子率の貸出を増やした姿に転じたようにも見える。

　これらの図を観察しただけで、利子毎の貸出残高の詳細な動きを捉えることは難しい。まず、分析の出発点として、区分した利子率毎の貸出残高の対数値を独立変数とし、総貸出残高の対数値

（利子率毎の貸出残高をすべて総計したものと定義したもの）従属変数とし、以下のような重回帰モデルを推計した。

$$Y_j = \alpha + \beta_i X_{ij} + u_j$$

ただし、Y_j は総貸出残高であり、X_{ij} の i は利子区分 i 毎の貸出残高を示し、〔i＝1：0.5％未満の貸出残高、i＝2：0.5〜1％未満、i＝3：1〜1.5％未満、i＝4：1.5〜2％未満、i＝5：2〜3％未満、i＝6：3〜4％未満、i＝7：4〜5％未満、i＝8：5〜8％未満、i＝9：8〜10％未満、i＝10：10〜12％未満、i＝11：12％以上とし、j は観測値の番号であり、u_j：誤差項 $u_j \sim N(0, \sigma^2)$ である。

この重回帰モデルの推計結果は以下の通りである（表3-11参照）。

$$Y_j = \underset{(53.76^{***})}{17.4548} - \underset{(-11.20^{*})}{0.0194636^* X_{1j}} - \underset{(-2.557^{**})}{0.0105222^* X_{2j}}$$

$$- \underset{(-1.384)}{0.0124947^* X_{3j}} - \underset{(-3.251^{***})}{0.0240077^* X_{4j}} + \underset{(2.879^{***})}{0.0350824^* X_{5j}}$$

$$- \underset{(-6.721^{***})}{0.0934878^* X_{6j}} - \underset{(-7.027^{***})}{0.0959282^* X_{7j}} + \underset{(8.264^{***})}{0.139157^* X_{8j}}$$

$$- \underset{(-0.5826)}{0.0141379^* X_{9j}} - \underset{(-5.793^{***})}{0.0992826^* X_{10j}}$$

$$+ \underset{(0.2173)}{0.00327563^* X_{11j}} + e_j$$

推計式の下の（）の値はt値であり、*は*が有意水準10％　**有意水準5％、***は有意水準1％である。

表3-11　利子別貸出の貸出総額への推計結果
　　　　観測数：175（推計期間：1994年2月〜2017年8月）観測数：283

従属変数：Y_j　（l_Aggre_lend）

	係数（β_i）	*Std. Error*	*t*値	*p*値	
α	17.4548	0.324704	53.76	<0.0001	***
X_{1j}	− 0.0194636	0.00173742	− 11.20	<0.0001	***
X_{2j}	− 0.0105222	0.00411501	− 2.557	0.0111	**
X_{3j}	− 0.0124947	0.00902881	− 1.384	0.1675	
X_{4j}	− 0.0240077	0.00738510	− 3.251	0.0013	***
X_{5j}	0.0350824	0.0121876	2.879	0.0043	***
X_{6j}	− 0.0934878	0.0139106	− 6.721	<0.0001	***
X_{7j}	− 0.0959282	0.0136523	− 7.027	<0.0001	***
X_{8j}	0.139157	0.0168382	8.264	<0.0001	***
X_{9j}	− 0.0141379	0.0242654	− 0.5826	0.5606	
X_{10j}	− 0.0992826	0.0171384	− 5.793	<0.0001	***
X_{11j}	0.00327563	0.0150736	0.2173	0.8281	

Mean dependent var	15.27744	S.D. dependent var	0.056610
Sum squared resid	0.060082	S.E. of regression	0.014890
R-squared	0.933517	Adjusted R-squared	0.930818
F（11, 271）	345.9276	P-value（F）	1.8e-152
Log-likelihood	795.1765	Akaike criterion	− 1566.353
Schwarz criterion	− 1522.608	Hannan-Quinn	− 1548.813
Rho	0.771576	Durbin-Watson	0.458019

表のp値の後の、***……有意水準1%　**……有意水準5%　*……有意水準10%となっている。
この推計の数値データは、日本銀行の時系列データ検索サイト（日本銀行［日本銀行, 2017］）http://www.stat-search.boj.or.jp/index.html（2017年11月時点）より入手した。
表のαは定数項、Std. Error はこの推計式の分散に対応する各パラメーターの標準偏差、R-squared は決定係数、Adjusted R-squared は修正済み決定係数である。F（ ）はF値を示す。S.E. of regression は推計式の攪乱項の分散の不偏推定量であるs^2の計算値である。加藤（加藤［加藤, 2012］）54 − 57ページ参照。

この推計結果が示すように、統計的に有意なβ_iは、β_1（0.5%未満）、β_2（0.5以上〜1%未満）、β_4（1.5以上〜2%未満）、β_5（2以上〜3%未満）、β_6（3以上〜4%未満）、β_7（4以上〜5%未満）、β_8（5以上〜8%未満）であったが、他のβ_3（1以上〜1.5%未満）、β_9（8以上〜10%未満）とβ_{11}（12%以上）は統計上有意ではなかった。

この分析手法では、利子率毎の貸出残高を相当数の区分に分けて扱ったため分かりにくい推計結果であった。したがって、利子区分をまとめて区分数を減らし、貸出残高が総残高にどのように影響したのかを検証した。ここでは、上記で扱った利子率を低位、中位、高位の3つの利子区分にまとめ、重回帰モデルによって推計を試みた。

まず、利子区分の貸出総額の動きと総貸出の要素でもある利子区分毎の貸出の動きはおそらく似たような動きをするはずである。他方、現実では、銀行が一時期消費者金融絡みの高金利の貸出の急増を進めたこともあって、ある利子率区分の貸出だけが大きくなるという事態も想定される。これらを検証するために以下のような帰無仮説を設定した。

帰無仮説3　利子区分毎の貸出残高で総貸出の定数項に違いがない。

帰無仮説4　利子区分毎の貸出残高と総貸出の変化に違いがない。

ここで、パネルデータを用いて下記の重回帰モデルを推計することにした。

$$Y_j = \alpha + \beta X_{ij} + \gamma_1 D_1 + \gamma_2 D_2 + \delta_1 D_1 * X_{ij} + \delta_2 D_2 * X_{ij} + u_j$$

ただし、α：定数項、Y_j：`総貸出残高の対数値、
X_{ij}：銀行グループiの貸出約定平均利子率〔i＝1：低位（利子が3％未満）、i＝2：中位（利子が3％以上10％未満）、i＝3：高位（10％以上）〕、jは観測値の番号であり、
D_1、D_2：利子の区分を識別するためのダミー変数、〔低位：(0, 0)、中位：(1, 0)、高位：(0, 1)〕、u_j：jでの誤差項 $u_j \sim N(0, \sigma^2)$ である。

　このダミー変数の定義から自明の通りδ_1は $D_1 * X_2$ の係数であるから、基準とした低位利子の貸出と中位利子の貸出の変化（傾き）との差を表す。δ_2は同様にそれぞれ、高位の利子率と基準とした低位利子の貸出の変化（傾き）との差を表す。

　その推計結果が以下の通りであり、これによって各利子区分の貸出と総貸出との関係が明示されることになった（表3-12参照）。

$$Y_j = 15.6758 - 0.0265499 X_{ij} - 0.720586 D_1 - 1.38273 D_2$$
$$(184.8{***}) \quad (-4.699{***}) \quad\quad (-7.652{***}) \quad\quad (-12.19{***})$$

$$+ 0.0513301 D_1 * X_{2j} + 0.120354\ D_2 * X_{3j} + e_j$$
$$(7.943{***}) \quad\quad\quad (13.18{***})$$

推計式の下の（）の値はt値であり、* は * が有意水準10％　** は有意水準5％、*** は有意水準1％である。

表3−12　利子区分貸出ダミー変数重回帰モデルによる推計，観測数：849

従属変数：Y_j

	係数	*Std. Error*	t値	p値	
α	15.6758	0.0848258	184.8	<0.0001	***
X_{ij}	−0.0265499	0.00564973	−4.699	<0.0001	***
D_1	−0.720586	0.0941737	−7.652	<0.0001	***
D_2	−1.38273	0.113448	−12.19	<0.0001	***
$D_1{*}X_{2j}$	0.0513301	0.00646260	7.943	<0.0001	***
$D_2{*}X_{1j}$	0.120354	0.00913109	13.18	<0.0001	***

Mean dependent var	15.27744	S.D. dependent var	0.056543
Sum squared resid	2.080631	S.E. of regression	0.049680
R-squared	0.232557	Adjusted R-squared	0.228005
F（5, 843)	51.09068	P-value（F）	2.61e-46
Log-likelihood	1347.155	Akaike criterion	−2682.311
Schwarz criterion	−2653.846	Hannan-Quinn	−2671.407

表の p 値の後の、***……有意水準 1%　**……有意水準 5%　*……有意水準 10%となっている。この推計の数値データは、日本銀行の時系列データ検索サイト（日本銀行［日本銀行, 2017］）http://www.stat-search.boj.or.jp/index.html（2017 年 11 月時点）より入手した。
表のαは定数項、Std. Error はこの推計式の分散に対応する各パラメーターの標準偏差、R-squared は決定係数、Adjusted R-squared は修正済み決定係数である。F（）は F 値を示す。S.E. of regression は推計式の攪乱項の分散の不偏推定量であるs^2の計算値である。加藤（加藤［加藤, 2012］）54-57 ページ参照。

　この推計結果が示すように、統計的に有意な係数はβ、γ_1、γ_2、δ_1、δ_2である。この結果から下記を推論できる。

1.　中位の利子貸出　：γ_1、δ_1がともに有意であるので、帰無仮説 3、4 は棄却できる。基準とした低位の利子貸出と比べて、貸出残は 0.720（対数値）小さく、直線の傾きでは、基準とした低位貸出の傾きと比べて 0.05（対数値）大きい。

2.　高位の利子貸出　：γ_2、δ_2がともに有意であるので、帰無仮説 3、4 は棄却できる。基準とした低位の利子貸出と比べ

て、貸出残は 0.051（対数値）大きく、基準とした低位貸出
の傾きと比べて、それは 0.12（対数値）だけ大きい。

　高、中、低位の利子率毎の貸出と貸出総額との関係は、上記の
利子区分ダミーを使った重回帰分析で概ね分かったので、つぎ
は、低位利子、中位利子、高位利子率の区分内の利子率毎の貸出
残高で、それぞれの利子毎の貸出がどのように変化したのかを検
討しよう。

　まず、低位の貸出総額について、低位の利子区分の貸出がどの
ように変化したのかを、以下のようなダミー変数を用いた重回帰
モデルで検討しよう。

$$Y_j = \alpha + \beta X_{ij} + \gamma_1 d_1 + \gamma_2 d_2 + \gamma_3 d_3 + \gamma_4 d_4$$
$$+ \delta_1 d_1 {}^* X_{ij} + \delta_2 d_2 {}^* X_{ij} + \delta_3 d_3 {}^* X_{ij} + \delta_4 d_4 {}^* X_{ij} + u_j$$

ただし、α：定数項、
Y_j：低位利子区分（0.5％未満～3％未満）での貸出残高の総計の対数値、X_{ij}：
低位の区分 i の貸出残高（i＝1：0.5％未満、i＝2：1％未満（0.5 以上～1％未
満）、i＝3：1.5％未満（1 以上～1.5％未満）、i＝4：2％未満（1.5 以上～2％未
満）、i＝5：3％未満（2 以上～3％未満））j は観測値の番号であり、
d_1, d_2, d_3, d_4：低位の利子率の区分を識別するためのダミー変数、〔0.5％未満：
(0, 0, 0, 0)、1％未満：(1, 0, 0, 0)、1.5％未満：(0, 1, 0, 0)、2％未満：(0, 0,
1, 0)、3％未満：(0, 0, 0, 1)〕と示し、u_j：j での誤差項～N（0，σ^2）である。

　このダミー変数の定義から、δ_1 は $d_1 {}^* X_{2j}$ の係数であり、基準
とした 0.5％未満の貸出残高の変化（傾き）と 1％未満の貸出の変
化（傾き）との差を表す。δ_2、δ_3、δ_4 は同様に基準とした 0.5％未
満の貸出残高の変化（傾き）と他の 1.5％未満、2％未満、3％未
満のそれらとの差として推計される。

　低位の区分の貸出残高の総和でも、その低位の利子区分の貸出
と総和が同じような動きをしているかもしれない。あるいは、特

182

段の事情によって、低位のある区分の貸出だけが大きく変化しているととも想定できる。これらを検証するために下記の帰無仮説を設定した。

帰無仮説5　利子区分毎の貸出残高で区分の総貸出の定数項に違いがない。

帰無仮説6　利子区分毎の貸出残高と区分の総貸出の変化に違いがない。

この重回帰モデルの推計結果は下記の通りである（表3–13参照）。

$$Y_j = 13.3980 + 0.132089X_{ij} - 3.17077d_1 - 5.04827d_2$$
$$\quad (71.78{***}) \quad (8.659{***}) \qquad (-11.75{***}) \qquad (-15.35{***})$$

$$- 6.37681d_3 - 4.23360d_4 + 0.236014d_1{*}X_{2j}$$
$$\quad (-16.89{***}) \quad (-7.783{***}) \quad (11.06{***})$$

$$+ 0.375173d_2{*}X_{3j} + 0.464242d_3{*}X_{4j}$$
$$\quad (14.65{***}) \qquad (16.10{***})$$

$$+ 0.290033d_4{*}X_{5j} + e_j$$
$$\quad (7.264{***})$$

推計式の下の（）の値はt値であり、*は*が有意水準10%　**有意水準5%、*** は有意水準1%である。

表3-13　低位利子の貸出の重回帰モデルによる推計

最小二乗法（OLS），観測数：1415
従属変数：Y_j：低位の区分の貸出残高の総和

	係数	Std. Error	t値	p値	
α	13.3980	0.186658	71.78	<0.0001	***
X_{ij}	0.132089	0.0152543	8.659	<0.0001	***
d_1	− 3.17077	0.269756	− 11.75	<0.0001	***
d_2	− 5.04827	0.328829	− 15.35	<0.0001	***
d_3	− 6.37681	0.377565	− 16.89	<0.0001	***
d_4	− 4.23360	0.543979	− 7.783	<0.0001	***
d_1*X_{2j}	0.236014	0.0213414	11.06	<0.0001	***
d_2*X_{3j}	0.375173	0.0256150	14.65	<0.0001	***
d_3*X_{4j}	0.464242	0.0288340	16.10	<0.0001	***
d_4*X_{5j}	0.290033	0.0399288	7.264	<0.0001	***

Mean dependent var	15.00503	S.D. dependent var	0.522897
Sum squared resid	158.7946	S.E. of regression	0.336186
R-squared	0.589272	Adjusted R-squared	0.586641
F（9, 1405）	223.9732	P-value（F）	4.2e-264
Log-likelihood	− 460.3023	Akaike criterion	940.6047
Schwarz criterion	993.1535	Hannan-Quinn	960.2382

表のp値の後の、***……有意水準1%　**……有意水準5%　*……有意水準10%となっている。この推計のデータは、日本銀行の時系列データ検索サイト（日本銀行［日本銀行，2017①］）　http://www.stat-search.boj.or.jp/index.html（2017年11月時点）より入手した。
表のαは定数項、Std. Errorはこの推計式の分散に対応する各パラメーターの標準偏差、R-squaredは決定係数、Adjusted R-squaredは修正済み決定係数である。F（ ）はF値を示す。S.E. of regressionは推計式の攪乱項の分散の不偏推定量であるs^2の計算値である。加藤（加藤［加藤，2012］）54-57ページ参照。

　この推計結果が示すとおり、βとすべてのγ_1〜γ_4とδ_1〜δ_4は統計的に有意であり、これらの結果から下記を推論できる。

1.　1%未満の利子貸出残高　：γ_1、δ_1がともに有意であるので、帰無仮説5、6は棄却できる。基準とした0.5%未満の利

子貸出と比べて、貸出残は－3.17（対数値）小さく、1％未
満の利子貸出の傾きでは、0.5％未満の基準の値と比べ0.23
（対数値）大きい。

2.　1.5％未満の利子貸出残高　：γ_2、δ_2 がともに有意である
ので、帰無仮説5、6は棄却できる。基準とした0.5％未満の
利子貸出と比べて、貸出残は5.048（対数値）小さく、1.5％
未満の利子貸出の直線の傾きは基準の0.5％未満と比べ、
0.375（対数値）大きい。

3.　2％未満の利子貸出残高　：γ_3、δ_3 がともに有意であるの
で、帰無仮説5、6は棄却できる。0.5％未満の利子貸出の基
準と比べて、2％未満の利子貸出残は6.37（対数値）小さく、
2％未満の利子貸出の直線の傾きは基準の0.5％未満と比べ
て、0.464（対数値）大きい。

4.　3％未満の利子貸出残高　：γ_4、δ_4 がともに有意であるの
で、帰無仮説5、6は棄却できる。基準とした0.5％未満の利
子貸出と比べて、貸出残は4.233（対数値）小さく、3％未満
の利子貸出の直線の傾きは基準とした0.5％未満と比べて、
0.290（対数値）大きい。

つぎに中位の利子率（3％以上～8％未満）の貸出残高（l_
middle_rate_lend）について、中位利子区分毎の貸出が中位の利
子区分の総貸出残高に及ぼす影響を詳細に見よう。ここでも、パ
ネルデータを用いて下記の重回帰モデルを推計することにした。

$$Y_j = \alpha + \beta X_i + \gamma_1 d_1 + \gamma_2 d_2 + \delta_1 d_1{}^* X_{ij} + \delta_2 d_2{}^* X_{ij} + u_j$$

ただし、α：定数項、
Y_j：中位利子区分（3％以上～8％未満）のすべての貸出残高の対数値、

X_i：中位の区分 i の貸出残高（i = 1：4％未満（3以上〜4％未満）、i = 2：5％未満（4以上〜5％未満）、i = 3：8％未満（5以上〜8％未満））、j は観測値の番号であり、
d_1、d_2：低位の利子率の区分を識別するためのダミー変数、〔4％未満：(0, 0)、5％未満：(1, 0)、8％未満：(0, 1)〕、u_j：誤差項 $u_j \sim N\ (0,\ \sigma^2)$ である。

　このダミー変数の定義からも分かるように、δ_1 は $d_1 * X_{2j}$ の係数であるので、基準とした4％未満の貸出残高の変化（傾き）と5％未満の貸出の変化（傾き）との差を表す。δ_2 は同様に基準にした4％未満の貸出残高の変化（傾き）と8％未満の傾きとの差を表す。

　中位においても、低位と同様に、中位の要素となる貸出と中位区分の総貸出が同じ動きをしていること、もしくは何かの事情で中位のある区分の貸出だけが大きく変化することも考えられる。これらを検証するために帰無仮説5，6を採用した。この重回帰モデルの推計結果は下記の通りである（表3-14参照）。

$$Y_j = -1.13999 + 1.11441X_{ij} + 4.94595d_1 + 6.99166d_2$$
$$\quad\ (\text{-5.944***}) \quad (73.90\text{***}) \qquad (21.58\text{***}) \qquad (32.15\text{***})$$

$$-\ 0.293639d_1*X_{2j} - 0.428883d_2*X_{3j} + e_j$$
$$\quad (\text{-15.66***}) \qquad\qquad (\text{-23.88***})$$

推計式の下の（）の値は t 値であり、* は * が有意水準10％　** は有意水準5％、*** は有意水準1％である。

表3-14　中位利子率の場合 重回帰モデル推計結果

最小二乗法（OLS）, 観測数: 849

従属変数：Y_j：中位の区分の貸出残高の総和

	係数	*Std. Error*	*t*値	*p*値	
α	− 1.13999	0.191782	− 5.944	<0.0001	***
X_{ij}	1.11441	0.0150794	73.90	<0.0001	***
d_1	4.94595	0.229141	21.58	<0.0001	***
d_2	6.99166	0.217489	32.15	<0.0001	***
d_1*X_{2j}	− 0.293639	0.0187450	− 15.66	<0.0001	***
d_2*X_{3j}	− 0.428883	0.0179616	− 23.88	<0.0001	***

Mean dependent var	13.00245	S.D. dependent var	0.941724
Sum squared resid	38.02440	S.E. of regression	0.212382
R-squared	0.949439	Adjusted R-squared	0.949139
F（5, 843）	3165.958	P-value（F）	0.000000
Log-likelihood	113.7465	Akaike criterion	− 215.4930
Schwarz criterion	− 187.0287	Hannan-Quinn	− 204.5891

表の p 値の後の、***……有意水準 1%　**……有意水準 5%　*……有意水準 10%となっている。この推計のデータは、日本銀行の時系列データ検索サイト（日本銀行 ［日本銀行, 2017①]）　http://www.stat-search.boj.or.jp/index.html （2017 年 11 月時点）より入手した。

表の α は定数項、Std. Error はこの推計式の分散に対応する各パラメーターの標準偏差、R-squared は決定係数、Adjusted R-squared は修正済み決定係数である。F （ ）は F 値を示す。S.E. of regression は推計式の攪乱項の分散の不偏推定量である s^2 の計算値である。加藤（加藤 ［加藤, 2012]）54-57 ページ参照。

　この推計結果が示すとおり、β と γ_1、γ_2 と δ_1、δ_2 はそれぞれ統計的に有意であり、これらの結果から下記を推論できる。

1.　5% 未満　：γ_1 、δ_1 がともに有意であるので、帰無仮説 5、6 は棄却できない。基準とした 4% 未満の利子貸出と比べて、貸出残は 4.94（対数値）大きく、5% 未満の利子貸出の直線の傾きは、基準の 4% 未満と比べて 0.293（対数値）小さい。

2.　8% 未満　：γ_2 、δ_2 がともに有意であるので、帰無仮説 5、

6は棄却できない。基準である4%未満の利子貸出と比べて、8%未満の利子貸出残は6.991（対数値）大きく、8%未満の利子貸出の直線の傾きは、基準の4%未満と比べて0.428（対数値）小さい。

　では、最後に高位利子率（8%以上の利子率）の貸出残高（l_high_rate_lend）について同様の手法で検討しよう。ここでも、これまでの分析と同様に、パネルデータを用いて下記の重回帰モデルを推計した。

$$Y_j = \alpha + \beta X_{ij} + \gamma_1 d_1 + \gamma_2 d_2 + \delta_1 d_1*X_{ij} + \delta_2 d_2*X_{ij} + u_j$$

ただし、α：定数項、Y_j：高位の利子率区分（8%以上～12%以上）の総貸出残高の対数値、

X_{ij}：高位の利子率区分 i の貸出残高（i＝1：10%未満（8以上～10%未満）、i＝2：12%未満（10以上～12%未満）、i＝3：12%以上（12%以上））、jは観測値の番号であり、

d_1, d_2：高位の利子率の区分を識別するためのダミー変数、〔10%未満：(0, 0)、12%未満：(1, 0)、12%以上：(0, 1)〕とし、u_j：誤差項 $u_j \sim N(0, \sigma^2)$ である。

　このダミー変数の定義からも分かるように、δ_1 は d_1*X_{2j} の係数であるので、基準とした10%未満の貸出残高の傾きと12%未満の貸出の傾きとの差を表す。δ_2 は12%以上の貸出の変化と基準とした10%未満の傾きとの差を表す。

　高位の利子区分の貸出総額の動きでも、その高位区分の要素の一つの利子貸出だけが大きく変化することや、特定の区分の利子貸出だけがすべて増えるという事態も考えられるので、帰無仮説5と6を設定した。

　この重回帰モデルの推計結果は下記の通りである（表 3−15 参

照）。

$$Y_j = 6.18040 + 0.456453X_{ij} - 4.69600d_1 + 0.390059d_2$$
$$\qquad (27.03***) \quad (18.93***) \qquad (-6.597***) \qquad (0.7071)$$

$$+ 0.546680d_1*X_{2j} - 0.0401423d_2*X_{3j} + e_j$$
$$\quad (6.937***) \qquad\qquad (-0.6869)$$

推計式の下の（）の値は t 値であり、* は * が有意水準 10%　** は有意水準 5%、*** は有意水準 1% である。

表3-15　高位利子率の場合 重回帰モデル推計結果

最小二乗法（OLS）, 観測数：849
従属変数：Y_j：高位区分の貸出残高の総和

	係数	Std. Error	t値	p値	
α	6.18040	0.228674	27.03	<0.0001	***
X_{ij}	0.456453	0.0241181	18.93	<0.0001	***
d_1	− 4.69600	0.711841	− 6.597	<0.0001	***
d_2	0.390059	0.551625	0.7071	0.4797	
d_1*X_{2j}	0.546680	0.0788112	6.937	<0.0001	***
d_2*X_{3j}	− 0.0401423	0.0584416	− 0.6869	0.4923	

Mean dependent var	10.49358	S.D. dependent var	0.411929
Sum squared resid	84.17373	S.E. of regression	0.315991
R-squared	0.415027	Adjusted R-squared	0.411558
F（5, 843）	119.6185	P-value（F）	1.24e-95
Log-likelihood	− 223.5845	Akaike criterion	459.1689
Schwarz criterion	487.6333	Hannan-Quinn	470.0728

表の p 値の後の、***……有意水準 1%　**……有意水準 5%　*……有意水準 10% となっている。この推計のデータは、日本銀行の時系列データ検索サイト（日本銀行［日本銀行, 2017①]）　http://www.stat-search.boj.or.jp/index.html（2017 年 11 月時点）より入手した。
表のαは定数項、Std. Error はこの推計式の分散に対応する各パラメーターの標準偏差、R-squared は決定係数、Adjusted R-squared は修正済み決定係数である。F（ ）は F 値を示す。S.E. of regression は推計式の攪乱項の分散の不偏推定量である s^2 の計算値である。加藤（加藤［加藤, 2012]）54-57 ページ参照。

　この推計結果が示すとおり、βとγ_1とδ_1だけが統計的に有意であり、下記を推論できる。

1.　12％未満　：γ_1とδ_1が統計的に有意であるので、帰無仮説5，6は棄却できる。基準である10％未満の利子貸出と比べて、12％未満の利子貸出残は4.69（対数値）小さく、12％未満の利子貸出の直線の傾きは基準とした10％未満のそれと比べて、0.5466（対数値）大きい。

2.　12％以上　：γ_2とδ_2が統計的に有意でないから、帰無仮説5，6は棄却できない。

　　すなわち、定数項および直線の傾き共に、基準とした10％未満のそれとの間に差が認められない。

上記の表現を一目で分かりやすく示すために、各利子率の貸出

図3-12　利子毎の貸出残高額での相関行列

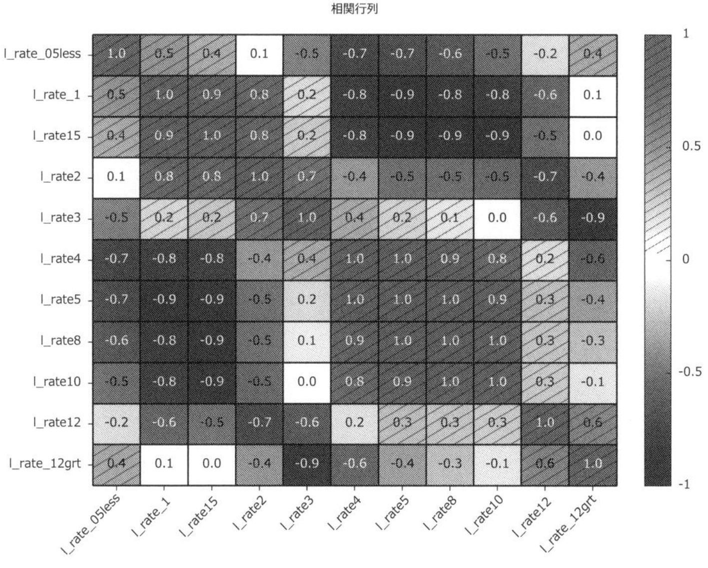

残高の対数値の相関行列を表にして提示した。

　図の斜線を引いた濃いところは比例関係で、斜線のない薄く白いところは負の関係となっている（図3-12参照）。図3-12から見ると、ラフな描写になるが、金融機関が貸出を行うときに高位と中位の利子率貸出は低位の利子貸出と反比例の関係であり、それは図の濃い部分で示される。

3-2　地方銀行の理想型とは何か
―リレーションシップ バンキングの長所と短所―

　金融庁は、2003年（平成15年）に発表した報告書（金融審議会金融文科会［金融審議会金融分科会, 2003]）でリレーションシップ バンキングの銀行経営の形態を初めて提示した[12]。報告書では、全国の各銀行がどの経営スタイルを選択するかを見るため、それらの銀行の経営形態を3つに大別し記した。すなわち、1.メガ バンキング、2.リレーションシップ バンキング［relationship banking]、3.トランザクション バンキング［transaction banking]である[13]。

　都市銀行は、金融取引の総合商社として捉えられ、貯蓄・与信・信託などすべての金融仲介を念頭において、いわゆるメガ

---

[12]　本書の国の指向したリレーションシップ バンキングは、以下の2つのレポート（金融審議会金融分科会［金融審議会金融分科会, 2003]）（金融庁［金融庁, 2005 ①]）を用いて、その姿を明示した。

[13]　メガ バンキングは海外、国内の決済、投資信託、債券の業務など金融に関するあらゆる業務を行うことと定義し、リレーションシップ バンキングは信用力の弱い個人や企業への貸出を行うことを中心業務として定義し、トランザクション バンキングは企業と消費者の決済、企業間の決済などを主業務として行うと定義した。その銀行が主として収益を稼得する業務は何かということで、本書ではそのような定義を用いた。

バンキングを指向していると言える。

　他方、メガ バンキングでは対応しない顧客、とりわけ中小企業向けの金融取引を念頭においている銀行は、リレーションシップ バンキング指向と言える[14]。消費者と消費者、企業と消費者、企業と企業における決済の機能だけに特化した銀行は、トランザクション バンキングを指向していると言える[15]。

　地域金融機関の銀行の大部分は、リレーションシップ バンキングを指向していると考える理由は収益性の観点からである。まず、トランザクション バンキングを指向したときには、取引手数料で十分な収益を確保するには「規模の経済性」を必要とする。それに応じて自らのネットワークを通じて、大きなシステムを構築する必要がある。取引する数を大きくすることは、膨大な顧客の与信情報を管理することになり、それは消費者向け貸金業を営み収益を確保することも一つの選択肢であるが、そのために銀行は莫大な初期投資を必要とする。その意味で地域にある中小規模の銀行には消費者金融による融資を事業として選択するのは不可能と考えた。

　日本に存する金融機関は、リレーションシップ バンキングか、メガ バンキングのスタイルかという二つの選択を強いられることになる。日本では、地域銀行がバブル期に収益を増大させ、支店を増設し、預貸規模を大きくし、都市銀行のような型を指向し

14　リレーションシップ バンキングについての研究は、ラジャンの論文（G.Rajan., 1994）が先駆者であり、その理論的な枠組みを踏まえて、この種の研究進捗については（筒井, 植村［筒井 植村, 2007］）の第一章の著述が有益であり、本書もそれを参考にした。

15　リレーションシップ バンキング指向と言う視点は、（天尾［天尾, 2004 ①］）62-64 ページを引用している。

た時代があった[16]。しかし、バブル経済崩壊後、不良債権処理を通じ、その動きは見直された。一方、日本でトランザクションバンキングを指向した銀行は、金融業務の中で決済機能だけ最初から特化した流通業が銀行子会社を作って先鞭をつけた。例えば、イオン銀行、セブン銀行がその代表例として挙げられる。

　以上の理由から、金融庁のリレーションシップバンキングの報告書によれば、地域の銀行はリレーションシップ バンキングの経営形態を指向していると断言している。本書では確認する意味で、このリレーションシップ バンキングの定義について以下に記しておく。

　ここでリレーションシップ バンキングを定義すれば、銀行と顧客が長期の預貸関係を通じて、信用関係を持続していく中で、取引銀行が顧客の与信情報を十分入手できるよう環境を整え、与信を行うことを主眼とした経営形態を指す[17]。この経営形態で想定した顧客は、中小企業や個人である。なぜなら、大企業は直接金融から資金調達が可能であるため、リレーションシップの顧客として想定する必要はないからである[18]。

　上記の指した顧客でリレーションシップの必要な理由は、中小企業と小企業は、与信先として見たとき、貸手と借手の情報の非対称性が比較的に大きいからである。これはバブル崩壊時、不良

16　横浜銀行など、1980年代の地方銀行Ⅰの中には、都市銀行の支店の存立する地に支店を作るなどの動きが活発化した。本書の2-5の足利銀行の姿でも描いた通りである。
17　この定義は、筆者が平成13年2月5日の当時の森金融庁長官の記者会見からまとめたものである。このとき、金融当局は地域金融機関の資本増強に関しても、当局の定めた基準に基づき審査が行われることにも触れた。（天尾［天尾, 2004①]）58-60ページ引用。

債権処理で債権の良と不良を判別する際、銀行は企業毎の債権選別の困難さを味わった経験から非対称性を自ら実感した。もちろん、中小企業は一般に直接金融市場で資金調達する事が困難な存在でもある。顧客すなわち被与信者は、自分にとって不都合な情報をあえて取引銀行に伝えることはしない。金融機関の重要な責務は、与信者を調査するためにコストを掛けることである。例えば、顧客に初めて資金を貸し出す際には、まず取引銀行は与信先企業に口座を開かせることから始める。そして、取引銀行は、企業の保有する資金が適切に管理されているかを口座の使用状況からモニタリングするのである。このように銀行が取引先の資金の出し入れの状況を継続的に観察し、調査するモニタリング コスト［agency cost］は、リレーションシップ バンキングを指向する銀行にとって必要不可欠な費用と言える[19]。

　銀行と顧客が長期の貸出契約を結んだとき、顧客が中小企業のとき、銀行は単に取引企業の会計情報だけで業況を捉えるしかない。それ故、取引銀行は企業の経営者とあえて面談し、企業を観察し、与信する企業の実態やそこでの事業の成否、あるいはそのリスクなど、すなわち「企業の継続性」について数量化しつつ、観察不可能な箇所を把握することに努める。それでも、取引銀行が、企業の保有する特殊な技術や資産を適正に担保と見なし、額

18　現実には、直接金融で資金調達の可能な大企業もこの金融機関を使用している。運転資金が主流であるケースが多く、例えば、新規の設備投資資金は直接金融で、短期の資金は地域の金融機関でというような企業それぞれの使用方法が確認される。企業の社歴で金融機関がどのように係わったのかという視点もあり、興味深い。多和田、家森（多和田、家森［多和田 家森, 2008］）と村本,（村本［村本, 2005］）参照。

19　（天尾［天尾, 2004 ①］）59-60 ページを参照し、引用した。

を計測できるかという問題は残る。もちろん、取引銀行が「会計」に与信情報が種々含まれていると見抜くかもしれないが、金融マンはそのような手法で簡単に企業情報を把握できるとは考えていないはずである。

　上記に述べた理由から、取引する銀行は経営者と相対で面談し、経営相談に応じるのである。これがリレーションシップ バンキング［relationship banking］）と言われる所以なのである[20]。

　銀行と取引する顧客にとって、リレーションシップ バンキングの長所は何かと言えば、それは顧客がいままで金融機関と付き合う中、蓄積した情報、与信した企業の履歴から、何か危急のときに必ず資金を融通してくれるという期待である。その期待故に、企業は会計情報だけでなく、企業内の入手不可能な秘匿された情報をあえて面接、相談時に開示し、取引金融機関から得るメリットを享受しようと努める。

　リレーションシップ バンキングにより、取引銀行と顧客で「長期の緊密な契約関係」が継続されたとき、両者は互いに自分に有利な状況だけを期待して、取引を続ける事態も想定できる。特に、取引銀行が、顧客（与信先）に対し「信用を大きく上回る与信設定額」を認め、顧客にモラル ハザードが生じて、例えば、野放図な投資を行った場合、取引銀行では、その企業の与信リスクが増大（コスト増）する事態に陥る。銀行と顧客が長期的な与信契約で結ばれたとき、取引銀行は様々な与信先の金融取引機会を通じて、特定の顧客情報を入手可能な状態にある。例えば、経

---

[20] 貸出にあたり財務賭表など会計情報から、信用の度合いを数値化し、それに基づき貸し出しを進める transaction banking と対になる銀行経営の概念もある。金融審議会金融文科会［金融審議会金融分科会, 2005］5 ページ参照。

済外的要因によって意図せざる業績悪化が生じた時、当該銀行は、機先を制して与信企業に経営計画の見直しを要求できる。これは取引銀行の貸し倒れリスクを軽減する意味で、リレーションシップ バンキングの長所と指摘できる。

取引銀行は長期にわたり顧客企業と接している故、それまで費やした与信情報コストは、企業への貸出金額や与信規模と比較し、取引年限を勘案したとき、一見で取引した他企業に掛けたコストと比べて割高になりかねない。取引銀行が与信先と利子や手数料の見直しという、調査コストに応じて与信先から上がる収益を頻繁に見直す必要が生じるのはこうした理由からであろう。

銀行経営から見たとき、取引費用を抑え、資金を安全に回収し利益を得なければならない。例えば、与信企業に破たんの兆しが見えれば、取引銀行は与信先に貸出金の返却を安全に遂行できるよう、経営計画の見直しによって現行の経営の継続性が維持されることを強力に申し入れることもある。リレーションシップ バンキングの効能は、銀行から見れば保有債権の「安全」な回収、顧客から見れば本業の破たんや貸倒リスクの回避という企業の「健全性」「継続性」の確保と言える。それら両者にもたらされる長所故に、リレーションシップを通じて、取引銀行と顧客の両者は、貸出（返却）リスク管理を共同化している訳である。これがリレーションシップ バンキングの利点と言える。

では、視点を変えてリレーションシップ バンキングの欠点について触れておく[21]。リレーションシップ バンキングを主業務とした銀行は、顧客の「企業の継続性」を判定し、同時に 利益確

21　ここでのリレーションシップ バンキングのデメリットと欠点についての記述は、（天尾［天尾, 2004 ①］）61-63 ページを引用した。

保のため「預貸の規模拡大」という2つの目標を目指しつつ、利潤最大化を目途としている。さて、これら二つの目標を同時に果たすのは困難である。なぜなら、銀行が融資の量的拡大を目指すということは、それは貸出を増やせば増やすほど、顧客の貸倒リスクを同時に背負うことを意味し、銀行は企業の継続性とほど遠い与信を抱えることにもなりかねない。すなわち、上記のリレーションシップの経営スタイルの銀行は、預貸の規模拡大の目的で（継続性の厳しい）高リスクの貸出の与信先を含み、収益を確保しつつ、その企業の継続性を求めていることになる。言い換えれば、現実には、地域にある銀行の主要な取引先は、ほとんど中小企業や個人経営者である。与信先の彼らは取引を円滑に進める意味で運転資金目的のキャッシュ フローを求めている。そのため、取引銀行は「企業の継続性」を十分調査することに追われ、その入手コストは銀行の収益増に非常に重荷になる。また、リレーションシップバンキング銀行は、取引先顧客に一定水準の金額を固定的に融通する運転資金の提供を行っている場合も多い。これは、経済外的要因のリスクや企業の業務失敗のリスクも併せて、最終的に取引銀行がそれらのリスクに対応するため資金融通でその役割を一部負担しているのである。そのためリレーションシップバンキング銀行は、貸出先を絶えず日々モニタリングし、経営に意見を述べる準備をしている。このようなコストはコミットメント コスト［commitment cost］と呼ばれている。すなわち、リレーションシップ バンキングでこのコストを負担する故、高収益を得るのは非常に困難なのである。

　2005年（平成17年）にペイオフ解禁が始まった。預金者はこれまで以上に取引先である地域銀行の情報開示に注視している。

同時に、銀行も自ら経営の健全性をアピールする必要に迫られている[22]。ある地域銀行が、取引先の個人や企業の与信業務で、資金の出し入れについて冷たい仕打ちを行ったといった噂が巷間に広がれば、金融不安が生じたとき、最終的に当該銀行から大量の預金引き出しの事態が起き、危急のときに銀行経営を揺るがす事態となりかねない[23]。

　地域の中小規模の銀行が「地域経済」に根ざすことを指向し、地元顧客と長期のリレーションシップを構築する場合、地域社会で見て雇用の維持、あるいは地域経済の衰退を防ぐ際、それは大きな存在意味を持つ。しかし、その行為は、銀行が地域経済で衰退産業の下支えだけを行っていただけであったならば、それは違う意味を持つことになる。日本では、少子高齢化が進み、産業が年々衰退し、継続できない企業が増えつつ、災害、病疫などの意図せぬリスクも生じ、企業の倒産確率も高まっている。それは、年々、銀行の保有する債権の質を劣化させていく。すなわち、銀行経営で見たとき、地域産業との取引のみを重視するあまり、地域経済で過去に成長した企業の中から現在の経済環境に対応できなかった所だけを引き受けることにもつながりかねない。リレーションシップ バンキングを指向する銀行が、環境変化に適応できない企業を引き受けることは、単に低成長の企業だけの借入のみを集め、それは銀行の不良債権増大の事態を生み出すことになり、銀行本体そのものの存続を危うくしかねない[24]。すなわち、

22　預金者が地域金融機関を選択する理由には、利便性（ATM店舗が近い）を重視するという結果もあり、健全性という概念とあまり関係ないのではという疑問の声も上がっている。

23　（金融審議会金融分科会［金融審議会金融分科会, 2003］）37ページ参照。

地域の銀行が、地域経済の欲求に応じて貸出を行ったつもりが、却って地域にゾンビ企業を増やす結果に陥り、地域経済の成長の足かせを増やす事態になりかねないのである。

　こうした意味から、取引銀行が顧客企業の経営悪化を食い止めるためコミットメント コストを調整しつつ、この種のリスクを抑制できるかが、この問題の核心と言える。この解決方法を簡単に述べておけば、まず取引銀行と顧客企業が、例えば、貸出や決済について長期契約を結び、コミットメント コストの発生を抑制することである。そして、それは顧客企業の実情に合わせ、こまめに取引銀行が顧客企業と面談し、取引する際、適正な手数料や利子率を企業の実情に合わせて適宜に変更することである。それは、最終的に銀行の状態、与信の実情にあった適正な利益を確保することになる。

　金融庁が想定したリレーションシップ バンキングで扱う与信対象の特徴を財務省の提供する法人企業統計から探り、リレーションシップ バンキング機能の短所について要約して記す[25]。

　まず、本書で扱った足利銀行の破たんの事例で見たとき、同銀行の与信行為から観察して、貸出の大半は、地域の地場産業向けであった。この銀行の取引対象企業は自己資本が小さく、借入金に依存した経済主体が主要取引先であった。まず、この事実を財務省の法人企業統計（財務省［財務省, 2016]）の数値から確認し

24　収益性からみて、存続の困難な企業（ゾンビ企業）を、日本では間接金融機関が支えるケースを想定している。潰すとあまりにも地域経済に大きな反動をもたらす場合に、急にその企業が倒産することのないよう金融機関が徐々に資金を絞るなどして企業を衰弱させて自発的に看板を下ろさせることもある。
25　財務省の『平成27年度法人企業統計』（財務省［財務省, 2016]）を使用した。

よう。

　2015 年（平成 27 年）度の法人企業統計の企業の保有資産を期首残高ベースで見た場合、現金・預金は 210 兆 9,590 億円であって、純資産 779 兆円 9,214 億円に占める割合は 27％であった。土地は 188 兆 5,156 億円で、純資産に占める割合は 24.4％であって、売掛債権と手形は 226 兆 7,286 億円で、純資産に占める割合は 29％であった。

　では、資本金区分で企業を分け、企業毎の自己資本比率を見たとき、資本金 1,000 万円未満の企業で、平成 28 年度の自己資本比率は 18.6％、資本金 1,000 万円〜10 億円未満の企業では自己資本比率は 30％以上に達している。中小企業の多くは、資本金 1,000 万円以下が中心であり、自己資本比率の低さから見ても、取引金融機関に自己資本の低さを補完する役割を期待している[26]。中小企業主体の与信先は、リレーションシップ バンキング機能を担う銀行に対し、一定水準の貸出を長期的に、かつ固定的に融通する役割を望んでいる。

　銀行の保有する債権の良、不良の選別だけに注視し、銀行自身が与信先の中小企業の財務状態だけを見て、「事業の将来性」を十分評価しないという態度に徹すれば、国内でリレーションシップ バンキング機能は十全に機能することはない。もちろん、取引先企業と取引するとき、取引銀行が頻繁に貸出利子率や手数料を見直しつつ、資金を融通するといった態度に臨めば、対する取引先企業は取引銀行の態度に一喜一憂する事態も想定できる。そのような取引環境で、中小企業が新規投資などを用いた新事業に

26　（財務省［財務省, 2016]）　8-9 ページの数値データを引用した。

新たな一歩踏み出すことができるのか、ここでは、与信の貸出インセンティブの問題も指摘できる。

3-3 日本の銀行の収益構造について
銀行グループ毎の貸出利子率の特徴

　ここでは本書の1章で指摘した、金融市場が銀行グループ別で、金融市場で棲み分けを行っている事実を統計データで裏付けることにした。例えば、都市銀行グループと地方銀行Ⅰグループの法人向け（金融機関向けを含む）貸出残高（末残）で見たとき、図1-4で分かったように、都市銀行グループと地方銀行Ⅰグループの法人向け貸出残高総額は、2017年（平成29年）でそれぞれ125兆円と113兆円という規模である。また、地方銀行Ⅱグループと信用金庫グループの法人向け貸出残高総額（末残）を比較したとき、それぞれ53.9兆円と43兆円という規模であった。

　他方、中小企業向け貸出残高総額（末残）で見たときには、都市銀行グループと地方銀行Ⅰグループの数値を比較すれば、2017年（平成29年）で、地方銀行Ⅰでは79.5兆円であり、都市銀行の72.3兆円の数値を凌駕している。他方、法人貸出に目を転じれば、都市銀行グループの規模の方が大きい。すなわち、中小企業向け貸出は地方銀行Ⅰが主力であり、法人向け貸出は都市銀行グループが主であり、あたかも、日本の貸出市場で銀行間の棲み分けが進んでいるように見える（図1-5参照）[27]。

27　信用金庫から入手可能なデータには、中小企業向け貸出のデータが記録されていない。地方銀行Ⅱのデータは法人向けと中小企業向けのものを合算している数値であることを断っておきたい。

　さて、個人向け貸出残高（末残）に目を転じれば、2017 年（平成 29 年）では地方銀行Ⅰグループの残高は年々増え続け総額 56.7 兆円であるが、都市銀行グループのそれは年々個人向け貸出残高を減らしており、総額 44.8 兆円であった。また、地方銀行Ⅱグループの個人向け貸出残高は 15.3 兆円、信用金庫グループのそれは 19.8 兆円となっており、それぞれの金融機関グループは年々微増の傾向であった。信用金庫グループの個人向け貸出が、地方銀行Ⅱグループを超えた規模になったのは着目すべき事態であろう（図 1-6 参照）。

　上記の銀行グループ毎の貸出先の特徴を述べると、都市銀行グループは中小企業向け貸出を控え、法人貸出に重きを置きつつ、個人貸出を減退させた。地方銀行Ⅰグループは中小企業向けと個人向け貸出に力を入れてきた。信用金庫グループは個人向け貸出を地方銀行Ⅱグループより積極的に行っていた事実が確認できる。

　では、ここで銀行グループ毎の貸出条件を見るため、これらの銀行グループの貸出利子率の違いに目を転じて省察しよう。銀行の貸出利子率というのは、銀行のサービス提供の価格と捉えられる。企業が金融市場で資金を調達するためには、各行で与信先である企業を審査し、貸出利子率は貸出先と相対取引で決められる。もし、銀行間の提供される利子で見たとき、市場競争が激しければ、銀行間の利子率にそう大差は生じないはずである。しかし、銀行の資金調達方法やそのコストの差、あるいは銀行の保有する現金・預金の程度の差によって、現実には都市銀行、第一地方銀行（地方銀行Ⅰ）、第二地方銀行（地方銀行Ⅱ）、信用金庫グループ間で利子率の差は生じる。本書での分析は、競争相手とし

ての銀行グループ間に着目し、都市銀行と地方銀行Ⅰ、地方銀行Ⅱと信用金庫との間の利子率との関係を1997年9月〜2017年8月までの月平均の新規の貸出約定平均利子率（総合）を用いて検証することにした[28]。銀行グループ毎に新規の貸出約定平均利子率は総合値、短期、長期と採ることができるので、総合値をrate_glend、短期値をrate_slend、長期値をrate_llendと記している。

　まず、銀行グループ毎の貸出約定平均利子率の総合値、短期の貸出約定平均利子率、長期の貸出約定平均利子率のデータを用いて、それぞれの関係を以下のような単回帰式を推計した。

$$Y_{ijk} = \alpha + \beta_i X_{ijk} + u_k$$

　ただし、ここでY_{ijk}は、従属変数とした新規の貸出約定平均利子率、X_{ijk}は独立変数とした新規の貸出約定平均利子率を示した。式の添え字のiは銀行グループを示し、$i=1$が都市銀行、$i=2$：地方銀行Ⅰ、$i=3$：地方銀行Ⅱ、$i=4$：信用金庫とし、添え字のjは利子の期間を示し、$j=1$：総合、$j=2$：短期、$j=3$：長期とした。もう一つの添え字kは観測値の番号を意味し、αは定数項で、u_kは誤差項　$u_k \sim N(0, \sigma^2)$である。

　上記の回帰モデルの推計結果は下記の通りである（表3–16〜3–18、図3–13〜図3–15参照）。

28　日本銀行の時系列データ検索サイト（日本銀行［日本銀行, 2017]）　http://www.stat-search.boj.or.jp/index.html より、本書の利子率の数値データを入手している。

（地方銀行Iグループと都市銀行グループとの貸出利子率の関係の推計結果）

　　総合値　地方銀行 I（Y_{21k}）と都市銀行の貸出約定平均利子率
　　　　　　総合値（X_{11k}）の推計結果

$$Y_{21k} = 0.80542 + 0.791373* X_{11k} + e_k$$
$$\quad\quad (28.72^{***})\quad\quad (34.41^{***})$$

　　短期：　地方銀行 I（Y_{22}）と都市銀行の短期貸出約定平均利
　　　　　　子率総合値（X_{12}）の推計結果

$$Y_{22k} = 1.403\quad + 0.425* X_{12k} + e_k$$
$$\quad\quad (58.63^{***})\quad\quad (19.24^{***})$$

　　長期：　地方銀行 I（Y_{23}）と都市銀行の長期貸出約定平均利
　　　　　　子率総合値（X_{13}）の推計結果

$$Y_{23k} = 0.071\quad + 1.122* X_{13k} + e_k$$
$$\quad\quad (2.135^{**})\quad\quad (49.86^{***})$$

　　　推計式の下の（）の値は t 値であり、* が * が有意水準 10%　** は有意水準
5%、*** は有意水準 1%である。

　この推計結果から、都市銀行グループと地方銀行 I のグループ間の利子率の大小関係を記す。推計結果から分かるように、ある利子率の値によって、地方銀行 I と都市銀行グループ間の利子率の大小関係は異なる。都市銀行と地方銀行 I が等しくなる関係になる利子率を探して、その値より下の値を採れば、地方銀行 I ＞都市銀行という関係になり、大きな値を採れば、地方銀行 I ＜都市銀行になる。それぞれの推計結果から銀行間の利子率が等しくなる値計算するとは、総合値では 3.859%、短期では 2.44%、長期では－0.581% であった[29]。

図3-13 rate_glend_chigin1（地銀I）対 rate_glend_toshi（都市銀行）
（最小二乗フィット付）

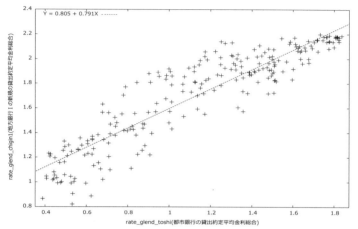

この図の各銀行グループの新規の貸出約定平均利子率総合値は、日本銀行の時系列デー
タ検索サイト（日本銀行［日本銀行, 2017①]）http://www.stat-search.boj.or.jp/index.
html より数値データを入手し作成した。

　また、推計結果から、所与のデータ範囲であれば都市銀行の
max＝2 に対し地銀Ⅱは 0.805＋0.791×2＝2.387＞2 なのだから
一目瞭然であり、総合値では都市銀行＜地方銀行Ⅰの利子率の関
係となる。もちろん、推計結果から統計上有意である（表3-16
参照）[30]。短期の利子率でも、推計結果から都市銀行＜地方銀行
Ⅰの関係である（表3-17参照）。また、推計結果から、両行の
すべての長期の利子率は都市銀行＜地方銀行Ⅰの関係となる（表
3-18参照）。

29　各金融機関の利子率が等しくなるときの値を求めるとき、推計の数値が小さ
　　いので、値は小数3桁までで切り捨てた値を用いた。

30　推計式からわかるように、Y＝0.805＋0.791X で、X＝Y になる値は、計算
　　すると 3.859 であり、すべての X＜3.859 ならば、Y＞X の関係となる。

表3-16　最小二乗法（OLS），観測：1997:09-2017:08（観測数：240）

従属変数：Y_{21k}：（地方銀行 I の貸出約定平均利子率（総合値））

	係数	Std. Error	t値	p値	
α	0.805425	0.0280404	28.72	<0.0001	***
X_{11k}	0.791373	0.0229996	34.41	<0.0001	***

Mean dependent var	1.707600	S.D. dependent var	0.375562
Sum squared resid	5.642399	S.E. of regression	0.153973
R-squared	0.832620	Adjusted R-squared	0.831917
F（1, 238）	1183.918	P-value（F）	2.36e-94
Log-likelihood	109.4943	Akaike criterion	−214.9886
Schwarz criterion	−208.0273	Hannan-Quinn	−212.1837
Rho	0.247881	Durbin-Watson	1.501802

表3-17　最小二乗法（OLS），観測：1997:09-2017:08（観測数：240）

従属変数: Y_{22k}：（地方銀行 I の短期貸出利子率）

	係数	Std. Error	t値	p値	
α	1.40382	0.0239436	58.63	<0.0001	***
X_{12k}	0.425967	0.0221427	19.24	<0.0001	***

Mean dependent var	1.819279	S.D. dependent var	0.255478
Sum squared resid	6.105549	S.E. of regression	0.160167
R-squared	0.608601	Adjusted R-squared	0.606956
F（1, 238）	370.0747	P-value（F）	2.20e-50
Log-likelihood	100.0277	Akaike criterion	−196.0553
Schwarz criterion	−189.0940	Hannan-Quinn	−193.2504
Rho	0.597664	Durbin-Watson	0.809289

これらの表のp値の後の、***……有意水準1%　**……有意水準5%　*……有意水準10%となっている。

この推計の貸出約定平均利子率は、日本銀行の時系列データ検索サイト（日本銀行［日本銀行, 2017①］）　http://www.stat-search.boj.or.jp/index.html（2017年11月時点）より入手した。

表のαは定数項、Std. Errorはこの推計式の分散に対応する各パラメーターの標準偏差、R-squaredは決定係数、Adjusted R-squaredは修正済み決定係数である。F（ ）はF値を示す。S.E. of regressionは推計式の攪乱項の分散の不偏推定量であるs^2の計算値である。加藤（加藤［加藤, 2012］）54-57ページ参照。

図3-14　rate_slend_chigin1 対 rate_slend_toshi（最小二乗フィット付）

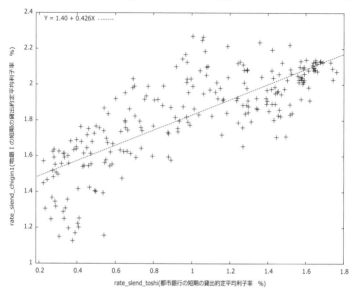

Y = 1.40 + 0.426X ------

rate_slend_chigin1(地銀Ⅰの短期の貸出約定平均利子率　%)

rate_slend_toshi(都市銀行の短期の貸出約定平均利子率　%)

図3-15　rate_llend_chigin1 対 rate_llend_toshi（最小二乗フィット付）

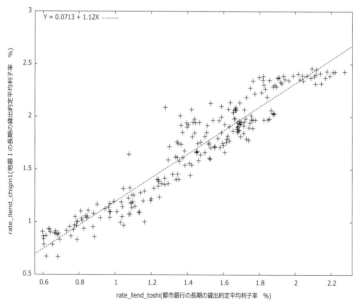

Y = 0.0713 + 1.12X ------

rate_llend_chigin1(地銀Ⅰの長期の貸出約定平均利子率　%)

rate_llend_toshi(都市銀行の長期の貸出約定平均利子率　%)

これらの図の各銀行グループの新規の貸出約定平均利子率は、日本銀行の時系列データ検索サイト（日本銀行
［日本銀行, 2017 ①］）http://www.stat-search.boj.or.jp/index.html よりデータを入手し作成した。

表3-18　最小二乗法（OLS），観測：1997:09-2017:08（観測数：240）

従属変数：Y_{23k} ：（地銀Ⅰの長期貸出利子率）

	係数	*Std. Error*	*t*値	*p*値	
α	0.0712563	0.0333819	2.135	0.0338	**
X_{13k}	1.12281	0.0225199	49.86	<0.0001	***

Mean dependent var	1.666783	S.D. dependent var	0.496915
Sum squared resid	5.156499	S.E. of regression	0.147194
R-squared	0.912624	Adjusted R-squared	0.912257
F（1, 238）	2485.854	P-value（F）	5.7e-128
Log-likelihood	120.3005	Akaike criterion	−236.6009
Schwarz criterion	−229.6397	Hannan-Quinn	−233.7961
Rho	0.464356	Durbin-Watson	1.070822

表の p 値の後の、***……有意水準 1%　**……有意水準 5%　*……有意水準 10% となっている。
この推計の長期の利子率とした各銀行の新規の長期の貸出約定平均利子率は、日本銀行の時系列データ検索サイト（日本銀行［日本銀行, 2017 ①］）http://www.stat-search.boj.or.jp/index.html（2017 年 11 月時点）より入手した。
表のαは定数項、Std. Error はこの推計式の分散に対応する各パラメーターの標準偏差、R-squared は決定係数、Adjusted R-squared は修正済み決定係数である。F（ ）は F 値を示す。S.E. of regression は推計式の攪乱項の分散の不偏推定量である s^2 の計算値である。加藤（加藤［加藤, 2012］）54-57 ページ参照。

　つぎに第二地方銀行（地方銀行Ⅱ）グループと信用金庫グループ間の新規の貸出約定平均利子率の総合値、短期の貸出約定平均利子率、長期の貸出約定平均利子率のそれぞれの関係を単回帰式で推計した。ここでの推計方法も、従属変数を地方銀行Ⅱグループの総合値、短期、長期の値とし、独立変数として信用金庫グループの新規の貸出約定平均利子率のそれぞれの値として、上記の単回帰式の推計結果が下記の通りである（表3-19～表3-21、図3-16～図 3-18 参照）

208

（地方銀行Ⅱと信用金庫グループとの貸出利子率の関係の推計結果）

総合値：地方銀行Ⅱ（Y_{31k}）と信用金庫の貸出約定平均利子率
（総合値）（X_{41k}）との関係

推計式　$Y_{31k} = -0.8555 + 1.211*X_{41k} + e_k$
$\quad\quad\quad\quad\quad$ (-23.84***)　(80.74***)

短期：　地方銀行Ⅱ（Y_{32}）と信用金庫の短期の貸出約定平均
利子率（X_{42}）との関係

推計式　$Y_{32k} = -0.785 + 1.149*X_{42k} + e_k$
$\quad\quad\quad\quad\quad$ (-13.99***)　(51.26***)

長期：　地方銀行Ⅱ（Y_{33}）と信用金庫の長期の貸出約定平均
利子率（X_{43}）との関係

推計式　$Y_{33k} = -0.956 + 1.342*X_{43k} + e_k$
$\quad\quad\quad\quad\quad$ (-19.97***)　(63.46***)

推計式の下の（）の値はt値であり、*が有意水準10％　**は有意水準
5％、***は有意水準1％である。

　推計結果から、地方銀行Ⅱグループと信用金庫グループ間での
利子率の大小関係を記す。推計結果から分かるように、ある利子
率の値によって、地方銀行Ⅱグループと信用金庫グループ間との
利子率の大小関係は異なる場合がある。地方銀行Ⅱグループと信
用金庫グループとの利子率が等しくなる利子率の値を探して、現
実の値が、その値より下の値を採れば信用金庫＞地方銀行Ⅱとい
う関係、大きな値を採れば信用金庫＜地方銀行Ⅱになる。総合
値、短期、長期のそれぞれの推計結果から銀行間の利子率が等し
くなるのは、総合値で4.052％、短期では5.268％、長期では

2.795％の値であった[31]。

　推計結果から観測した所与のデータ範囲であれば信用金庫の利子率が max X＝3 に対し地方銀行Ⅱは Y＝－0.8555＋1.211×3＝2.775＜3 であり、一目瞭然である。総合値の利子率で見たとき、地方銀行Ⅱ＜信用金庫という関係が認められる。もちろん、推計結果から統計上有意である[32]。短期の利子率では推計結果からも分かるように、地方銀行Ⅱ＜信用金庫の関係が認められる。そして、長期の推計結果では、信用金庫グループの利子率が 2.795％を超えれば、地方銀行Ⅱ＞信用金庫の関係が認められ、2.795％下回るときには、地方銀行Ⅱ＜信用金庫の関係が認められる。

　長期に関して、銀行グループ間で提供される利子率を見たとき、高い利子率を提示する際には、信用金庫グループは地方銀行Ⅱグループより低い値で与信先に提供し、長期で低い利子率を提示するときは、信用金庫グループは地方銀行Ⅱグループより高い値で与信先に提供しているのである。

31　各金融機関の利子率が等しくなるときの値を求めるとき、推計の係数値が小さいので、値は小数3桁までで切り捨てた値を用いた。

32　総合値の推計結果は Y＝-0.855＋1.21X であり、X＝Y になる値は、計算すると X＝4.052 であり、すべての X＜4.052 であれば Y＞X の関係になる。

表3-19　最小二乗法（OLS），観測：1997:09-2017:08（観測数：240）

従属変数：Y_{31k}　：（rate_glend_chigin2）

	係数	Std. Error	t値	p値	
α	−0.855564	0.0358932	−23.84	<0.0001	***
X_{41k}	1.21142	0.0150043	80.74	<0.0001	***

Mean dependent var	2.014963	S.D. dependent var	0.405795
Sum squared resid	1.386296	S.E. of regression	0.076320
R-squared	0.964775	Adjusted R-squared	0.964627
F（1, 238）	6518.657	P-value（F）	6.2e-175
Log-likelihood	277.9351	Akaike criterion	−551.8703
Schwarz criterion	−544.9090	Hannan-Quinn	−549.0654
Rho	0.375860	Durbin-Watson	1.233292

表3-20　最小二乗法（OLS），観測：1997:09-2017:08（観測数：240）

従属変数：Y_{32k}　：（地銀Ⅱの短期貸出利子率）

	係数	Std. Error	t値	p値	
α	−0.785320	0.0561200	−13.99	<0.0001	***
X_{42k}	1.14903	0.0224160	51.26	<0.0001	***

Mean dependent var	2.078579	S.D. dependent var	0.283471
Sum squared resid	1.595095	S.E. of regression	0.081866
R-squared	0.916944	Adjusted R-squared	0.916595
F（1, 238）	2627.529	P-value（F）	1.4e-130
Log-likelihood	261.0904	Akaike criterion	−518.1988
Schwarz criterion	−511.2375	Hannan-Quinn	−515.3939
Rho	0.135883	Durbin-Watson	1.722636

これらの表のp値の後の、***……有意水準1%　**……有意水準5%　*……有意水準10%となっている。この推計の貸出約定平均利子率のデータは、日本銀行の時系列データ検索サイト（日本銀行［日本銀行, 2017 ①］）http://www.stat-search.boj.or.jp/index.html（2017年11月時点）より入手した。

表のαは定数項、Std. Error はこの推計式の分散に対応する各パラメーターの標準偏差、R-squared は決定係数、Adjusted R-squared は修正済み決定係数である。F（ ）は F 値を示す。S.E. of regression は推計式の攪乱項の分散の不偏推定量である s^2 の計算値である。加藤（加藤［加藤, 2012］）54-57 ページ参照。

図3-16 rate_glend_chigin2 対 rate_glend_shinkin (最小二乗フィット付)

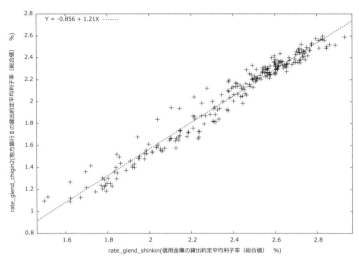

図3-17 rate_slend_chigin2 対 rate_slend_shinkin (最小二乗フィット付)

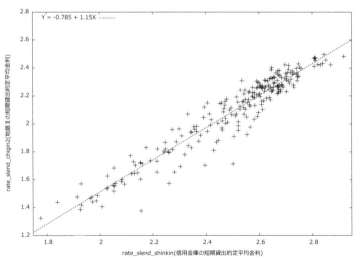

この図の短期の利子率とした各銀行グループの新規の短期貸出約定平均利子率は、日本銀行の時系列データ検索サイト（日本銀行［日本銀行, 2017①］） http://www.stat-search.boj.or.jp/index.html よりデータを入手し作成した。

表3-21　最小二乗法 (OLS), 観測：1997:09-2017:08 (観測数：240)

従属変数：Y_{33k} ：(地銀Ⅱの長期貸出約定平均利子率)

	係数	*Std. Error*	*t*値	*p*値	
α	-0.956672	0.0479034	-19.97	<0.0001	***
X_{43k}	1.34272	0.0211575	63.46	<0.0001	***

Mean dependent var	2.033717	S.D. dependent var	0.564665
Sum squared resid	4.251854	S.E. of regression	0.133660
R-squared	0.944204	Adjusted R-squared	0.943970
F (1, 238)	4027.576	P-value (F)	3.7e-151
Log-likelihood	143.4488	Akaike criterion	-282.8976
Schwarz criterion	-275.9363	Hannan-Quinn	-280.0927
Rho	0.612588	Durbin-Watson	0.768235

表のp値の後の、***……有意水準1%　**……有意水準5%　*……有意水準10%となっている。この推計の長期貸出約定平均利子率のデータは、日本銀行の時系列データ検索サイト（日本銀行［日本銀行, 2017①]）http://www.stat-search.boj.or.jp/index.html（2017年11月時点）より入手した。
表のαは定数項、Std. Error はこの推計式の分散に対応する各パラメーターの標準偏差、R-squared は決定係数、Adjusted R-squared は修正済み決定係数である。F（ ）はF値を示す。S.E. of regression は推計式の攪乱項の分散の不偏推定量であるs^2の計算値である。加藤（加藤［加藤, 2012]）54-57ページ参照。

図3-18　rate_llend_chigin2 対 rate_llend_shinkin
　　　　 (最小二乗フィット付)

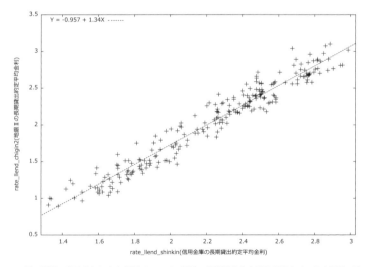

この図の長期の利子率とした各銀行グループの新規の長期貸出約定平均利子率は、日本銀行の時系列データ検索サイト（日本銀行［日本銀行, 2017①]）http://www.stat-search.boj.or.jp/index.html よりデータを入手し作成した。

　本書のここでの推計結果を要約しておく。総合値、長期、短期のすべての都市銀行と地方銀行Ⅰグループ間の貸出約定平均利子率の関係を見れば、推計結果から、①　都市銀行の利子率＜地方銀行Ⅰの利子率という関係が成立する（表3-22参照）。

　地方銀行Ⅱグループと信用金庫のグループ間では、推計結果から以下の2つの結論が導かれる。

　総合値と短期では推計結果から

　②　地方銀行Ⅱの利子率＜信用金庫の利子率

であり、長期では地方銀行Ⅱと信用金庫の利子率が一致する値を基準として、

　2.795％より低い長期利子率のとき、

　③　地方銀行Ⅱの利子率＜信用金庫の利子率

の関係が確認でき、2.795％より高い長期利子率のときには

　③′　地方銀行Ⅱの利子率＞信用金庫の利子率

の関係が確認できる。

　表3-22に示したように、都市銀行と地方銀行Ⅰグループ間の貸出の利子率の特徴は、新規の貸出約定平均利子率では、すべての期間で都市銀行グループが地方銀行Ⅰグループより低い利子率

表3-22　銀行グループ間毎の貸出約定平均利子率の大小関係

競合銀行グループ間毎の貸出約定平均利子率の大小関係		
総合 （rate_glend）	都市銀行＜地方銀行Ⅰ	地方銀行Ⅱ＜信用金庫
短期 （rate_slend）	都市銀行＜地方銀行Ⅰ	地方銀行Ⅱ＜信用金庫
長期 （rate_llend）	都市銀行＜地方銀行Ⅰ	地方銀行Ⅱ＜信用金庫 or 地方銀行Ⅱ＞信用金庫

である。

　他方、地方銀行Ⅱグループと信用金庫グループ間の貸出利子率との関係は、推計結果より、総合値と短期の貸出約定平均利子率を比較したとき、表3-22と前掲②示した関係で示したように地方銀行Ⅱグループの利子率は信用金庫グループのそれより低い。長期の貸出利子率だけは、推計結果からも分かるように、表3-22と前掲③で示した関係のように長期の利子率が2.795％より低いケースであれば、地方銀行Ⅱグループの値は信用金庫グループより低いという関係であるが、表3-22と前掲③′で示した関係のように長期の利子率が2.795％を超えた時には、地方銀行Ⅱグループの利子率が信用金庫グループより高いという関係が成立する。

　銀行グループ毎に、提示する貸出利子率に差があるならば、普通の企業であるならば、わざわざ高いところから借りるはずもない。しかし、実質利子率で考えたとき、銀行は与信する企業が生産し取引した生産物の価格の変化が返却資金の原資であるから、それを考慮し実質負担（実質利子率）と考えている。それ故、金融機関は相対で取引するときに、借りる主体の状況に応じて貸出利子率を変更させる。

3-4 金融機関の貸出行動の変化
―手形、CP（Commercial Paper）からの脱却　長期貸出への転換―

　第2次安倍内閣（2012～2014年）のもと、アベノミクスと言われた経済と金融政策実施のため、黒田日銀総裁は2013年（平成25年）4月から超金融緩和政策を徹底した。本書では、その間、金融機関の貸出行動がどのように変化したかを検証する。金融機関は貸し出す際に手形、CP（Commercial Paper：商業手形）

図3-19　全銀行の手形、CPの使用残高と貸出残高との比較

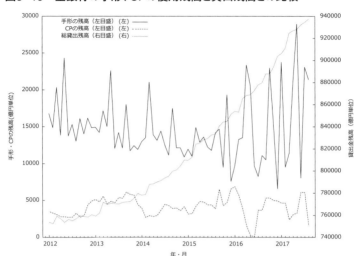

この図は、各行の貸出金残高（平均残高値）と手形とCP発行残高のデータを日本銀行の時系列データ検索サイト（日本銀行［日本銀行, 2017 ①]）　http://www.stat-search.boj.or.jp/index.html より入手し作成した。

発行による貸出で、直接資金を貸し出すことを行っている[33]。言い換えれば、企業が運転資金などの流動性の高い資金を借りるときに、金融機関は手形やCP発行で資金を貸し出す形を採っている。図3-19でも示したが、全銀行で見たとき、貸出金残高（平均残高値）が急増していることは確認できるが、手形、CPの残高はそれほど増えていないようにも見える。

　この図3-19だけでは特徴を明確に読み取れないので、CP発行残高の対数値変化と、銀行グループ間の貸出金平均残高の対数値の変化との関係を以下の単回帰式を用いて、銀行グループ間で

---

[33]　CP（Commercial Paper）は、企業が短期資金の調達を目的に、割引形式で発行する無担保の約束手形である。

のそれぞれの特徴を検証することにした。

$$Y_j = \alpha + \beta_i X_{ij} + u_j$$

ただし、α：定数項、
Y_j：CP発行残高の対数値差分（ld_book_CP）であり、
X_{ij}：銀行グループiの貸出金残高（平均残高）の対数値差分（i＝1：都市銀行、
i＝2：地方銀行Ⅰ、i＝3：地方銀行Ⅱ、i＝4：信用金庫）、jは観測値の番号、
u_j：誤差項　$u_j \sim N\,(0, \sigma^2)$

　上記の推計結果下記の通りである（表3-23〜表3-26、図3-20〜図3-22参照）。

都市銀行グループ　：　$Y_j = -0.0727 + 0.0234{*}X_{1j} + e_j$
　　　　　　　　　　　　　　(-4.684***)　　(0.047)

地方銀行Ⅰグループ：　$Y_j = -0.0033 - 1.438{*}X_{2j} + e_j$
　　　　　　　　　　　　　　(-0.2209)　　(-2.097**)

地方銀行Ⅱグループ：　$Y_j = -0.0302 - 1.667{*}X_{3j} + e_j$
　　　　　　　　　　　　　　(-3.184***)　　(-4.439***)

信用金庫グループ　：　$Y_j = -0.0404 - 3.176{*}X_{4j} + e_j$
　　　　　　　　　　　　　　(-4.024***)　　(-4.091***)

推計式の下の（）の値はt値であり、*は*が有意水準10%　**は有意水準5%、***は有意水準1%である。
この推計の貸出残高とCP発行残高のデータは、日本銀行の時系列データ検索サイト（日本銀行［日本銀行, 2017①]）http://www.stat-search.boj.or.jp/index.html より入手し作成した。

　上記推計結果から分かるようにX_{1j}の係数β_1からも分かるように、都市銀行グループでは貸出金平均残高の変化と商業手形残高の変化で統計的に有意な関係は存在しない。
　地方銀行Ⅰ（表3-24）と地方銀行Ⅱ（表3-25）信用金庫（表

表3-23　最小二乗法（OLS），観測：1999:04-2017:08（観測数：221）

従属変数：Y_j（ld_book_CP）

	係数	*Std. Error*	t値	p値	
α	-0.07273	0.0155284	-4.684	<0.0001	***
X_{1j}	0.0234777	0.490282	0.04789	0.9619	

Mean dependent var	-0.072985	S.D. dependent var	0.217307
Sum squared resid	10.38882	S.E. of regression	0.217802
R-squared	0.000010	Adjusted R-squared	-0.004556
F（1, 219）	0.002293	P-value（F）	0.961851
Log-likelihood	24.26091	Akaike criterion	-44.52181
Schwarz criterion	-37.72549	Hannan-Quinn	-41.77758
Rho	0.078102	Durbin-Watson	1.800637

表のp値の後の、***……有意水準1%　**……有意水準5%　*……有意水準10%となっている

この推計の各行の貸出残高（平均残高値）とCP発行残高のデータは、日本銀行の時系列データ検索サイト（日本銀行［日本銀行, 2017 ①]）http://www.stat-search.boj.or.jp/index.html より入手し作成した。

表のαは定数項、Std. Error はこの推計式の分散に対応する各パラメーターの標準偏差、R-squared は決定係数、Adjusted R-squared は修正済み決定係数である。F（ ）はF値を示す。S.E. of regression は推計式の攪乱項の分散の不偏推定量であるs^2の計算値である。加藤（加藤［加藤, 2012]）54-57ページ参照。

3-26）のそれぞれの推計結果から分かるように、係数β_2, β_3, β_4では、銀行グループの貸出金平均残高と商業手形の残高変化について、統計上有意な意味で負の相関が認められた[34]。これらの推計結果を見ると、都市銀行グループを除く他の銀行グループでは、貸出残高が増加したとき、CP発行残高は減少するという統計的有意な関係があり、それは散布図からも確認できる。ただし、これらの推計では、グループ間での差についてまでは言及で

---

[34] 図3-20〜図3-22のグラフを眺めると異常値の存在があり、それを外して処理すべきという指摘も存在する。筆者は、ここで極力、原データのまま処理するという方針を徹底した。

きず、説明力も不十分であることを断っておく。そして、この結果は、リレーションシップ バンキングとしての機能の地方銀行Ⅰ、地方銀行Ⅱ、信用金庫グループはCPと貸出が逆相関の形になっているということは、企業と密接な関係を構築していればこそ、CPによる資金提供を積極的に活用できるはずである。しかし、現実には貸出金残高の増加のとき、CPの残高を抑えることになっており、日本の銀行でリレーションシップ バンキング機能を発揮していない事態が確認できる。

図3-20　ld_book_CP 対 ld_lend_chigin1（最小二乗フィット付）

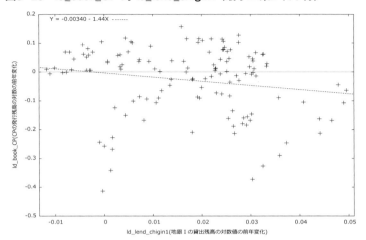

図3-21　ld_book_CP 対 ld_lend_chigin2（最小二乗フィット付）

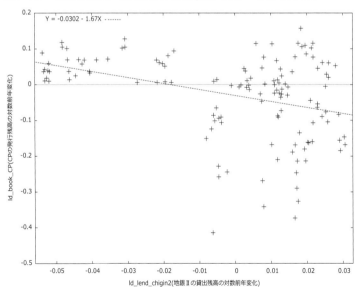

これらの図は、各行の貸出金残高（平均残高値）と手形と CP 発行残高のデータを日本銀行の時系列データ検索サイト（日本銀行［日本銀行, 2017①］）　http://www.stat-search.boj.or.jp/index.html より入手し作成した。

表3-24 最小二乗法 (OLS), 観測：2002:04-2013:03 (観測数：132)

従属変数：Y_j (ld_book_CP)

	係数	Std. Error	t値	p値	
α	− 0.00339904	0.0153858	− 0.2209	0.8255	
X_{2j}	− 1.43889	0.686166	− 2.097	0.0379	**

Mean dependent var	− 0.027916	S.D. dependent var	0.116392
Sum squared resid	1.716611	S.E. of regression	0.114912
R-squared	0.032719	Adjusted R-squared	0.025279
F (1, 130)	4.397401	P-value (F)	0.037931
Log-likelihood	99.30181	Akaike criterion	− 194.6036
Schwarz criterion	− 188.8380	Hannan-Quinn	− 192.2607
Rho	0.902495	Durbin-Watson	0.194453

表3-25 最小二乗法 (OLS), 観測：2002:04-2013:03 (観測数：132)

従属変数：Y_j (ld_book_CP)

	係数	Std. Error	t値	p値	
α	− 0.0302165	0.00949083	− 3.184	0.0018	***
X_{3j}	− 1.66754	0.375659	− 4.439	<0.0001	***

Mean dependent var	− 0.027916	S.D. dependent var	0.116392
Sum squared resid	1.541091	S.E. of regression	0.108879
R-squared	0.131622	Adjusted R-squared	0.124942
F (1, 130)	19.70436	P-value (F)	0.000019
Log-likelihood	106.4207	Akaike criterion	− 208.8413
Schwarz criterion	− 203.0757	Hannan-Quinn	− 206.4984
Rho	0.884389	Durbin-Watson	0.232030

これらの表のp値の後の、***……有意水準1% **……有意水準5% *……有意水準10%となっている。

この推計の各行の貸出残高（平均残高値）とCP発行残高のデータは、日本銀行の時系列データ検索サイト（日本銀行［日本銀行, 2017 ①]）http://www.stat-search.boj.or.jp/index.html より入手し作成した。

表のαは定数項、Std. Error はこの推計式の分散に対応する各パラメーターの標準偏差、R-squared は決定係数、Adjusted R-squared は修正済み決定係数である。F ( ) はF値を示す。S.E. of regression は推計式の攪乱項の分散の不偏推定量であるs^2の計算値である。加藤（加藤［加藤, 2012]）54-57 ページ参照。

図3-22　ld_book_CP 対 ld_lend_shinkin（最小二乗フィット付）

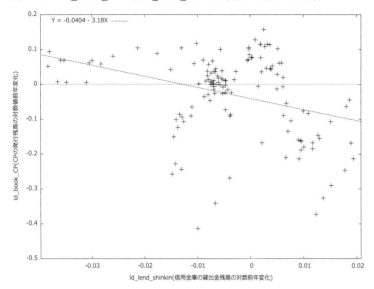

この図は、各行の貸出金残高（平均残高値）と手形と CP 発行残高のデータを日本銀行の時系列データ検索サイト（日本銀行［日本銀行, 2017 ①］）　http://www.stat-search.boj.or.jp/index.html より入手し作成した。

表3-26　最小二乗法（OLS），観測：2002:04-2013:03（観測数：132）

従属変数：Y_j（ld_book_CP）

	係数	*Std. Error*	*t*値	*p*値	
α	− 0.0404438	0.0100500	− 4.024	<0.0001	***
X_{4j}	− 3.1767	0.776552	− 4.091	<0.0001	***

Mean dependent var	− 0.027916	S.D. dependent var	0.116392
Sum squared resid	1.572279	S.E. of regression	0.109975
R-squared	0.114048	Adjusted R-squared	0.107233
F（1, 130）	16.73485	P-value（F）	0.000075
Log-likelihood	105.0983	Akaike criterion	− 206.1967
Schwarz criterion	− 200.4311	Hannan-Quinn	− 203.8538
Rho	0.895255	Durbin-Watson	0.210144

表の p 値の後の、***……有意水準 1％　**……有意水準 5％　*……有意水準 10％となっている。
この推計の貸出残高（平均残高値）と CP 発行残高のデータは、日本銀行の時系列データ検索サイト（日本銀行［日本銀行, 2017 ①］）　http://www.stat-search.boj.or.jp/index.html より入手し作成した。
表のαは定数項、Std. Error はこの推計式の分散に対応する各パラメーターの標準偏差、R-squared は決定係数、Adjusted R-squared は修正済み決定係数である。F（）は F 値を示す。S.E. of regression は推計式の攪乱項の分散の不偏推定量である s^2 の計算値である。加藤（加藤［加藤, 2012］）54-57 ページ参照。

3-5 金融機関への預金行動の変化
―公金預金と地域金融機関―

　さて、地域金融機関は、地方自治体の住民税、日本銀行の委託業務として企業法人税の徴収や公共事業の決済業務、公共料金の決済業務などを引き受けている。そのとき銀行から見て、公金預金の存在は取引上重要な意味を持つ（図 3-23 参照）[35]。

　国内銀行の総預金残高（末残値）は 2017 年（平成 29 年）に約746 兆円で、そのうち公金預金（末残値）は 21 兆円超える規模であった。地域金融機関では、地域に在る自治体がそこで預金口座を作っている。その理由は、そこで公金預金残高を保持して、地方自治体向けの経済・福祉政策にともなう資金の決済業務をその口座を通じて行うからである[36]。ここで、公的部門の預金の状態が、公的部門向け（地方自治体向け）貸出に及ぼす影響を検証する。本書では公金預金の種別まで着目し、預金種別残高と地方自治体向け貸出との関係を検討し、取引銀行にとって各種公金預金の存在が貸出にどのような影響を及ぼしたのかを検証した。

　地方自治体は、その地域の銀行に公金預金を預けているが、預金種別でも異なった形で預けている。例えば、民間でも本人預金の多寡は貸出の担保の意味を持つので、貸出の量に直接的に影響を及ぼす。公金預金においても、種々の公金預金が自治体向けの貸出金額と無関係であるとは考えにくい。その意味から以下の帰無仮説を棄却できるかを検証することにした。

---

[35]（天尾［天尾, 2004]）98-102 ページ引用。本書では公金預金についての問題を検討しており、ここでもその内容を引用して記した。

[36] この数値は、日本銀行の時系列データ検索サイト（日本銀行［日本銀行, 2017 ①]）http://www.stat-search.boj.or.jp/index.html より入手し作成した。2017 年の値については、1〜8 月までの平均値で加工した数値を入れた。

図3-23　預金残高に占める公金預金の比率

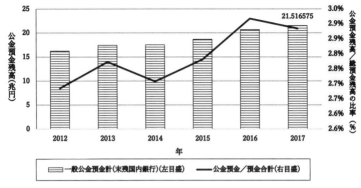

この図3-23は、日本銀行の時系列データ検索サイト（（日本銀行［日本銀行, 2017①]））
http://www.stat-search.boj.or.jp/index.html より数値データを入手し作成した。

　帰無仮説7　公金預金種別で地方自治体向け貸出の定数項に違
　　　　　　いは無い。
　帰無仮説8　公金預金種別で地方自治体向け貸出の変化に違い
　　　　　　が無い。

そして、以下の重回帰モデルを用いた。

$$Y_j = \alpha + \beta X_{ij} + \gamma_1 D_1 + \gamma_2 D_2 + \delta_1 D_1{}^*X_{ij} + \delta_2 D_2{}^*X_{ij} + u_j$$

ただし、α：定数項、
Y_j：地方自治体（都道府県・地方自治体）への貸出残高（末残値）の対数値、
X_{ij}：公金預金の種別iの残高、（i = 1：公金当座預金、i = 2：公金定期預金、i = 3：公金普通預金、j は観測値の番号）、
D_1、D_2 は、公金預金の種別を識別するためのダミー変数〔公金当座預金：(0, 0)、公金定期預金：(1, 0)、公金普通預金：(0, 1)〕、
u_j：誤差項 $u_j \sim N(0, \sigma^2)$

このダミー変数の定義から、δ_1 は $D_1{}^*X_{2j}$ の係数であるので、

基準とした公金当座預金残高の大きさと公金定期預金残高の大きさとの差を表す。δ_2 も同様に基準とした公金当座預金の傾きと公金普通預金のそれとの差を表している。

この重回帰モデルの推計結果は下記の通りである（表3-27参照）。

$$Y_j = 6.70216 + 0.449271X_{ij} - 2.95056D_1 + 4.80768D_2$$
$$\text{(11.35***)} \quad \text{(9.765***)} \quad \text{(-3.062***)} \quad \text{(6.188***)}$$

$$+ 0.132231D_1*X_{2j} - 0.363985D_2*X_{3j} + e_j$$
$$\text{(1.929*)} \quad \text{(-5.652***)}$$

推計式の下の（）の値は t 値であり、* は * が有意水準 10%　** は有意水準 5%、*** は有意水準 1%である

上記推計結果が示す通り、β、γ_1、γ_2、δ_1、δ_2 の係数はすべて統計的に有意であり、この結果から下記を推論できる。

1.　公金定期預金　：γ_1、δ_1 が統計的に有意であるから帰無仮説 7, 8 は棄却できる。すなわち、基準となる公金当座預金と比べて預金残が2.95（対数値）小さい。公金定期預金の直線の傾きは当座預金と比べ、0.132（対数値）大きい。

2.　公金普通預金　：γ_2、δ_2 が統計的に有意であり、帰無仮説 7, 8 は棄却できる。すなわち、基準となる公金当座預金と比べて預金残は4.807（対数値）大きく、公金普通預金の傾きは、公金当座預金のそれと比べて、それは0.363（対数値）小さい。

この結論を要約すれば、公金定期預金残高の多寡は、当座預金の影響と比べて共団体向け貸出に影響を及ぼす。普通預金の多寡は公共向け貸出への影響は公金当座預金と比べて小さい影響しか

表3-27　重回帰モデルで全ての公金預金種別残高で公的貸出を推計した結果，観測数：68（推計期間：2012年1月〜2017年8月）

従属変数:Y_j：（都道府県・地方自治体への公的貸出残高（末残値）の自然対数値）

	係数	*Std. Error*	*t*値	*p*値	
α	6.70216	0.590264	11.35	<0.0001	***
X_{ij}	0.449271	0.0460076	9.765	<0.0001	***
D_1	−2.95056	0.963526	−3.062	0.0025	***
D_2	4.80768	0.776940	6.188	<0.0001	***
D_1*X_{2j}	0.132231	0.0685498	1.929	0.0552	*
D_2*X_{3j}	−0.363985	0.0644000	−5.652	<0.0001	***

Mean dependent var	12.46591	S.D. dependent var	0.067152
Sum squared resid	0.423604	S.E. of regression	0.046254
R-squared	0.537257	Adjusted R-squared	0.525571
F（5, 198）	45.97660	P-value（F）	2.23e-31
Log-likelihood	340.5984	Akaike criterion	−669.1968
Schwarz criterion	−649.2880	Hannan-Quinn	−661.1433

表の p 値の後の，***……有意水準 1%　**……有意水準 5%　*……有意水準 10%となっている。
この推計の公共団体向け貸出残高（末残値）と公金預金の種別預金残高（末残値）のデータは，日本銀行の時系列データ検索サイト（日本銀行［日本銀行, 2017 ①］） http://www.stat-search.boj.or.jp/index.html より入手し作成した。
表のαは定数項、Std. Error はこの推計式の分散に対応する各パラメーターの標準偏差、R-squared は決定係数、Adjusted R-squared は修正済み決定係数である。F（ ）は F 値を示す。S.E. of regression は推計式の攪乱項の分散の不偏推定量である s^2 の計算値である。加藤（加藤［加藤, 2012］）54-57 ページ参照。

及ぼさないということである。

　確認のために、国内の全預金残高と公金預金残高の関係についても記すことにしよう。預金が増えるということは所得効果が働くため、税収も増えているのであり、公金預金も増えると予想できる。国内銀行の全預金残高（yokin_all）の対数値を独立変数とし、公金預金残高（pub_all_yokin）の対数値を従属変数とし、以下の単回帰式を推計した。

$$Y_j = \alpha + \beta X_j + u_j$$

ただし、α：定数項、

Y_j：公金預金残高の対数値、

X_j：国内の全預金残高の対数値、j は観測値の番号、

u_j：誤差項　$u_j \sim N(0, \sigma^2)$ である。

表3-28　最小二乗法（OLS）, 観測：1998:04-2017:08（観測数：233）

従属変数：Y_j（公金預金総残高の対数値）

	係数	*Std. Error*	t値	p値	
α	8.77819	1.28675	6.822	<0.0001	***
X_j	0.209544	0.0828429	2.529	0.0121	**

Mean dependent var	12.03279	S.D. dependent var	0.170186
Sum squared resid	6.538425	S.E. of regression	0.168241
R-squared	0.026950	Adjusted R-squared	0.022738
F (1, 231)	6.397913	P-value (F)	0.012092
Log-likelihood	85.68167	Akaike criterion	− 167.3633
Schwarz criterion	− 160.4613	Hannan-Quinn	− 164.5801
Rho	0.673336	Durbin-Watson	0.651591

表の p 値の後の、***……有意水準 1%　**……有意水準 5%　*……有意水準 10% となっている。

この推計の国内銀行の全預金残高（末残値）と公金預金総残高（末残値）のデータは、日本銀行の時系列データ検索サイト（日本銀行［日本銀行, 2017 ①］）http://www.stat-search.boj.or.jp/index.html より入手し作成した。

表のαは定数項、Std. Error はこの推計式の分散に対応する各パラメーターの標準偏差、R-squared は決定係数、Adjusted R-squared は修正済み決定係数である。F（）は F 値を示す。S.E. of regression は推計式の攪乱項の分散の不偏推定量である s^2 の計算値である。加藤（加藤［加藤, 2012］）54-57 ページ参照。

上記の推計結果が下記の通りである（表3-28、図3-24参照）。

$$Y_j = 8.778 + 0.209*X_j + e_j$$
$$(6.822***) \quad (2.529**)$$

推計式の下の（）の値はt値であり、*は*が有意水準10%　**は有意水準5%、***は有意水準1%である。

図3-24　l_pub_all_yokin 対 l_yokin_all（最小二乗フィット付）

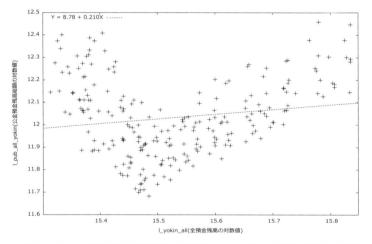

この図3-24は、国内銀行の総預金残高（末残値）と公金預金の種別預金残高（末残値）を日本銀行の時系列データ検索サイト（日本銀行［日本銀行, 2017①］）http://www.stat-search.boj.or.jp/index.html より入手し作成した。

　上記の推計結果からも分かるが、全預金残高（yokin_all）1%の変化に対し公金預金総残高（pub_all_yokin）が0.2%増大するという関係は、回帰式の調整済み決定係数（Adjusted R-squared）が低く説明力が不十分ではあるが、統計上有意である。

　さて、ここで、銀行グループ毎の貸出約定平均利子率（総合値）と公的部門総貸出残高との関係を検証する。本書の論考の方

針でもある銀行グループ毎で公的部門の貸出に違いが生じていたのかを検証するためである。

　まず、それを検証する準備段階として、以下のような単回帰式で銀行グループ間でのおおよその特徴を探ることにした。

$$Y_j = \alpha + \beta_i X_{ij} + u_j$$

　ただし、Y_j は、公的部門向け総貸出残高〔末残値〕の対数値、α は定数項、X_i は貸出約定平均利子率〔総合値〕として、添え字の i は銀行グループを示し、〔$i=1$：都市銀行、$i=2$：地方銀行Ⅰ、$i=3$：地方銀行Ⅱ、$i=4$：信用金庫〕、j は観測値の番号であり、u_j は j の誤差項　$u_j \sim N(0, \sigma^2)$ である。

　上記の単回帰の推計結果は以下の通りである（表3−29〜表3−32、図3−25〜図3−28参照）。

都市銀行　：　$Y_j = 12.677 - 0.332{*}X_{1j} + e_j$
　　　　　　　　　　(534.7***)　(-8.747***)

地方銀行Ⅰ：　$Y_j = 12.883 - 0.341{*}X_{2j} + e_j$
　　　　　　　　　　(383.8***)　(-12.28***)

地方銀行Ⅱ：　$Y_j = 12.924 - 0.308{*}X_{3j} + e_j$
　　　　　　　　　　(434.0***)　(-15.21***)

信用金庫　：　$Y_j = 12.608 - 0.0926{*}X_{4j} + e_j$
　　　　　　　　　　(871.3***)　(-9.81***)

　　推計式の下の（）の値はt値であり、＊は＊が有意水準10％　＊＊は有意水準5％、＊＊＊は有意水準1％である。

推計結果から、グループ間で切片にほとんど差は無いが、線の傾きは負の値を取って、グループ間で似た値になっているようにも見える。しかし、これだけでグループ間の違いを言及することは不可能である。

表3-29　最小二乗法（OLS），観測：2012:01-2017:08（観測数：68）

従属変数: Y_j :（l_lend_pub）

	係数	*Std. Error*	*t*値	*p*値	
α	12.6771	0.0237107	534.7	<0.0001	***
X_{1j}	-0.332888	0.0380563	-8.747	<0.0001	***

Mean dependent var	12.47544	S.D. dependent var	0.066553
Sum squared resid	0.137436	S.E. of regression	0.045633
R-squared	0.536889	Adjusted R-squared	0.529872
F（1, 66）	76.51446	P-value（F）	1.22e-12
Log-likelihood	114.4517	Akaike criterion	-224.9034
Schwarz criterion	-220.4644	Hannan-Quinn	-223.1445
Rho	0.287993	Durbin-Watson	1.384969

表の p 値の後の、***……有意水準 1%　**……有意水準 5%　*……有意水準 10% となっている。

この推計に使用した各銀行グループの貸出約定平均利子率（総合値）と公共団体向け貸出残高（末残値）の数値データは、日本銀行の時系列データ検索サイト（日本銀行［日本銀行, 2017 ①]）http://www.stat-search.boj.or.jp/index.html（2017 年 11 月時点）より入手し作成した。

表のαは定数項、Std. Error はこの推計式の分散に対応する各パラメーターの標準偏差、R-squared は決定係数、Adjusted R-squared は修正済み決定係数である。F（ ）は F 値を示す。S.E. of regression は推計式の攪乱項の分散の不偏推定量である s^2 の計算値である。加藤（加藤［加藤, 2012]）54-57 ページ参照。

図3-25　lend_pub 対 rate_glend_toshi（最小二乗フィット付）

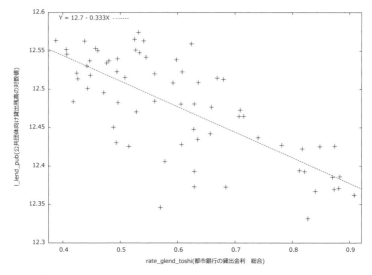

この図の各銀行グループの貸出約定平均利子率（総合値）と公共団体向け貸出残高（末残値）は、日本銀行の時系列データ検索サイト（日本銀行［日本銀行, 2017①］）http://www.stat-earch.boj.or.jp/index.html よりデータを入手し作成した。

表3-30　最小二乗法（OLS）, 観測：2012:01-2017:08（観測数：68）

従属変数: Y_j　:（l_lend_pub）

	係数	Std. Error	t値	p値	
α	12.8838	0.0335655	383.8	<0.0001	***
X_{2j}	−0.341795	0.0278403	−12.28	<0.0001	***

Mean dependent var	12.47544	S.D. dependent var	0.066553
Sum squared resid	0.090376	S.E. of regression	0.037004
R-squared	0.695467	Adjusted R-squared	0.690853
F（1, 66）	150.7250	P-value（F）	1.06e-18
Log-likelihood	128.7040	Akaike criterion	−253.4080
Schwarz criterion	−248.9690	Hannan-Quinn	−251.6491
Rho	0.370768	Durbin-Watson	1.210281

表の p 値の後の、***……有意水準 1％　**……有意水準 5％　*……有意水準 10％ となっている。
この推計に使用した各銀行グループの貸出約定平均利子率（総合値）と公共団体向け貸出残高（末残値）の数値データは、日本銀行の時系列データ検索サイト（日本銀行［日本銀行, 2017①］）http://www.stat-search.boj.or.jp/index.html（2017 年 11 月時点）より入手した。
表のαは定数項、Std. Error はこの推計式の分散に対応する各パラメーターの標準偏差、R-squared は決定係数、Adjusted R-squared は修正済み決定係数である。F（）は F 値を示す。S.E. of regression は推計式の攪乱項の分散の不偏推定量である s^2 の計算値である。加藤（加藤［加藤, 2012］）54-57 ページ参照。

図3-26　l_lend_pub 対 rate_glend_chigin1（最小二乗フィット付）

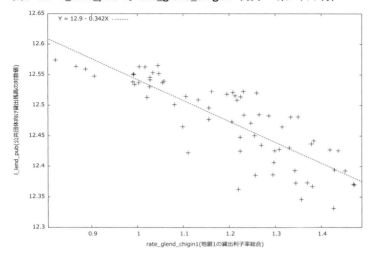

図3-27　l_lend_pub 対 rate_glend_chigin2（最小二乗フィット付）

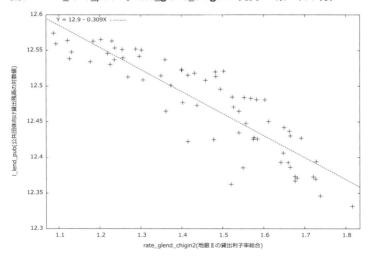

これらの図の各銀行グループの貸出約定平均利子率（総合値）と公共団体向け貸出残高
（末残値）は、日本銀行の時系列データ検索サイト（日本銀行［日本銀行, 2017 ①］）
http://www.stat-earch.boj.or.jp/index.html よりデータを入手し作成した。

表3-31　最小二乗法（OLS），観測：2012:01-2017:08（観測数：68）

従属変数: Y_j：（l_lend_pub）

	係数	*Std. Error*	*t*値	*p*値	
α	12.9245	0.0297768	434.0	<0.0001	***
X_{3j}	−0.308522	0.0202897	−15.21	<0.0001	***

Mean dependent var	12.47544	S.D. dependent var	0.066553
Sum squared resid	0.065900	S.E. of regression	0.031599
R-squared	0.777941	Adjusted R-squared	0.774577
F（1, 66）	231.2188	P-value（F）	3.00e-23
Log-likelihood	139.4425	Akaike criterion	−274.8851
Schwarz criterion	−270.4461	Hannan-Quinn	−273.1262
Rho	0.301632	Durbin-Watson	1.380444

表3-32　最小二乗法（OLS），観測：2012:01-2017:08（観測数：68）

従属変数：Y_j（l_lend_pub）

	係数	*Std. Error*	*t*値	*p*値	
α	12.6080	0.0144695	871.3	<0.0001	***
X_{4j}	−0.0926433	0.00944337	−9.810	<0.0001	***

Mean dependent var	12.47544	S.D. dependent var	0.066553
Sum squared resid	0.120723	S.E. of regression	0.042768
R-squared	0.593205	Adjusted R-squared	0.587042
F（1, 66）	96.24396	P-value（F）	1.62e-14
Log-likelihood	118.8600	Akaike criterion	−233.7201
Schwarz criterion	−229.2811	Hannan-Quinn	−231.9612
Rho	0.373141	Durbin-Watson	1.217423

これらの表のp値の後の、***……有意水準1%　**……有意水準5%　*……有意水準10%となっている。この推計に使用した数値データは、日本銀行の時系列データ検索サイト（日本銀行［日本銀行, 2017①]）http://www.stat-search.boj.or.jp/index.html（2017年11月時点）より入手した。

表のαは定数項、Std. Error はこの推計式の分散に対応する各パラメーターの標準偏差、R-squared は決定係数、Adjusted R-squared は修正済み決定係数である。F（）はF値を示す。S.E. of regression は推計式の攪乱項の分散の不偏推定量であるs^2の計算値である。加藤（加藤［加藤, 2012]）54-57 ページ参照。

図3-28　l_lend_pub 対 rate_glend_shinkin（最小二乗フィット付）

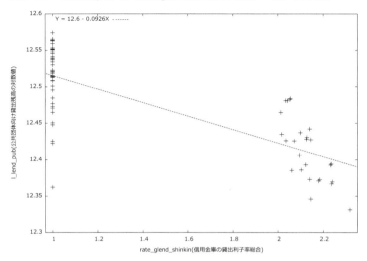

この図の各銀行グループの貸出約定平均利子率（総合値）と公共団体向け貸出残高（末残値）は、日本銀行の時系列データ検索サイト（日本銀行［日本銀行, 2017 ①］）http://www.stat-earch.boj.or.jp/index.html よりデータを入手し作成した。

　先ほどの銀行グループ毎の単回帰推計では、おおよその傾向を見るのが目的であった。銀行グループ毎で、政府や地方自治体に提示する貸出利子率と公的部門への貸出の関係について考えたとき、公的部門への貸出なので銀行グループ毎で額に違いが生じないのかもしれない。それとも、財政難の自治体では、むしろ銀行グループ毎の提示した利子の違いに反応して、貸出を行ったことも想定できる。その意味から、以下のような帰無仮説を棄却できるかについて検証した。

　帰無仮説 9　銀行グループ間で公的部門の貸出の定数項に違いは無い。

帰無仮説10　銀行グループ間で公的部門の貸出の利子率で違いが無い。

　ここで、銀行グループ間での違いを詳細に検証するために、パネルデータを用いて下記の重回帰モデルを推計した。

$$Y_j = \alpha + \beta X_{ij} + \gamma_1 D_1 + \gamma_2 D_2 + \gamma_3 D_3 + \delta_1 D_1 {}^* X_{ij}$$
$$+ \delta_2 D_2 {}^* X_{ij} + \delta_3 D_3 {}^* X_{ij} + u_j$$

ただし、α：定数項、
Y_j：公的部門への貸出残高（末残値）の対数値（l_lend_pub）、
X_{ij}：銀行グループiの貸出約定平均利子率（総合値）〔i=1：都市銀行、i=2：地方銀行Ⅰ、i=3：地方銀行Ⅱ、i=4：信用金庫〕、jは観測値の番号、
D_1、D_2、D_3：銀行グループを識別するためのダミー変数〔都市銀行：（0，0，0）、地方銀行Ⅰ：（1，0，0）、地方銀行Ⅱ：（0，1，0）、信用金庫：（0，0，1）〕、
u_j：誤差項〜N（0，σ^2）と示す。

　このモデルは理論的には銀行グループ毎で推計した定数項と基準とした都市銀行との平均利子との差が明示される形になっている。それ故、銀行グループ毎に公的貸出の推計式の定数項と利子率に違いが生じないという帰無仮説を9、10の2つに分けて設定した。ダミー変数の定義からも分かるように、δ_1 は $D_1 {}^* X_{2j}$ の係数であり、基準とした都市銀行グループと地方銀行Ⅰグループの平均利子率との差を表す。δ_2、δ_3 も、地方銀行Ⅱ、信用金庫グループの平均利子率と基準とした都市銀行グループのそれとの差を表している。

　この重回帰モデルの推計結果は下記の通りである（表3-33参照）。

$$Y_j = 12.6771 - 0.332888X_{ij} + 0.206709D_1 + 0.247342D_2$$
$$\quad\ (629.4**)\qquad (-10.30***)\qquad\quad (5.101***)\qquad\qquad (5.929***)$$

$$\quad + 0.355805D_3 - 0.00890726D_1*X_{2j}$$
$$\quad\ \ (6.678***)\qquad\quad (-0.2046)$$

$$\quad + 0.0243654*D_2*X_{3j} + 0.0448100D_3*X_{4j} + e_j$$
$$\quad\ \ (0.5972)\qquad\qquad\qquad (1.090)$$

推計式の下の（）の値はt値であり、＊は＊が有意水準10%　＊＊有意水準5%、＊＊＊は有意水準1%である。

　上記の推計結果からも分かるように、統計的に有意な係数は β、γ_1、γ_2、γ_3 である。この結果から下記を推論できる。

1.　地方銀行Ⅰ　：γ_1 が統計的に有意であるから、すなわち、帰無仮説9が棄却できる。基準となる都市銀行グループと比べて貸出残が0.206（対数値）多い。一方、δ_1 は有意では無いので、帰無仮説10は棄却できない。すなわち、都市銀行との間で利子による貸出量の差違が生じることは認められなかった。

2.　地方銀行Ⅱ　：γ_2 が統計的に有意であるから、すなわち、帰無仮説9が棄却できる。それ故、基準となる都市銀行グループと比べて貸出残が0.247（対数値）多い。一方、δ_2 は有意では無いので、帰無仮説10は棄却できない。すなわち、直線の傾きには都市銀行と利子による貸出量の差違が生じるとは認められなかった。

3.　信用金庫　：γ_3 が統計的に有意であるから、すなわち、帰無仮説9が棄却できる。基準である都市銀行グループと比べて貸出残が0.355（対数値）多い。一方、δ_3 は有意では無いので、帰無仮説10は棄却できない。すなわち、都市銀行と

表3-33　パネルデータを用いた重回帰モデル
都市銀行グループの総合貸出利子率で公的部門の貸出を推計した結果

最小二乗法（OLS）, 観測数：272
従属変数：Y_j

	係数	*Std. Error*	*t*値	*p*値	
α	12.6771	0.0201428	629.4	<0.0001	***
X_{ij}	−0.332888	0.0323297	−10.30	<0.0001	***
D_1	0.206709	0.0405242	5.101	<0.0001	***
D_2	0.247342	0.0417163	5.929	<0.0001	***
D_3	0.355805	0.0532789	6.678	<0.0001	***
$D_1{*}X_{2j}$	−0.00890726	0.0435413	−0.2046	0.8381	
$D_2{*}X_{3j}$	0.0243654	0.0408022	0.5972	0.5509	
$D_3{*}X_{4j}$	0.0448100	0.0410970	1.090	0.2766	

Mean dependent var	12.47544	S.D. dependent var	0.066184
Sum squared resid	0.396745	S.E. of regression	0.038766
R-squared	0.665778	Adjusted R-squared	0.656916
F（7, 264）	75.12771	P-value（F）	3.38e-59
Log-likelihood	502.1646	Akaike criterion	−988.3292
Schwarz criterion	−959.4828	Hannan-Quinn	−976.7484

表の p 値の後の、***……有意水準 1 %　**……有意水準 5 %　*……有意水準 10 %となっている。
この推計に使用した数値データは、日本銀行の時系列データ検索サイト（日本銀行［日本銀行, 2017 ①］）http://www.stat-search.boj.or.jp/index.html（2017 年 11 月時点）より入手した。
表のαは定数項、Std. Error はこの推計式の分散に対応する各パラメーターの標準偏差、R-squared は決定係数、Adjusted R-squared は修正済み決定係数である。F（ ）は F 値を示す。S.E. of regression は推計の攪乱項の分散の不偏推定量である s^2 の計算値である。加藤（加藤［加藤, 2012］）54-57 ページ参照。

利子による貸出量の差違が生じることは認められなかった。

銀行グループ毎の利子率で、公的部門向けの貸出金額に変化が現れないという結論は、これらの公的部門向け貸出は国や地方自治体の公共事業や産業政策と密接に関連しており、利子率だけが政策決定の要因ではないことから推測できる。

注目すべきは公的貸出の推計式の切片の値は、都市銀行と比べ量で見たとき、信用金庫、地方銀行Ⅱ、地方銀行Ⅰの順に都市銀行と比べて大きい。地方公共団体の公的部門の貸出を見たとき、地方政府は地域密着の金融機関を貸出の際、優先的に使用している事実が確認できる。

3-6 銀行はリレーションシップ バンキング貸出行動を行っているのか ―コミットメントライン貸出と貸出残高の変化―

銀行から企業へ資金貸出を行うときに、取引銀行はその企業とコミットメント ライン金額を定めて資金融通の契約を結ぶことがある。リレーションシップ業務とは、コミットメント ライン取引関係の動向と密接に関連している（図3-29参照）。この事象を分析し、日本のリレーションシップ バンキングの実情について検証する。

このコミットメントラインの統計データは、契約額と契約数、その使用額と使用数は存在しているので、この統計の特徴についてまず省察する[37]。

コミットメント ラインはリレーションシップ バンキングを行

---

[37] コミットメントラインの契約数と契約額、利用数と使用額については、日本銀行時系列統計データ検索サイト（日本銀行、［日本銀行, 2017 ①]）http://www.stat-search.boj.or.jp/index.html　から入手した（2017 年 11 月時点）。

図3-29　一契約あたりのコミットメントライン契約額と一使用あたりの使用額の推移

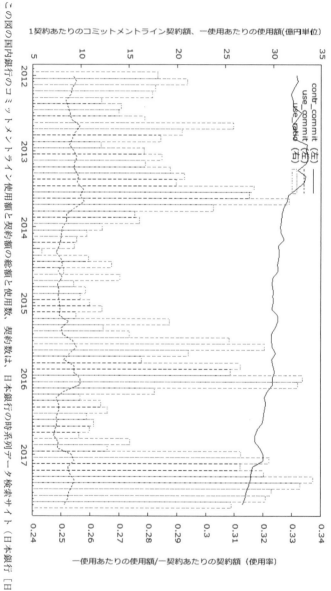

この図の国内銀行のコミットメントライン使用額と契約額の総額と使用数、契約数は、日本銀行の時系列データ検索サイト（日本銀行, 2017 ①）http://www.stat-search.boj.or.jp/index.html より数値データを入手し作成した。

う銀行の代表的な指標と見なすことができる。それ故、各銀行グループで、コミットメントラインの契約額や契約数と貸出残高との関係性を見ることは、それぞれの銀行グループと取引企業の間とのリレーションシップ バンキングの関係の進捗度を測る別の尺度と言える。

　まず、一契約あたりのコミットメントライン契約額（contr_commit）と一使用あたりの使用額（use_commit）のそれぞれの対数値（X_j と Y_j）との関係を以下の単回帰式で推計しよう。

$$Y_j = \alpha + \beta X_j + u_j$$

Y_j は一使用当たりのコミットメントラインの使用額の対数値、
X_j は一契約あたりのコミットメントラインの契約金額の対数値、
j は観測値の番号、
u_j：誤差項 $u_j \sim N(0, \sigma^2)$

　そして、上記の推計結果は下記の通りである（表3-34 参照）。

$$Y_j = -0.31 + 0.721{*}X_j + e_j$$
$$\quad (-0.500) \quad (3.968{***})$$

推計式の下の（）の値は t 値であり、* は * が有意水準10%　** は有意水準5%、*** は有意水準1%である。

　上記の推計結果から分かるように、コミットメントラインの契約額の1%の増加が、その使用額を0.72%増やすという統計上有意な関係が認められる。しかし、この式の決定係数は低く、説明力が不十分という難点がある。

　一使用あたりのコミットメントラインの使用額と銀行グループ毎の貸出金残高との関係を検証することは、リレーションシップ

表3-34　最小二乗法（OLS），観測：2012:01-2017:09（観測数：69）

従属変数：Y_j

	係数	Std. Error	t値	p値	
α	-0.310941	0.621172	-0.5006	0.6183	
X_j	0.721621	0.181881	3.968	0.0002	***

Mean dependent var	2.153233	S.D. dependent var	0.095561
Sum squared resid	0.502836	S.E. of regression	0.086632
R-squared	0.190247	Adjusted R-squared	0.178161
F（1, 67）	15.74131	P-value（F）	0.000179
Log-likelihood	71.88835	Akaike criterion	-139.7767
Schwarz criterion	-135.3085	Hannan-Quinn	-138.0040
Rho	0.772150	Durbin-Watson	0.457920

表のp値の後の、***……有意水準1%　**……有意水準5%　*……有意水準10%となっている。

この推計に使用したコミットメントラインの契約数と契約額、使用数と使用額の数値データは、日本銀行の時系列データ検索サイト（日本銀行［日本銀行, 2017 ①］）http://www.stat-search.boj.or.jp/index.html（2017年11月時点）より入手した。

表のαは定数項、Std. Error はこの推計式の分散に対応する各パラメーターの標準偏差、R-squared は決定係数、Adjusted R-squared は修正済み決定係数である。F（）は F 値を示す。S.E. of regression は推計式の攪乱項の分散の不偏推定量であるs^2の計算値である。加藤（加藤［加藤, 2012］）54-57 ページ参照。

バンキングの進捗度と銀行グループ毎の貸出への影響を捉えたことになる。そこで、一契約あたりのコミットメントライン契約金額の対数値と銀行グループ毎の貸出金額の対数値との関係を以下のような単回帰式で推計した。

$$Y_{ij} = \alpha + \beta_i X_j + u_j$$

αは定数項、
Y_{ij}：銀行グループ i のそれぞれの貸出金残高（末残）の対数値〔:i＝1：都市銀行、i＝2：地方銀行Ⅰ、i＝3：地方銀行Ⅱ、i＝4：信用金庫〕、j は観測値の番号、
X_j：一契約あたりのコミットメントライン契約金額の総額の対数値、
u_j：j での誤差項　$u_j \sim N(0, \sigma^2)$

　上記の推計結果は下記の通りである（表3-35〜表3-38、図3-30〜図3-32 参照）。

都市銀行グループ　　：　$Y_{1j} = 15.8183 - 0.379{*}X_j + e_j$
　　　　　　　　　　　　　　(222.8***)　　(-18.27***)

地方銀行Ⅰグループ：　$Y_{2j} = 17.6068 - 0.952{*}X_j + e_j$
　　　　　　　　　　　　　　(118.6***)　　(-21.92***)

地方銀行Ⅱグループ：　$Y_{3j} = 15.5248 - 0.729{*}X_j + e_j$
　　　　　　　　　　　　　　(144.0***)　　(-23.1***)

信用金庫グループ　　：　$Y_{4j} = 14.8976 - 0.449{*}X_j + e_j$
　　　　　　　　　　　　　　(191.8***)　　(-19.76***)

　推計式の下の（）の値はt値であり、*は*が有意水準10%　**は有意水準5%、***は有意水準1%である。

表3-35　最小二乗法（OLS），観測：2012:01-2017:09（観測数：69）
従属変数: Y_{1j}：都市銀行（l_lend_toshigin）

	係数	*Std. Error*	*t*値	*p*値	
α	15.8183	0.0710042	222.8	<0.0001	***
X_j	-0.379874	0.0207903	-18.27	<0.0001	***

Mean dependent var	14.52107	S.D. dependent var	0.024043
Sum squared resid	0.006570	S.E. of regression	0.009903
R-squared	0.832857	Adjusted R-squared	0.830362
F（1, 67）	333.8547	P-value（F）	9.98e-28
Log-likelihood	221.5403	Akaike criterion	-439.0806
Schwarz criterion	-434.6124	Hannan-Quinn	-437.3079
Rho	0.755014	Durbin-Watson	0.495015

表3-36　最小二乗法（OLS），観測：2012:01-2017:09（観測数：69）

従属変数：Y_{2j}：地方銀行 I （l_lend_chigin1）

	係数	Std. Error	t値	p値	
α	17.6068	0.148465	118.6	<0.0001	***
X_j	−0.952949	0.0434711	−21.92	<0.0001	***

Mean dependent var	14.35272	S.D. dependent var	0.058755
Sum squared resid	0.028724	S.E. of regression	0.020706
R-squared	0.877637	Adjusted R-squared	0.875810
F（1, 67）	480.5501	P-value（F）	2.83e-32
Log-likelihood	170.6452	Akaike criterion	−337.2905
Schwarz criterion	−332.8223	Hannan-Quinn	−335.5178
Rho	0.799001	Durbin-Watson	0.378636

表3-37　最小二乗法（OLS），観測：2012:01-2017:09（観測数：69）

従属変数：Y_{3j}：地方銀行 II （l_lend_chigin2）

	係数	Std. Error	t値	p値	
α	15.5248	0.107823	144.0	<0.0001	***
X_j	−0.729367	0.0315709	−23.10	<0.0001	***

Mean dependent var	13.03417	S.D. dependent var	0.044695
Sum squared resid	0.015150	S.E. of regression	0.015037
R-squared	0.888468	Adjusted R-squared	0.886803
F（1, 67）	533.7242	P-value（F）	1.26e-33
Log-likelihood	192.7155	Akaike criterion	−381.4310
Schwarz criterion	−376.9628	Hannan-Quinn	−379.6583
Rho	0.798918	Durbin-Watson	0.405999

表3-38　最小二乗法（OLS），観測：2012:01-2017:09（観測数：69）

従属変数：Y_{4j}：信用金庫 （l_lend_shinkin）

	係数	Std. Error	t値	p値	
α	14.8976	0.0776723	191.8	<0.0001	***
X_j	−0.449497	0.0227427	−19.76	<0.0001	***

Mean dependent var	13.36263	S.D. dependent var	0.028102
Sum squared resid	0.007862	S.E. of regression	0.010833
R-squared	0.853595	Adjusted R-squared	0.851410
F（1, 67）	390.6337	P-value（F）	1.17e-29
Log-likelihood	215.3470	Akaike criterion	−426.6939
Schwarz criterion	−422.2257	Hannan-Quinn	−424.9212
Rho	0.833597	Durbin-Watson	0.321106

これらの表の p 値の後の、***……有意水準 1%　**……有意水準 5%　*……有意水準 10%となっている。
この推計に使用したコミットメントラインの契約数と契約額、使用数と使用額と各銀行グループの貸出残高
（平均残高値）の数値データは、日本銀行の時系列データ検索サイト（日本銀行［日本銀行, 2017①］）http://
www.stat-search.boj.or.jp/index.html（2017年 11 月時点）より入手した。
表のαは定数項、Std. Error はこの推計式の分散に対応する各パラメーターの標準偏差、R-squared は決定係
数、Adjusted R-squared は修正済み決定係数である。F（ ）は F 値を示す。S.E. of regression は推計式の攪乱
項の分散の不偏推定量である s² の計算値である。加藤（加藤［加藤, 2012］）54-57 ページ参照。

図3-30　l_lend_tosigin 対 use_commit（最小二乗フィット付）

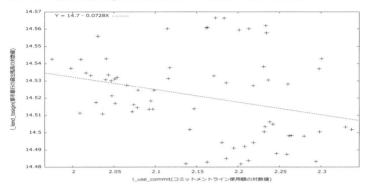

図3-31　l_lend_chigin1 対 l_use_commit（最小二乗フィット付）

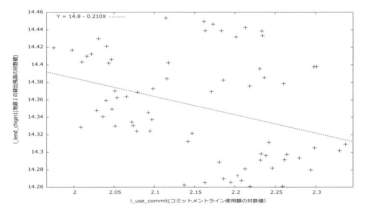

図3-32 l_lend_chigin2 対 l_use_commit（最小二乗フィット付）

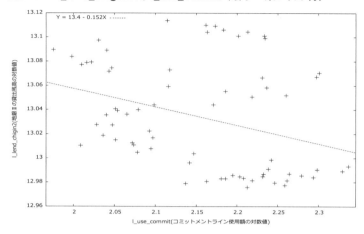

図3-33 l_lend_shinkin 対 l_use_commit（最小二乗フィット付）

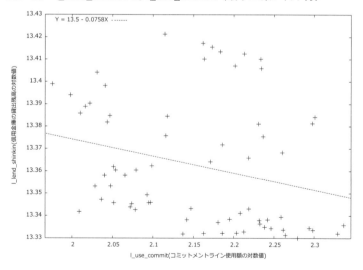

これらの図に使用したコミットメントラインの契約数と契約額、使用数と使用額と各銀行グループの貸出残高（平均残高値）の数値データは、日本銀行の時系列データ検索サイト（日本銀行［日本銀行, 2017①］）http://www.stat-search.boj.or.jp/index.html（2017年11月時点）より入手した。

　これらの推計結果から分かるように、一使用あたりのコミット
メントラインの使用額と各銀行グループの貸出金残高（平均残高
値）とは統計上有意な逆相関が認められる。散布図でも、一使用
あたりのコミットメントライン使用額を増大させたとき、どの銀
行グループでも貸出残高を減らしていることが確認できる。要約
すれば、リレーションシップ バンキングを指向する地方銀行Ⅰ、
地方銀行Ⅱグループであっても、一契約あたりのコミットメント
ラインの使用金額が増えたとき、銀行の貸出金残高が減少すると
いう事態が生じていたのである。すなわち、一使用あたりのコミ
ットメントラインの使用額を減らして、貸出残高を増やす形にな
っていて、これはリレーションシップ バンキングの目指す姿と
は異なる様相になっていると言える。

第4章　公的金融機関の再編と再生について

　本書では、民間金融機関でも銀行を中心にここまで扱ってきたが、再生の行われた機関として郵便事業を看過することはできない。また、景気対策の時、政府の政策を発動する際、信用保証協会は政策金融の役割を担い、金融機関の業務と連携して事に当たっている。ここで公的金融から民間に衣替えした郵政事業、信用保証協会について、両者の現況を検証する[1]。

　官制の金融部門の民営化は、政府が保有した莫大な公的資本を、誰が株主として責任を負うのかということが、ここでの核心的問題である。例えば、鉄道の路線や、列車、駅舎などの実物資産を地域で分割し過ぎれば、鉄道のネットワークとしての価値が損なわれると同じように、郵便事業自体の特性を考えて、それを分割しすぎれば、ネットワークの外部性が効かなくなり、規模の経済性を弱め、郵便事業の実質的価値を損なうことにもつながる[2]。今でも、公的部門を民営化するとき、国鉄を JR として地域分割したとき、分割された企業の収益力の差の問題は解決されておらず、各 JR で財務体力の格差となって現れ、減収が進めば、地域社会で廃線などが進められ、それがさらなる移動サービスの

---

[1]　公的金融についての議論は、天尾（天尾［天尾, 2005］）で郵政民営化について述べ、（天尾［天尾, 2010］）では金融機関と信用保証政策について検証した。本書ではそれを引用して議論を進めた。

[2]　鉄道敷設は他産業への波及効果もあり、例えば住宅、土地の地価、レジャー需要へ影響していることを想定して述べている。運送については、流通産業であり運輸網などのネットワークを小さくすれば、事業自体が困難になると言える。

低下、減収とつながって、ある地域によっては交通網の寸断によって経済活力が損なわれるという大きな問題が惹起されている[3]。

　さて、官制金融会社を郵便事業ネットワークの維持という目的で、大きな規模のまま民間に譲渡する形になれば、このたびは金融市場で民業圧迫の非難を国の内外から受けることになる。では、細分割してネットワークを小さくした形で売却すれば、今までの郵便、保険などで、現状の顧客サービスを維持することが困難になる。そのような訳から、郵便事業と金融ビジネス事業の違いをあえて鮮明にしないまま、あくまで現状維持（ネットワークを維持）を優先にした方式で、民営化が進められた[4]。当時、郵政民営化前の郵便局は全国に 24,700 店舗存在し、日本国土で見て、1.1km 範囲で 1 店舗が配置されている計算であった[5]。

　さて、民営化といっても、保険と金融で、そこで働く人は分担した業務に携わっているのであるが、共業を認められていることは大きなメリットと言える。例えば、疾病保険の情報を入手可能であれば、その情報で、金融機関は個人情報を得られるのであれば、大きなメリットを享受可能となる。海外から、この条件は非関税障壁ではないかという批判が起きるのは当然のことと言えよう。現在では、銀行で保険の窓口販売が認められているが、その発端は郵政民営化直後であり、日本郵便が 2013 年（平成 25 年）

---

[3]　日本経済新聞 2016 年 11 月 18 日付の記事『JR 北海道、全路線の半分「維持困難」』で地域経済への大きな影響が取り上げられた。

[4]　民営化を進める際に、イコール フッティング（equal footing）という民間との競争を意識する言葉も盛んに用いられた。実際には、郵便事業の現状維持という目的の方が意識されて、民営化の方策が進んでいった。（天尾［天尾, 2005]）91-94 ページ引用。

[5]　（天尾［天尾, 2005]）95 ページ引用。

248

に外資系保険会社の商品の販売窓口になることを決断したのは、そうした批判をかわすことが真の目的と言える[6]。

　ここで、郵政民営化後、ゆうちょ銀行でどのように与信活動が行われたのかを、以下に要約しておく[7]。

　まず預金残高（平均残高値）について見れば、全信用金庫グループの預金総額を超え、地方銀行Ⅰグループの預金総額に匹敵する規模を集めている（図1-3b参照）。著者の「郵政民営化に係わる問題の一考察」（天尾,［天尾, 2005］）でも指摘したが、民営化する前の郵便貯金の収益事業は、貸出を行うことより、主として集めた資金を国債・地方債で運用することに特化した状態であった[8]。郵便貯金、保険事業は、過去に保険事業で集めた資金、とりわけ簡易保険事業で行った不動産融資、リゾート事業などで大きな損失を抱えた経験もあった。民営化後のゆうちょ銀行は今でも資産収益業務に軸足を置いているが、投資信託や外国債や株式などを活用したリスクの高い金融商品の投資姿勢を萎縮させた状態になったこともあった。

　ゆうちょ銀行は存立する郵便局の国内ネットワークを活用し、決済機能と資産運用に特化する方針を採った。それは貯蓄について見たとき、ゆうちょ銀行が相続や貯蓄に特化した金融商品を重点的に扱っていることからも分かる[9]。

6　日本郵政は、2013年7月26日、日本郵政株式会社とアフラックの業務提携について発表した。当時、日本郵政は日本の保険会社と提携もしていた。日本郵政のWebのhttps://www.japanpost.jp/pressrelease/jpn/2013/201307261025 80.html（平成29年11月時点）参照。
7　（天尾［天尾, 2005］）111-112ページより引用。
8　ゆうちょ銀行の最近の収益については、（ゆうちょ銀行［ゆうちょ銀行株式会社, 2017］）13-17ページの会社データと財務データを参照した。

　郵便事業が民営化されるとき、バブル崩壊時に都市銀行を破たんさせることは、経済システムに大きな打撃を与える意味から「あまりに大きすぎて潰せない」という言葉が巷間で用いられた。金融を含む官制企業の民営化で用いた手法は、すべて丸抱えで残すか、もしくは、官制企業を子会社化、あるいは事業毎に分割して、それを民間に売却し譲渡するしかない。結局、郵政事業の場合には、すべての郵政事業を持株会社化し、主要な事業を子会社化して、丸抱えして残すことになった。この手法は、一時的に国家が全株式を保有することを意味した。しかし、もともと郵政の各事業で効率性や収益率に差があり、民営化後、長い間、収益率の低い事業が高い事業の足を引っ張って、最終的に、民間郵便事業の実質的価値を落とす結果に陥った。それは、株主である政府自身の保有した株式の価値を損ねる結果になり、それをなるべく高値で処分するため、いくつかの処置を講じている。とりわけ、低収益事業の郵便事業については郵便料金の値上げを認可するなどの措置を講じ、政府および経営者は、郵便事業の収益向上を目指している[10]。

　ここで強調したいことは、官制企業を民営化するとき、政府の公的負担は莫大な金額であるという事実である。株式を上場して、売却益で相殺できるという政府の主張もあるが、郵便事業の

9　定額貯金など、半年単位で利息計算をするが、6ヶ月以後は引き落とし自由にするという予備的動機に適した金融商品を販売し、民間の金融機関の一律な定期預金とは違うものを提供している。貸出に関しても国債を担保にした貸付商品などもあり、金融資産の購入に結びついた個人向けローンも扱っている。

10　（天尾［天尾, 2005］）103-107ページ引用。現在では日本郵政はJRに存在する過疎駅の運営事業に着手することになり、駅の中で郵便事業、ゆうちょ銀行の業務を行う新たな収益事業を着手する目論みもある。

収益性の向上のため、法律や制度を作る費用、あるいは、収益性向上を待つ時間もあり、それまでゆうちょ銀行には政府保証が付加されたままなのである。その意味で、金融の官制事業の民営化は高コスト体質と言える。

本書では、ゆうちょ銀行以外に、もう一つ中小企業向けの貸出に係わる債権の信用保証について検討する。この議論は政策金融の役割をどう考えるかという点に尽きる。政策金融で貸し出す際には、最終的に公金を支出して保証するため、貸出の条件を明確に示すことが強く求められる。

政策金融が国民に必要とされる理由は二つある。一つは、公益性であり、いま一つは貸出を求める事業の金融リスクの評価等で困難な事態が生じたときである。

まず、前者の公益性という観点は、会社が存続することが雇用を確保することになるに尽きる。それが公益性に資すると見なされるのであれば、すべての企業が貸出の対象になってしまうという別の問題を指摘できる。

後者の金融リスクの評価の困難性の意味するところは、銀行が与信先の貸出について与信する目的についてその評価が困難なときに、政策金融が必要となるからである。言い換えれば、今まで社会に無かった財や新サービスを提供する企業は、その範疇と言える。日本では、京セラ、コナミ、ドトールコーヒー、エステー化学など、創業期に公的金融から貸出を利用した経験があった。その意味で、信用保証を使った貸出は、日本の経済成長を牽引する産業の創成に一役買っていると言える[11]。

---

11 （吉野 藤田［吉野 藤田, 2007]）198-199 ページ引用。

　現在の政府の信用保証の役割は、バブル崩壊、サブプライム
ショック、近々ではコロナ禍の対応などの経験から、「公益性」
重視、連鎖倒産での波及効果を防ぐ意味で積極的に助勢する姿勢
に転じている。現状を観察すると、例えば、融資保証残高が増え
たとき、民間銀行は貸出残高を減少させるといった事態になって
おり、本書では政策金融と銀行グループの信用供与の実情を検証
することにした。

4−1　公的部門の金融再編の姿
　　　−民営化後のゆうちょ銀行について−

　はじめに、民営化した「ゆうちょ銀行」が、どのような預貸状
況になっているのか、2007 年（平成 19 年）から 2017 年（平成
29 年）までの状況を検証する[12]。

　ゆうちょ銀行の総預金残高（末残値）の動きを観察すると、総
預金残高の減少は 2008 年（平成 20 年）の景気悪化の影響を受
け、2010 年（平成 22 年）まで続き、それ以降は反転して預金残
高が増えた。他方、貸出残高（末残値）は 2012 年（平成 24 年）
までは増加傾向であったが、2013 年（平成 25 年）に急減して、
2016 年（平成 28 年）に急増した（図 4−1 参照）。

　これらの数値より、ゆうちょ銀行の預貸率（総預金残高額に占
める貸出残高の比率）を見たとき、通常の銀行と比べても非常に

12　日本郵政のホームページ上から、ゆうちょ銀行の財務情報のディスクロージャー誌の貸借対照表と損益計算書から数値を抽出して、本書では分析を試みている。（ゆうちょ銀行［ゆうちょ銀行株式会社, 2017]）http://www.jp-bank.japanpost.jp/ir/financial/ir_fnc_disclosure.html より数値データを入手した。天尾は論文で 2003 年、2004 年の郵便事業の金融業務について考察した（天尾［天尾, 2005]）85-88 ページ参照。

図4-1　ゆうちょ銀行の預金と貸出残高の推移

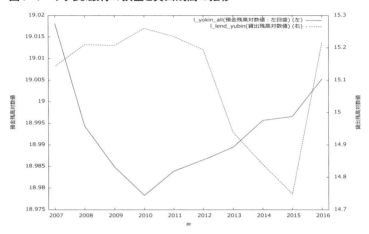

図4-2　ゆうちょ銀行の預貸率（ゆうちょ貸出残高／預金残高）

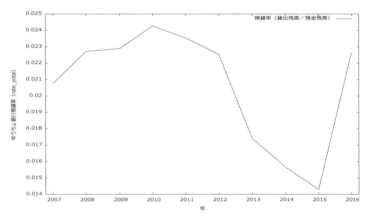

これらの図の預金残高、貸出残高の数値データは、（ゆうちょ銀行［ゆうちょ銀行株式会社, 2017]）　http://www.jp-bank.japanpost.jp/ir/financial/ir_fnc_disclosure.html（平成29年11月時点）のディスクロージャー誌より入手した。

**図4-3　全預金残高に占める有価証券保有残高　国債・地方債の有残高
　　　の比率**

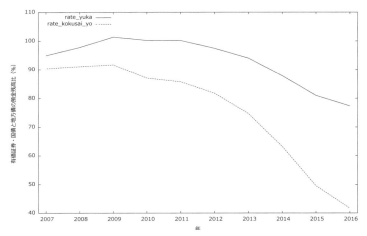

この図の数値データは、（ゆうちょ銀行［ゆうちょ銀行株式会社, 2017]）　http://www.
jp-bank.japanpost.jp/ir/financial/ir_fnc_disclosure.html（平成 29 年 11 月時点）のディス
クロージャー誌より入手した。

低位な状態にある（図 4-2 参照）。これは、ゆうちょ銀行が集め
た資金のほとんどが貸出に向かうことは無く資産運用に振り向け
ているからである。ゆうちょ銀行の有価証券の保有残高と預金残
高比（rate_yuka）、国債と地方債を合わせた国債保有残高と預金
残高比（rate_kokusai_yo）の両方を示した図 4-3 で示したよう
に、ここからゆうちょ銀行の経営スタイルを理解できる。要約す
れば、ゆうちょ銀行は資産運用を中心とした投資銀行の役割が主
業務である。

　ゆうちょ銀行の経営は、預金残高が集まれば集まるほど、資産
運用の純利益が減るという特徴を有する。すなわち、資産運用先
だけを見れば、国債や地方債など安全な金融資産だけに資金の運

用を大規模に行った結果と解釈できる。

　上記の視点で、おおよそのゆうちょ銀行の収益率を測るため、預金残高（l_yokin_all）の対数値から、ゆうちょ銀行の純利益（l_net_rieki）の対数値との関係を見るため以下のような単回帰式を推計した。

$$Y_j = \alpha + \beta X_j + u_j$$

ただし、α：定数項、
Y_j：ゆうちょ銀行の純利益の対数値、
X_j：ゆうちょ銀行の預金残高の対数値、jは観測値の番号、
u_j：誤差項　$u_j \sim N\ (0, \sigma^2)$ である。

　その推計結果は下記の通りである（表 4-1、図 4-4 参照）。

$$Y_j = 319.5\ -16.16 * X_j + e_j$$
$$(2.789**)\quad (-2.679**)$$

推計式の下の（）の値は t 値であり、* は * が有意水準 10%　** は有意水準5%、*** は有意水準 1% である。

表4-1　最小二乗法（OLS），観測：2007-2016（観測数：10）

従属変数：Y_j　l_net_rieki（ゆうちょ銀行純利益の対数値）

	係数	*Std. Error*	*t*値	*p*値	
Const.	319.598	114.597	2.789	0.0236	**
X_j	− 16.1633	6.03357	− 2.679	0.0280	**

Mean dependent var	12.60365	S.D. dependent var	0.273877
Sum squared resid	0.355854	S.E. of regression	0.210907
R-squared	0.472868	Adjusted R-squared	0.406976
F（1, 8）	7.176460	P-value（F）	0.027974
Log-likelihood	2.489712	Akaike criterion	− 0.979424
Schwarz criterion	− 0.374254	Hannan-Quinn	− 1.643294
Rho	0.805536	Durbin-Watson	0.284614

表の p 値の後の、***……有意水準 1％　**……有意水準 5％　*……有意水準 10％となっている。
この推計に使用したゆうちょ銀行の純利益と預金残高（末残値）の数値データは、（ゆうちょ銀行［ゆうちょ銀行株式会社, 2017]）http://www.jp-bank.japanpost.jp/ir/financial/ir_fnc_disclosure.html （平成 29 年 11 月時点）のディスクロージャー誌より入手した。
表のαは定数項、Std. Error はこの推計式の分散に対応する各パラメーターの標準偏差、R-squared は決定係数、Adjusted R-squared は修正済み決定係数である。F（　）は F 値を示す。S.E. of regression は推計式の攪乱項の分散の不偏推定量である s^2 の計算値である。加藤（加藤［加藤, 2012]）54-57 ページ参照。

　推計結果からも分かるように、預金残高が増えたとき、純利益が下がるという統計的に有意な関係を確認できる。

　では、つぎに、ゆうちょ銀行の経常収益に対して、運用収益、役務費用、営業費用のそれぞれの変数の効果を単回帰で推計した。その推計結果から、民営化後のゆうちょ銀行の経営効率を測ることにした。

　まず、ゆうちょ銀行の運用収益（l_syueki_unyou）の対数値（X_j）と経常利益（l_rieki_keijyo）の対数値（Y_j）との関係を見るため、以下の単回帰式を用いた。

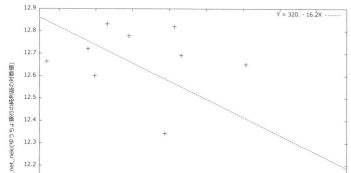

256

図4-4 l_net_rieki 対 l_yokin_all（最小二乗フィット付）

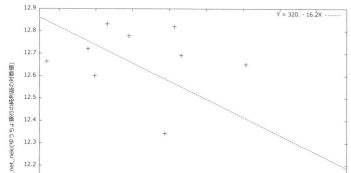

この図のゆうちょ銀行の純利益と預金残高（末残値）の数値データは、（ゆうちょ銀行
［ゆうちょ銀行株式会社, 2017］）http://www.jp-bank.japanpost.jp/ir/financial/ir_fnc_
disclosure.html（平成29年11月時点）のディスクロージャー誌より入手した。

$$Y_j = \alpha + \beta X_j + u_j$$

ただし、α：定数項、
Y_j：ゆうちょ銀行の経常利益の対数値、
X_j：ゆうちょ銀行の運用収益の対数値、jは観測値の番号、
u_j：誤差項　$u_j \sim N(0, \sigma^2)$ である。

その推計結果は以下の通りである（表4-2、図4-5参照）。

$$Y_j = -0.2278 + 0.9222^*X_j + e_j$$
$$(-0.036) \quad (2.147^*)$$

推計式の下の（）の値はt値であり、＊は＊が有意水準10%　＊＊は有意水準
5%、＊＊＊は有意水準1%である。

表4-2　最小二乗法（OLS），観測：2007-2016（観測数：10）

従属変数：Y_j　l_rieki_keijyou（ゆうちょ銀行の経常利益の対数値）

	係数	*Std. Error*	*t*値	*p*値	
Const.	− 0.2278	6.19585	− 0.03677	0.9716	
X_j	0.922243	0.429544	2.147	0.0641	*

Mean dependent var	13.07404	S.D. dependent var	0.256609
Sum squared resid	0.375986	S.E. of regression	0.216791
R-squared	0.365569	Adjusted R-squared	0.286265
F（1, 8）	4.609726	P-value（F）	0.064071
Log-likelihood	2.214560	Akaike criterion	− 0.429120
Schwarz criterion	0.176050	Hannan-Quinn	− 1.092990
Rho	0.662022	Durbin-Watson	0.476673

表の p 値の後の、***……有意水準 1%　**……有意水準 5%　*……有意水準 10%と
なっている。
この推計に使用したゆうちょ銀行の経常利益と運用収益の数値データは、（ゆうちょ銀
行、［ゆうちょ銀行株式会社, 2017]）　http://www.jp-bank.japanpost.jp/ir/financial/ir_
fnc_disclosure.html　（平成 29 年 11 月時点）のディスクロージャー誌より入手した。
表のαは定数項、Std. Error はこの推計式の分散に対応する各パラメーターの標準偏差、
R-squared は決定係数、Adjusted R-squared は修正済み決定係数である。F（ ）は F 値
を示す。S.E. of regression は推計式の攪乱項の分散の不偏推定量である s² の計算値であ
る。加藤（加藤［加藤, 2012]）54- 57 ページ参照。

　推計結果からも分かるように、運用収益が経常利益増加に寄与
していることは統計的に有意と言える。
　つぎに、役務取引等費用、経常費用の要因が、経常利益にどの
ように影響しているかを同様の手法で推計しよう。
　ゆうちょ銀行の役務取引費用金額の対数値（X_j：(l_cost_
ekimu)）と経常利益の対数値（Y_j：(l_rieki_keijyo)）との関係を
見るため、以下の単回帰式を推計した。

図4-5　l_rieki_keijyou 対 l_syueki_unyou（最小二乗フィット付）

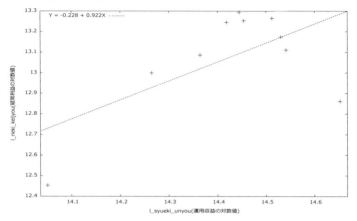

この図のゆうちょ銀行の経常利益と運用収益の数値データは、（ゆうちょ銀行［ゆうちょ銀行株式会社, 2017]）　http://www.jp-bank.japanpost.jp/ir/financial/ir_fnc_disclosure.html（平成29年11月時点）のディスクロージャー誌より入手した。

$$Y_j = \alpha + \beta X_j + u_j$$

ただし、α：定数項、
Y_j：ゆうちょ銀行の経常利益の対数値、
X_j：ゆうちょ銀行の役務取引費用金額の対数値、j は観測値の番号、
u_j：誤差項　$u_j \sim N(0, \sigma^2)$ である。

推計結果は以下の通りである（表4-3、図4-6参照）。

役務取引費用効果：　$Y_j = 7.249 \quad + 0.578 * X_j + e_j$
$\qquad\qquad\qquad\quad$ (4.609***)　(3.706***)

表4-3　最小二乗法 (OLS), 観測：2007-2016 (観測数：10)

従属変数：Yj　(l_rieki_keijyou)

	係数	Std. Error	t値	p値	
α	7.24909	1.57265	4.609	0.0017	***
Xj	0.578110	0.155995	3.706	0.0060	***

Mean dependent var	13.07404	S.D. dependent var	0.256609
Sum squared resid	0.218141	S.E. of regression	0.165129
R-squared	0.631914	Adjusted R-squared	0.585903
F (1, 8)	13.73404	P-value（F）	0.005991
Log-likelihood	4.936616	Akaike criterion	−5.873232
Schwarz criterion	−5.268062	Hannan-Quinn	−6.537103
Rho	0.802387	Durbin-Watson	0.537057

表のp値の後の、***……有意水準 1%　**……有意水準 5%　*……有意水準 10%となっている。この推計に使用したゆうちょ銀行の経常利益と役務取引等費用の数値データは、(ゆうちょ銀行［ゆうちょ銀行株式会社, 2017])http://www.jp-bank.japanpost.jp/ir/financial/ir_fnc_disclosure.html (平成 29 年 11 月時点)のディスクロージャー誌より入手した。
表のαは定数項、Std. Error はこの推計式の分散に対応する各パラメーターの標準偏差、R-squared は決定係数、Adjusted R-squared は修正済み決定係数である。F ( ) は F 値を示す。S.E. of regression は推計式の攪乱項の分散の不偏推定量である s^2 の計算値である。加藤(加藤［加藤, 2012])54-57 ページ参照。

　推計結果からも分かるように、役務取引等費用 (cost_ekimu) の経常利益への影響を見たとき、利益と役務取引費用とは統計上有意な意味で、正の相関関係が確認できる (図 4-6 参照)。
　ゆうちょ銀行の経常費用の対数値 (Xj：(l_cost_keijyou)) と経常利益の対数値 (Yj：(l_rieki_keijyo)) との関係を見るために以下の単回帰式を用いた。

図4-6 l_rieki_keijyou 対 l_cost_ekimu（最小二乗フィット付）

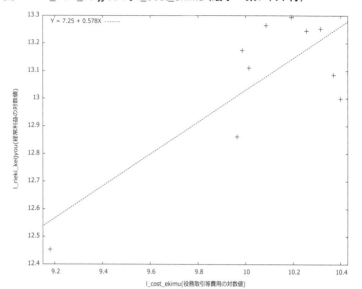

この図のゆうちょ銀行の経常利益と役務取引等費用の数値データは、（ゆうちょ銀行
［ゆうちょ銀行株式会社, 2017］）　http://www.jp-bank.japanpost.jp/ir/financial/ir_fnc_
disclosure.html（平成29年11月時点）のディスクロージャー誌より入手した。

$$Y_j = \alpha + \beta X_j + u_j$$

ただし、α：定数項、
Y_j：ゆうちょ銀行の経常利益の対数値、
X_j：ゆうちょ銀行の経常費用の対数値、j は観測値の番号、
u_j：誤差項　$u_j \sim N\ (0, \sigma^2)$ である。

　この推計結果は以下の通りである（表4-4参照）。

経常費用効果：　　$Y_j = 3.048 + 0.703 * X_j + e_j$
　　　　　　　　　　　(0.449)　　(1.477)

　推計式の下の（）の値は t 値であり、* は * が有意水準10%　** は有意水準
5%、*** は有意水準1%である。

表4-4　最小二乗法（OLS），観測：2007-2016（観測数：10）

従属変数：Y_j（l_rieki_keijyou）

	係数	*Std. Error*	*t*値	*p*値	
α	3.04862	6.78647	0.4492	0.6652	
X_j	0.703271	0.476032	1.477	0.1778	

Mean dependent var	13.07404	S.D. dependent var	0.256609
Sum squared resid	0.465606	S.E. of regression	0.241248
R-squared	0.214345	Adjusted R-squared	0.116138
F（1, 8）	2.182589	P-value（F）	0.177830
Log-likelihood	1.145614	Akaike criterion	1.708771
Schwarz criterion	2.313941	Hannan-Quinn	1.044901
Rho	0.631763	Durbin-Watson	0.457938

表のp値の後の、***……有意水準1%　**……有意水準5%　*……有意水準10%となっている。この推計に使用したゆうちょ銀行の経常利益と経常費用の数値データは、（ゆうちょ銀行［ゆうちょ銀行株式会社, 2017］）http://www.jp-bank.japanpost.jp/ir/financial/ir_fnc_disclosure.html（平成29年11月時点）のディスクロージャー誌より入手した。
表のαは定数項、Std. Errorはこの推計式の分散に対応する各パラメーターの標準偏差、R-squaredは決定係数、Adjusted R-squaredは修正済み決定係数である。F（）はF値を示す。S.E. of regressionは推計式の攪乱項の分散の不偏推定量であるs^2の計算値である。加藤（加藤［加藤, 2012］）54-57ページ参照。

　上記の推計結果から分かるように、経常費用から経常利益への影響は統計上有意な意味で関係を確認できなかった。

　ここまでの推計結果から、ゆうちょ銀行は資産運用で利益を確保している反面、労働に関する費用でもある役務取引費用も増大させ、経常利益を増加させている姿が確認できる。他方、ゆうちょ銀行の経常費用と利益増の関係については、統計上有意な関係を確認できなかった[13]。

13　本書では扱っていないが、民間金融機関で収益性が低くなった理由として、収益要因の分析で、従業員の多さ、生産性の低さ、一店舗あたりの収益の低さを指摘した研究もある。（日本銀行［日本銀行, 2017②］）56-62ページ参照。

単回帰推計で、相互の要因との関係について述べていないという論拠の無さを指摘できるが、本書での分析から民営化されたゆうちょ銀行の現在の姿を要約すれば、2008年（平成20年）のサブプライム ショックと言われた不況後、国民から預金を十分に集めることはできた。しかし、ゆうちょ銀行は与信業務では無く資産運用業務に軸足を乗せて、国債や地方債、国内債を中心とした安全資産運用を行ってきた。それは役務取引費用を掛け、人的資源を活用しつつ利益を確保している。他方、経常費用で見たとき、費用低減による経常利益上昇の効果は確認できていない。これが、ゆうちょ銀行の収益構造変化の姿であり、民間金融機関の姿としては不十分な姿という結果を結論づけることができる。

官から民へという掛け声で、当時の首相小泉純一郎内閣が、総選挙で民意を問う形までして郵政民営化を実行した。そして、現在ゆうちょ銀行は国債、地方債など有価証券の資産運用を大規模に行い、超金融緩和の低利子率の下で預金を集め、それを資産運用することで利益を確保している。それが、ゆうちょ銀行の現在の姿と言える。国民から集められた預金が、国債あるいは地方債に回り、最終的にそれらが中小企業金融公庫や住宅金融支援機構などの政策金融の原資に回っているという見解もある。それを述べて次節の議論に移ることにしよう。

4-2 信用保証協会と金融機関との関係について

信用保証協会の保証と民間金融機関の貸出行動については、政府の信用補完制度の存在とも関係あり（図4-7参照）、その動向を研究する際にデータ入手の困難さ、観測可能なデータ数の不足という問題に直面する[14]。

図4-7　信用補完制度の仕組み

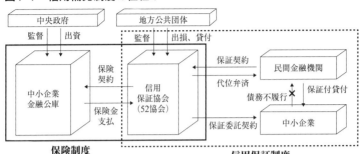

この図は吉野、藤田［吉野 藤田, 2007］164 ページ図表 5-6 を元に作成した。

　信用保証協会を用い、信用補完制度で企業に貸出を行うときには、二段階の審査で貸出が行われる。まず、与信企業が中小企業金融公庫の保険契約関係のある信用保証協会に信用保証を請求する。これは与信企業と公益法人との関係であり、第一段階の審査を受けることになる。そして、その審査結果を受けて、民間金融機関が請求した企業に貸出を行うために名目上の再確認の作業を行う。実際には、中で二段階の審査で貸出を行っている（図4-7参照）。

　例えば、信用保証協会に信用保証を申請する中小企業は、破たんすれば地域経済で雇用面に負の影響を及ぼすこと、あるいは、その企業の所有する技術が将来の地域の経済成長の源泉になると予測されるのであったならば、資金面の理由で、将来の地域経済

14　この図4-7 は（吉野 藤田［吉野 藤田, 2007］）164 ページより引用した。信用保証協会のデータは、全国信用保証協会連合会のホームページの信用保証実績の推移 http://www.zenshinhoren.or.jp/document/hosho_jisseki.pdf で開示されている（平成 29 年 11 月時点）。なお、年度で 6 年前まで、月次データでは直近から 18 ヶ月までしか遡ることができない。

の成長のチャンスを失わせてはならない。単に、資金面で一企業の大きなチャンスを奪い、その企業の価値を毀損させることは別の大きな問題をはらんでいると言える。

　地方自治体の中には、若い経営者が初めて開業するとき、そのとき、資金の貸出利子率の負担分を補塡し、信用保証を通じて地方自治体が期限付きで借手の利子を全額補給するという産業政策が存在する[15]。そのときの信用保証は、すでに補助金と同等の意味を持つ。それは金融機関から見れば、表向きは新規の貸出ではあるが、実は政府の信用保証で貸倒れリスクを低下させた状態の貸出と解すことができる。その意味で、政策金融の信用保証制度の存在が、いつも金融機関の貸出を増やす要因になるとは限らない。

　2008年（平成20年）に日本で世界的大不況（日本ではサブプライム ショックと呼ぶときもある）と言われた金融危機に際し、金融機関の企業への貸し渋り対策として導入された「金融安定化特別保証制度」は、金融機関の与信先で一定の条件を満たせば、信用保証承諾を行う柔軟な施策であった。それによって、企業はかなりの部分で資金繰りの難局を乗り越えることができた[16]。このとき、地方銀行Ⅰ、Ⅱグループの金融機関の多くは、当時、延滞債権を大量に保有する事態に陥っており、金融庁の指導で不良債権処理を進めた。この債権処理によって、多くの困った地方銀行Ⅰ、Ⅱ、信用金庫は、この制度を使い、延滞債権の借り換えを

15　地方自治体と信用保証協会が責任共有制度という保証制度を用い、起業を支援する「創業支援資金」などがその一例である。栃木県ホームページ http://www.pref.tochigi.lg.jp/f03/work/shoukougyou/yuushi/1179725123542.html#beppyou1 より参照（平成29年11月時点）。

16　他にも当時2009年（平成21年）より2年間の時限立法であった「金融円滑化法」「中小企業等金融円滑化法」による信用保証制度利用も存在した。

進めて、自行の不良債権処理を急速に進めた経緯があった[17]。

　他方、取引金融機関が破たんすることや地域で大災害が起きたときなど、中小企業の周りで著しい経営環境の変化が生じ、経営の安定に支障をきたす恐れがある場合、中小企業向けに信用保証限度額と別枠化した枠を設けて、かつ貸出の条件を優遇して保証を行う「セーフティー ネット保証制度」も存在した[18]。

　この制度対象事項は以下の 8 つあって、それぞれが大型倒産の発生（第一号）、取引先企業等のリストラ等（二号）、突発的災害等（自然災害等）（三号、四号）、不況業種（五号）、金融機関の破たん（六号）、金融機関の相当程度の経営合理化（七号）、整理回収機構への貸付債権の譲渡（八号）により大きな影響を受ける場合であった。この制度を用いて、2003 年（平成 15 年）の足利銀行の破たんや 2004 年（平成 16 年）に起きた新潟中越地震、2001 年（平成 13 年）に発生した BSE［Bovine Spongiform Encephalopathy：牛海綿状脳症］対策、2000 年（平成 12 年）のリコール隠しから始まった不祥事を発端にした三菱自動車の経営不安からリストラで困窮した中小企業への貸付がなされた。

　他にも、特定社債保証制度、売掛債権担保融資保証制度、事業再生［DIP：Debtor In Possession］保証制度があり、それらは中小企業の直接金融での資金調達、売掛債権から事業再生までの手厚い信用保証で、保証割合も資金調達額の 80〜90％である。世界の信用保証制度で比較したとき、日本では保証割合が原則

17　（天尾［天尾, 2013］）201-203 ページ引用。
18　本書では陽表的に示していないが、日本の信用保証制度そのものが、金融機関の与信と与信先企業で、金融市場での行動を歪めた結果になっていることを（天尾［天尾, 2010］）で指摘した。

100％であり、信用保証協会の保証で公的機関の中小金融公庫が
保険で保証額の70〜80％引き受けるという特徴は世界で見て独
特のものと言える（表4-5参照）[19]。

表4-5　諸外国の信用保証制度との比較

	日本	米国	ドイツ	韓国
実施 金融機関	信用保証協会／ 中小企業金融公庫	中小企業庁 （SBA）	保証銀行	韓国信用保証 基金（KCGF）
保証 限度額等	保証限度額 2億8千万円 ※セーフティーネット保証等、保証限度額が別枠となる保証制度あり	融資限度額200万ドル（約2億円）保証限度額100万ドル（約1億円）	保証限度額 75ユーロ（約1億円）	保証限度額 •一般信用保証30億ウォン（約3億円） •特別信用保証制度により異なる
保証割合	原則100％保証（一部、部分保証の制度あり）	融資額15万ドル以下 85％以下 融資額15万ドル超 75％以下	原則、融資額の80％以下 *実際は、保証銀行と金融機関の合意により50〜80％の範囲内で設定	新規保証70％〜85％ 借換保証 90％
保証料等	保証料（年率） 有担保保証：1.25％ 無担保保証：1.35％	保証料 融資額 15万ドル以下：2％ 同70万ドル以下：3％ 同70万ドル超:3.5％ 加えて、 保証利用料（年率）保証債務残高の0.5％	保証料（年率） 保証債務残高の1％ 加えて、 事務処理手数料 保証金額の1％	保証料（年率） 信用格付に応じて、保証債務残高の0.5〜2.0％まで
備考	保証協会の行う保証について中小企業金融公庫が保険引受（70％〜80％負担）		保証銀行に対する再保証あり（国39％、各州26％。但し、旧東独地域は国/州が80％を再保証。）	他に技術保証を主体にKCGF同様の業務を行う韓国技術信用保証基金等あり

表は（吉野［吉野 藤田, 2007］）165-167ページの図表5-7を引用。

[19]（中小企業庁［中小企業庁　中小企業政策審議会　基本政策部会　第1回信
用補完制度のあり方に関する検討小委員会, 2004］）46ページを引用した。こ
の表4-5は（吉野［吉野 藤田, 2007］）165-167ページの図表5-7を引用抜粋
し、使用した。

　本書の議論で扱う信用保証協会について、ここで触れておく。信用保証協会は 1937 年（昭和 12 年）に当時の東京府が発起人となり、財界、金融機関等の出資によって設立されたという起源を持つ。地方公共団体が継続的な財政支援を行うのは、このような起源と無関係ではない。もちろん、地方公共団体が財政出動して、無条件に申請企業を援助することは、財政の規律や政策の及ぶ範囲から見て難しい。仮に、援助するにしても、現在の協会の規模と保有する能力から見て、申請した企業の経営状況を審査し、そこから適切な与信額を決めるのは、さらに困難かもしれない。

　1953 年（昭和 28 年）に、信用保証協会法が施行され、認可法人となったのは、地域経済で何らかの理由で企業の破たんが起きたとき、政府は雇用不安など経済への直接的な打撃を防ぐため認可法人を活用する狙いがあったためであった。

　中小企業金融公庫の信用保険部門は、信用保証協会に保険を提供し、全国の信用保証協会に財政援助、信用供与を行っている（図 4-7、表 4-5 参照）。もちろん、国は上記のスキームを監督、指導する役割を担っている。他方、地方公共団体でも、首長が議会の承認を得て産業政策として、信用保証協会に財政支援を行うこともある。

　ここでは、金融機関が信用保証協会で保証申請し承諾された貸出先に対し、銀行がどのような融資態度に出ていたのかを検証する。

　まず、信用保証の債務残高が増大したとき、貸出金残高が増えるという事象は起きているのかという仮説である。すなわち、信用保証を行ったということは信用補完している訳であり、これが

増えたときに金融機関には二つの選択肢がある。一つは、その与信枠を超えて貸出を増やすという積極的な与信拡張のスタンスである。いま一つは、借手の信用保証が付いた訳であるから、与信先の資金繰りは一息付いている。金融機関は自身の保有債権の質を向上させるため、貸出した債権を回収するため、貸出態度を厳しくするというスタンスである。

本書では、データ入手の制約のため、2017年（平成29年）8月から過去18ヶ月のデータを用いて推計を行った[20]。

まず、はじめに、信用保証協会の信用保証承諾額と銀行グループ毎の貸出金残高との関係を見るために以下のような単回帰式を推計した。

$$Y_j = \alpha + \beta_i X_{ij} + u_j$$

αは定数項、
Y_j：信用保証承諾額の対数値であり、
X_{ij}：は銀行グループiでの貸出金残高の対数値〔$i=1$：都市銀行、$i=2$：地方銀行Ⅰ、
$i=3$：地方銀行Ⅱ、$i=4$：信用金庫〕、
u_j：誤差項　$u_j \sim N(0, \sigma^2)$

どのグループの推計結果からも統計上優位な関係を確認できなかった[21]。参考として、都市銀行グループでの関係を示した散布図を図4-8で示す。

---

[20] データが非常に入手困難なのは、信用保証協会のディスクロージャーで、とりわけ信用保証に関するマクロデータがリバイスの名の下、過去6年分のデータと直近の月次データ（18ヶ月）しか無いためである。本書ではその制約の下で統計処理を行っていることを述べておく。

[21] ここでは都市銀行グループの貸出残高と保証承諾金額との関係の図だけを示した。他の銀行グループでも統計上有意な関係は確認できなかった。

図4-8　保証承諾金額と都市銀行の貸出機残高の対数値

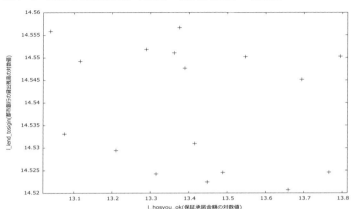

この図の保証承諾金額のデータは　全国信用保証協会連合会のホームページの信用保証実績の推移 http://www.zenshinhoren.or.jp/document/hosho_jisseki.pdf）で開示されたもの（平成29年11月時点）、各行の貸出残高の数値データは、日本銀行の時系列データ検索サイト（日本銀行［日本銀行, 2017 ①］）　http://www.stat-search.boj.or.jp/index.html（2017年11月時点）より入手した。

　保証承諾金額を用いず、保証債務残高の対数値と銀行グループ毎の貸出金残高（平均残高値）の対数値との関係を見ることにし、以下のような単回帰式を推計した。

$$Y_{ij} = \alpha + \beta_i X_j + u_j$$

ただし、αは定数項、
Y_{ij} は、貸出金残高（平均残高値）〔i＝1：都市銀行、i＝2：地方銀行Ⅰ、i＝3：地方銀行Ⅱ :i＝4：信用金庫〕、
X_j　は保証債務残高の対数値、j は観測値の番号、
u_j：誤差項　$u_j \sim N\ (0, \sigma^2)$

　この推計結果は以下の通りである（表4-6〜表4-9、図4-9〜図4-12参照）。

都市銀行グループ　：　$Y_{1j} = 20.663 - 0.360*X_j + e_j$
$\qquad\qquad\qquad\qquad$ (22.59***)　(-6.695***)

地方銀行 I グループ：　$Y_{2j} = 22.610 - 0.481*X_j + e_j$
$\qquad\qquad\qquad\qquad$ (48.70***)　(-17.623***)

地方銀行 II グループ：　$Y_{3j} = 19.595 - 0.382*X_j + e_j$
$\qquad\qquad\qquad\qquad$ (32.47***)　(-10.78***)

信用金庫グループ　：　$Y_{4j} = 19.362 - 0.350*X_j + e_j$
$\qquad\qquad\qquad\qquad$ (41.78***)　(-12.86***)

推計式の下の（）の値は t 値であり、* は * が有意水準10％　** は有意水準5％、*** は有意水準1％である。

表4-6　最小二乗法（OLS）, 観測：2016:04-2017:08（観測数：17）

従属変数: Y_{1j}：都市銀行（1_lend_toshigin）

	係数	Std. Error	t値	p値	
α	20.6638	0.914774	22.59	<0.0001	***
X_j	− 0.360211	0.0538022	− 6.695	<0.0001	***

Mean dependent var	14.53929	S.D. dependent var	0.013248
Sum squared resid	0.000704	S.E. of regression	0.006851
R-squared	0.749266	Adjusted R-squared	0.732550
F（1, 15）	44.82424	P-value（F）	7.17e-06
Log-likelihood	61.65831	Akaike criterion	− 119.3166
Schwarz criterion	− 117.6502	Hannan-Quinn	− 119.1510
Rho	0.442907	Durbin-Watson	0.880959

表の p 値の後の、***……有意水準1％　**……有意水準5％　*……有意水準10％となっている。

この推計した表の保証債務残高のデータは、全国信用保証協会連合会のホームページの信用保証実績の推移（http://www.zenshinhoren.or.jp/document/hosho_jisseki.pdf）で開示されたもの（平成29年11月時点）、貸出残高の数値データは、日本銀行の時系列データ検索サイト（日本銀行［日本銀行, 2017①]）http://www.stat-search.boj.or.jp/index.html （2017年11月時点）より入手した。

表のαは定数項、Std. Error はこの推計式の分散に対応する各パラメーターの標準偏差、R-squared は決定係数、Adjusted R-squared は修正済み決定係数である。F（）は F 値を示す。S.E. of regression は推計式の攪乱項の分散の不偏推定量である s^2 の計算値である。加藤（加藤［加藤, 2012]）54-57 ページ参照。

表4-7　最小二乗法（OLS），観測：2016:04-2017:08（観測数：17）

従属変数:Y_{2j} ：地方銀行 I（1_lend_chigin1）

	係数	Std. Error	t値	p値	
α	22.6107	0.464323	48.70	<0.0001	***
X_j	− 0.481388	0.0273090	− 17.62	<0.0001	***

Mean dependent var	14.42590	S.D. dependent var	0.015691
Sum squared resid	0.000181	S.E. of regression	0.003478
R-squared	0.953949	Adjusted R-squared	0.950879
F（1, 15）	310.7266	P-value（F）	1.95e-11
Log-likelihood	73.18598	Akaike criterion	− 142.3720
Schwarz criterion	− 140.7055	Hannan-Quinn	− 142.2063
Rho	0.376490	Durbin-Watson	1.211382

表4-8　最小二乗法（OLS），観測：2016:04-2017:08（観測数：17）

従属変数：Y_{3j} ：地方銀行 II（1_lend_chigin2）

	係数	Std. Error	t値	p値	
α	19.5959	0.603433	32.47	<0.0001	***
X_j	− 0.382486	0.0354907	− 10.78	<0.0001	***

Mean dependent var	13.09270	S.D. dependent var	0.012939
Sum squared resid	0.000306	S.E. of regression	0.004519
R-squared	0.885623	Adjusted R-squared	0.877998
F（1, 15）	116.1454	P-value（F）	1.85e-08
Log-likelihood	68.73105	Akaike criterion	− 133.4621
Schwarz criterion	− 131.7957	Hannan-Quinn	− 133.2964
Rho	0.384978	Durbin-Watson	1.157210

これらの表のp値の後の、***……有意水準1%　**……有意水準5%　*……有意水準10%となっている。
この推計した表の保証債務残高のデータは、全国信用保証協会連合会のホームページの信用保証実績の推移（http://www.zenshinhoren.or.jp/document/hosho_jisseki.pdf）で開示されたもの（平成29年11月時点）、貸出残高の数値データは、日本銀行の時系列データ検索サイト（日本銀行［日本銀行, 2017 ①］）http://www.stat-search.boj.or.jp/index.html（2017年11月時点）より入手した。
表のαは定数項、Std. Error はこの推計式の分散に対応する各パラメーターの標準偏差、R-squared は決定係数、Adjusted R-squared は修正済み決定係数である。F（ ）はF値を示す。S.E. of regression は推計式の攪乱項の分散の不偏推定量である s^2 の計算値である。加藤（加藤［加藤, 2012］）54-57ページ参照。

　銀行グループの単回帰による推計結果の違いでは、変数間で負の関係を確認できるだけであって、グループ間で差違が生じたのかを言及することは不可能である。銀行グループがそれぞれ異なる業態に貸出を行えば、保証した債務残高の大きさも異なる。都市銀行グループや地方銀行グループで貸出先が大企業、中小企業と棲み分けされていたのであれば、銀行毎に債務保証残高の大きさに差が生じる可能性も否定できない。そのような理由から以下の帰無仮説を棄却できるかを検証した。

表4-9　最小二乗法（OLS），観測：2016:04-2017:08（観測数：17）

従属変数：Y_{4j}：信用金庫（l_lend_shinkin）

	係数	Std. Error	t値	p値	
α	19.3620	0.463449	41.78	<0.0001	***
X_j	−0.350588	0.0272576	−12.86	<0.0001	***

Mean dependent var	13.40109	S.D. dependent var	0.011656
Sum squared resid	0.000181	S.E. of regression	0.003471
R-squared	0.916866	Adjusted R-squared	0.911324
F（1, 15）	165.4313	P-value（F）	1.67e-09
Log-likelihood	73.21800	Akaike criterion	−142.4360
Schwarz criterion	−140.7696	Hannan-Quinn	−142.2703
Rho	0.373811	Durbin-Watson	1.195326

表のp値の後の、***……有意水準1%　**……有意水準5%　*……有意水準10%となっている。
この推計した表の保証債務残高のデータは、全国信用保証協会連合会のホームページの信用保証実績の推移（http://www.zenshinhoren.or.jp/document/hosho_jisseki.pdf）で開示されたもの（平成29年11月時点）、貸出残高の数値データは、日本銀行の時系列データ検索サイト（日本銀行［日本銀行, 2017 ①］）http://www.stat-search.boj.or.jp/index.html（2017年11月時点）より入手した。
表のαは定数項、Std. Error はこの推計式の分散に対応する各パラメーターの標準偏差、R-squared は決定係数、Adjusted R-squared は修正済み決定係数である。F（ ）はF値を示す。S.E. of regression は推計式の攪乱項の分散の不偏推定量である s^2 の計算値である。加藤（加藤［加藤, 2012］）54-57ページ参照。

図4-9　l_lend_tosigin 対 l_stock_saimu（最小二乗フィット付）

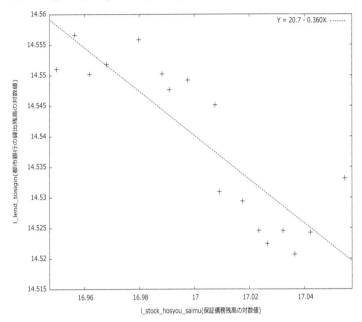

**図4-10　l_lend_chigin1 対 l_stock_hosyou_saimu
（最小二乗フィット付）**

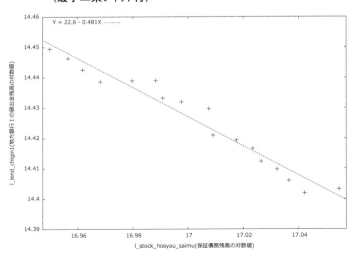

図4-11　l_lend_chigin2 対 l_stock_hosyou_saimu（最小二乗フィット付）

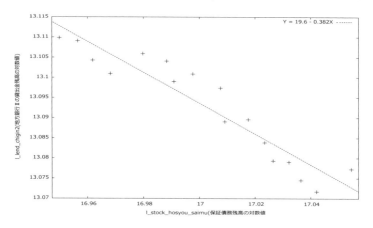

図4-12　l_lend_shinkin 対 l_stock_hosyou_saimu（最小二乗フィット付）

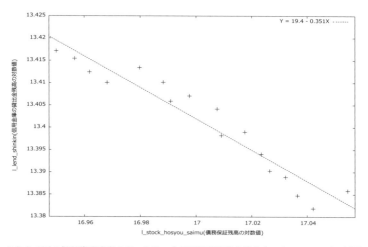

これらの図の保証債務残高のデータは、全国信用保証協会連合会のホームページの信用保証実績の推移（http://www.zenshinhoren.or.jp/document/hosho_jisseki.pdf）で開示されたもの（2017年11月時点）、貸出残高の数値データは、日本銀行の時系列データ検索サイト（日本銀行［日本銀行, 2017①］）　http://www.stat-search.boj.or.jp/index.html（2017年11月時点）より入手した。

帰無仮説 11　銀行グループ間の保証債務残高で定数項に違い
　　　　　　　は無い。
帰無仮説 12　銀行グループ間の保証債務残高で貸出金残高の
　　　　　　　変化に違いが無い。

　この事実を確かめるために、銀行グループ毎の貸出金残高が保
証債務残高にどの程度影響を及ぼしたかのを検証するために、以
下のようなパネルデータを用いた重回帰モデルを推計した。

$$Y_j = \alpha + \beta X_{ij} + \gamma_1 D_1 + \gamma_2 D_2 + \gamma_3 D_3 + \delta_1 D_1 {}^* X_{ij}$$
$$+ \delta_2 D_2 {}^* X_{ij} + \delta_3 D_3 {}^* X_{ij} + u_j$$

α：定数項、
Y_j：保証債務残高の対数値、
X_{ij} は銀行グループ i の貸出金残高の対数値（i＝1：都市銀行、i＝2：地方銀行
Ⅰ、i＝3：地方銀行Ⅱ、i＝4：信用金庫）、j は観測値の番号であり、
D_1、D_2、D_3 は、銀行グループを識別するためのダミー変数〔都市銀行：（0,
0、0）、地方銀行Ⅰ：（1、0、0）、地方銀行Ⅱ：（0、1、0）、信用金庫：（0、0、
1）〕、
u_j：誤差項 $u_j \sim N$（0，σ^2）

　このダミー変数の定義からも分かるように、δ_1 は $D_1 {}^* X_{2j}$ の係
数であり、基準とした都市銀行グループでの貸出の変化に対する
保証債務残高の変化と地方銀行Ⅰグループの変化との差を表す。
そして、δ_2、δ_3 は地方銀行Ⅱと信用金庫グループの貸出の変化と
基準とした都市銀行のそれとの差を表している。
　その推計結果は以下の通りである（表 4-10 参照）。

276

$$Y_j = 47.2453 - 2.08007X_{ij} - 1.65554D_1 + 0.0724923D_2$$
$$(14.90***) \quad (-9.537***) \quad (-0.4402) \quad (0.01681)$$

$$+ 4.80402*D_3 + 0.0984117D_1*X_{2j}$$
$$(1.046) \quad (0.3448)$$

$$- 0.235362\,D_2*X_{3j} - 0.535148\,D_3*X_{4j} + e_j$$
$$(-0.7540) \quad (-1.621)$$

推計式の下の（）の値はt値であり、＊は＊が有意水準10％　＊＊有意水準5％、＊＊＊は有意水準1％である。

上記の推計結果から、統計的に有意な係数はβだけである。この結果から下記を推論できる。

1. 地方銀行Ⅰ：γ_1もδ_1が統計的に有意でないので、帰無仮説11，12とも棄却できない。すなわち、定数項および直線の傾きともに、基準とした都市銀行グループのそれらと差が認められない。

2. 地方銀行Ⅱ：γ_2もδ_2が統計的に有意でないので、帰無仮説11，12とも棄却できない。すなわち、定数項および直線の傾きもともに、基準とした都市銀行グループのそれらと差が認められない。

3. 信用金庫：γ_3もδ_3が統計的に有意でないので、帰無仮説11，12とも棄却できない。すなわち、定数項および直線の傾きともに、基準とした都市銀行グループのそれらと差が認められない。

各銀行グループで貸出残高が増えると、保証債務残高が減るという、統計的に有意な結論は導かれるが、この検証で銀行グループ毎の貸出の違いで保証債務残高の変化に差違は生じないという結論を得た。

表4-10　ダミー変数重回帰モデル　最小二乗法（OLS），観測数：68

従属変数：Y_j

	係数	*Std. Error*	*t*値	*p*値	
α	47.2453	3.17119	14.90	<0.0001	***
X_{ij}	−2.08007	0.218112	−9.537	<0.0001	***
D_1	−1.65554	4.13691	−0.4002	0.6904	
D_2	0.0724923	4.31340	0.01681	0.9866	
D_3	4.80402	4.59270	1.046	0.2998	
$D_1{*}X_{2j}$	0.0984117	0.285458	0.3448	0.7315	
$D_2{*}X_{3j}$	−0.235362	0.312161	−0.7540	0.4538	
$D_3{*}X_{4j}$	−0.535148	0.330192	−1.621	0.1103	

Mean dependent var	17.00251	S.D. dependent var	0.031115
Sum squared resid	0.008016	S.E. of regression	0.011558
R-squared	0.876426	Adjusted R-squared	0.862009
F（7, 60）	60.79123	P-value（F）	7.11e-25
Log-likelihood	211.0721	Akaike criterion	−406.1442
Schwarz criterion	−388.3882	Hannan-Quinn	−399.1087

表のp値の後の、＊＊＊……有意水準1%　＊＊……有意水準5%　＊……有意水準10%となっている。

この推計した表の代位弁済額のデータは、全国信用保証協会連合会のホームページの信用保証実績の推移（http://www.zenshinhoren.or.jp/document/hosho_jisseki.pdf）で開示されたもの（平成29年11月時点）、貸出残高の数値データは、日本銀行の時系列データ検索サイト（日本銀行［日本銀行, 2017①］）http://www.stat-search.boj.or.jp/index.html（2017年11月時点）より入手した。

表のαは定数項、Std. Errorはこの推計式の分散に対応する各パラメーターの標準偏差、R-squaredは決定係数、Adjusted R-squaredは修正済み決定係数である。F（ ）はF値を示す。S.E. of regressionは推計式の攪乱項の分散の不偏推定量であるs^2の計算値である。加藤（加藤［加藤, 2012］）54-57ページ参照。

　では、信用保証協会が代位弁済の金額を増やす事態が生じたとき、それぞれの銀行グループで貸出金残高がどのように変化するのか検討するため、以下の単回帰式を用いた。

$$Y_{ij} = \alpha + \beta_i X_j + u_j$$

αは定数項

Y_{ij}：銀行グループ i での貸出金残高（末残）の対数値〔i＝1：都市銀行、i＝2：地方銀行 I、i＝3：地方銀行 II、i＝4：信用金庫〕、

X_j：代位弁済額総額の対数値　j は観測値の番号、

u_j：誤差項　$u_j \sim N (0, \sigma^2)$

　推計結果は以下の通りである（表4-11、図4-13 参照）。統計上有意な意味を持つ推計結果は都市銀行グループだけであった。

都市銀行グループ　：　$Y_{1j} = 14.995 - 0.043*X_j + e_j$
　　　　　　　　　　　　　　(60.74***)　(-1.847*)

推計式の下の（）の値は t 値であり、* は * が有意水準10%　** は有意水準5%、*** は有意水準1%である。

表4-11　最小二乗法（OLS），観測：2016:04-2017:08（観測数：17）

従属変数：Y_{1j}：都市銀行（l_lend_toshigin）

	係数	*Std. Error*	*t*値	*p*値	
α	14.9952	0.246870	60.74	<0.0001	***
X_j	−0.0439943	0.0238210	−1.847	0.0846	*

Mean dependent var	14.53929	S.D. dependent var	0.013248
Sum squared resid	0.002288	S.E. of regression	0.012350
R-squared	0.185268	Adjusted R-squared	0.130952
F (1, 15)	3.410952	P-value（F）	0.084587
Log-likelihood	51.64136	Akaike criterion	−99.28272
Schwarz criterion	−97.61629	Hannan-Quinn	−99.11707
Rho	0.701043	Durbin-Watson	0.549687

表のp値の後の、***……有意水準1%　**……有意水準5%　*……有意水準10%となっている。

この推計した表の代位弁済額のデータは　全国信用保証協会連合会のホームページの信用保証実績の推移（http://www.zenshinhoren.or.jp/document/hosho_jisseki.pdf）で開示されたもの（平成29年11月時点）、貸出残高の数値データは、日本銀行の時系列データ検索サイト（日本銀行［日本銀行, 2017①］）http://www.stat-search.boj.or.jp/index.html（2017年11月時点）より入手した。

表のαは定数項、Std. Error はこの推計式の分散に対応する各パラメーターの標準偏差、R-squared は決定係数、Adjusted R-squared は修正済み決定係数である。F（ ）は F 値を示す。S.E. of regression は推計式の攪乱項の分散の不偏推定量であるs^2の計算値である。加藤（加藤［加藤, 2012］）54-57 ページ参照。

図4-13　l_lend_toshigin 対 l_daiilbennsai（最小二乗フィット付）

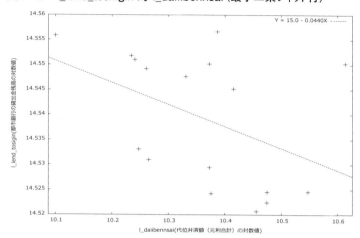

この図の代位弁済額のデータは、全国信用保証協会連合会のホームページの信用保証実績の推移（http://www.zenshinhoren.or.jp/document/hosho_jisseki.pdf）で開示されたもの（平成29年11月時点）、貸出残高の数値データは、日本銀行の時系列データ検索サイト（日本銀行［日本銀行, 2017 ①]）http://www.stat-search.boj.or.jp/index.html（2017年11月時点）より入手した。

　推計結果からも明らかなように、都市銀行グループだけは与信先で代位弁済の金額が増えたとき、貸出を引き締める傾向にあると言える。ただし、この推計の調整済み決定係数（Adjusted R-squared）は小さく、説明力が弱いという難点がある。

　この章をまとめる最後に、信用保証を通じた貸出、政策金融に必要な条件とはどのようなものなのかを、図4-14を用いて説明する[22]。

　この図は縦軸に公共性の大きさ、横軸に金融リスクの評価等の

---

[22]　この図4-14は（吉野 藤田［吉野 藤田, 2007]）149ページの図表5-1（203ページの図表6-15再掲）を引用した。

図4-14　政策金融の必要性について

公益性・金融リスクの評価等の困難性からみた政策金融の位置付け

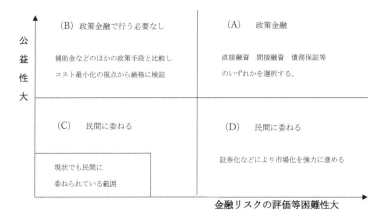

この図は（吉野 藤田［吉野 藤田, 2007］）149ページ図表5-1（203ページの図表6-15）を引用した。

困難さの大きさを取っている。公共性の大きいものは、税、補助金などを活用すべきであり、低いものは民間金融機関に委ねることが相応しい[23]。難しいのは、横軸の金融リスクの評価の困難性が高く、公共性も高い図の（A）のときである。まず、公共性をどのように判断するかという視点は必要である。日本は少子高齢化の進捗もあり、将来を見通した成長産業の創成・育成は必要である。他方、黒字であっても承継者のいない中小企業の破たんは、破たんさせれば地域経済に大打撃を与えるかもしれない。このように、地域経済でどのような成長モデルを採用するのかとい

---

[23]　公共財とは排除不可能性と消費の集団性という二つの条件を満たすものであり、車の所有者しか使えないという意味で、高速道路などは準公共財である。公共性の判断については、国民の豊かさの感覚や生活スタイルなどとも関係している。（芳賀［芳賀, 1995］）38-39ページの脚注15）参照。

う視点を欠いていれば、上記の指摘がすべて公共性を有すと扱われ、そのすべてを政策金融で支えることになりかねない。もちろん、新しい日本の地域経済の将来像に応じた与信に対応するために、政策金融の必要性については歴史的に見て賛同者は多い。しかし、現状の支援基準のままで信用保証による貸付を行い続けるべきなのか、いささか疑問は残る。

　本書で、政府の政策金融の目的は、金融機関の貸出企業への信用保証の助成であることを指摘した。本章の考察で政策金融について検証したとき、銀行グループ毎の貸出と信用保証債務残高との関係に差は生じていない。それは銀行が、政策金融を使用した貸出を助成するのは、本来金融リスクの判断が困難で、民間から必要な資金を調達できないからである。しかし、現在は、銀行がリレーションシップバンキングの活動コストを削減するため、自身の債権保有リスクの軽減化のために政策金融を用いた貸出を行っている。すなわち、民間の金融機能を補完する意味より、金融機関の収益を助勢することが目的になっている。その意味で政策金融の当初の目的が十分に果たされているとは言いがたい。それは、都市銀行、地方銀行Ⅰ、Ⅱ、信用金庫グループで貸出金残高が減少したとき、信用保証協会の債務保証残高が増大している結果からも明らかである。

　雇用や税収などを見て地域経済を支える意味で必要な企業であれば、その企業は与信する際に信用保証協会への信用保証申請が通り、それを通じて民間銀行が貸出を続けることになる。しかし、申請企業がゾンビ企業になっても、今までの地域経済を支え続けた履歴により、地方自治体があえて信用保証を与えて、取引銀行が貸し続ける事態も想定される。本来、銀行が与える企業の

与信に対し、副次的保証の役割を果たした政策金融は、いまの民間銀行の与信助成として適切な姿であるのか、もう一度政策金融の仕組みを見直す必要があるのかもしれない。

第5章 これから起きる日本の
金融機関の破たんと再生の姿 —まとめ—

　本書では、バブル経済時期から平成までの金融機関の破たんと再生についての実情を証し、特に、筆者が代表的な事例と捉えた銀行数行の破たん過程と再生、そして原因究明と経営責任の追求についても丹念に検証した。そして、金融機関が破たんしたとき、国家、そして金融当局は、相当のコスト負担をしていたが、破たんの責任である経営陣の賠償額は負担額から見たとき微々たるものであった事実を明らかにした。

　銀行が破たんに至ったとき、破たんした銀行を再生するために、当局は許認可を必要とする。その際、破たん銀行を売却するとき、破たん銀行が金融当局の監督の目を誤魔化化して、例えば、破たん行に多大な不良債権が残っている可能性があったならば、破たん行の購入者を見つけることが困難になる。そのため、金融当局は最初、瑕疵担保特約を設けて売却を行った。この瑕疵担保の条項は、破たん行である買手側に非常に有利な条件を提示することになって、金融機関の破たん処理で投機的な動きを加速することになった。それは結局、破たん行の大きな損失を政府が肩代わりし、その額を補填する結果になった。

　こうした結果を踏まえて、その後、破たん行を再生する過程を見直した。例えば、一時、政府が国有化、あるいは、国の一時管理化のもと破たんした金融機関の保有した債権の状態を全部精査し、受け皿行を探し選定するという手法を採った。このときの問題点は、破たんした金融機関の全保有債権の状況を把握しつつ、

旧経営陣の責任を追求するために、政府や金融当局がそれを行うとすれば、その行為の責任を公的に負わなければならない。そのため、金融管財人を設けて、破たん金融機関の経営状態や保有資産の精査、旧経営陣の経営責任の追及にあたらせたのであった。しかし、それでも破たん金融機関を、売却できる状態にするために、国（金融当局）と日本銀行は、特別融資枠や継承銀行などを用いて一時的に破たん銀行を管理した。この一連の経緯によって、国家は破たん銀行を継承した取引費用、維持管理費用も含めて、すべてを一時的に負担することになった。

　外国への金融市場の開放という歴史的経緯から日本市場に参入した外国資本の金融機関やあるいは投資ファンドは、国が破たんの費用を肩代わりした銀行を買取り、他の金融機関に速やかに売却すれば大きな利益を得られる（日本長期信用銀行、日本債券信用銀行の売却事例）好機を得た。このシステムの売却の弱点の隙を狙ってファンドが銀行を一時的に買取り利益を得る。ここで生じる問題を如何にして解決するのか、それが初期の破たん金融機関の買収スキーム構築の要諦であった。しかし、現在、都市銀行（メガ バンク）のような大きな金融機関が破たんする可能性は低く、これからは地方銀行Ⅰ、Ⅱ、信用金庫が破たんと再生を繰り返すことが現実に起きている。この費用を、これまでのように国や地方自治体で負担し続けることが適当であるのか、それが本書の執筆動機であった。

　足利銀行の破たん事例で示したが、地域の金融サービスの維持のため、地方自治体や貸出先企業、そして住民が破たん前金融機関の増資に応じて、費用を負担したが、結局破たんし、出資した公金を回収できない事態に陥った。本書で示したように、地域密

着の金融機関が、破たんした金融機関を分割して譲渡するケースであっても、旧経営陣から破たんに陥った不法行為に対し損害賠償を請求しても、それをわずかしか回収できない。その意味で、地域で破たんした金融機関を再生させる事態が生じたとき、現行の処理過程では政府や地方政府は相当の公的費用の負担を覚悟しなければならないと言える。

　地域経済では、少子高齢化社会の影響、次世代への企業継承の困難さなどの問題によって、地方財政収入が減少している地域も多い。地域金融機関の破たんの度に、金融システムの維持のため、あるいは受け皿銀行に対して、国や地方自治体の税で、破たん損失を補填することは暗に慎む必要がある。筆者は、この状況を是正するために、地域経済の規模からみて、地域の経済に必要となる適正な地方銀行と信用金庫、信用組合の数を定める必要があると考えている。

　少なくとも、本書の検証から見て、日本の国土、経済規模や人口を勘案して、現行の金融機関の数は適正なのかという議論だけは惹起する必要があり、最低限、各都道府県の人口、経済規模の大きさや支店の数などを勘案し、適正な金融機関の数を考え、金融機関の将来の方向を定めることが必要と考える。

あとがき

　本書の内容は、筆者が25年金融機関の破たんと再生について研鑽した結果をまとめてきたものであり、ようやく、その研究の成果を発表することができたことに、安堵している。

　この内容は平成30年に作新学院大学大学院博士論文を提出し、受理された（平成30年3月19日受理）ものであることを述べておきたい。筆者は、創価大学大学院経済学研究科博士後期課程で東北大学名誉教授であった故芳賀半次郎先生に師事し、その後、財団法人国民経済研究協会に研究員として就職し、現在の作新学院大学経営学部に奉職し現在に至っている。翻って見たとき、筆者は多くの優秀な人格の秀でた研究者に出会い研究のチャンスに恵まれた。そこで、多くの先生方から種々の指導を受けられたことにまず感謝したい。筆者はマクロ経済学の理論研究からスタートしたが、現在の金融研究に至るまで方向性を相談したのが、国民経済研究協会の研究員時代より公私でお付き合いいただいた東京大学社会科学研究所の教授であった故大瀧雅之先生であった。筆者は既に大学に奉職していたが、大瀧先生から、勉強し直さないかと当時の大学院の授業の参加を許していただき、毎週通い続け、自分の研究の発表や状況について相談し、叱咤激励いただいた幾年月が私の今の研究スタイルの基本型になったと思う。

　一方、当時、一橋大学大学院教授（現立正大学教授）であった浅子和美先生からはとにかく、私の卑近な研究成果であっても、年に一度、必ず研究発表の機会を与えていただいた。また、宮川努先生（学習院大学教授）にも私の至らぬ内容に堪えて、厳しい

ご教示をいただいたこと、そして、その研究グループに所属していた秀英な研究者の皆様にも、ここで一言御礼の言葉を申し述べておきたい。

　筆者の所属した日本最古のシンクタンクであった国民経済研究協会は既に閉じてしまったが、その研究員であったとき、青山学院大学教授の成田淳司先生は当時主任研究員であり、長岡大学教授の石川英樹先生には同僚研究者としての筆者の知見を大きく開かせていただいたと思っている。この協会の多くの職員方からは、文章の書き方から校正方法、そして社会人としての立ち振る舞いなどを教示賜ったのは幸運であったと思う。そして、この研究協会で研究のテーマであるバブル経済の崩壊の事象を中立な立場で観察できたのは、この協会が元来歴史的に独立系であったことと関係しているのかもしれない。これが本書の内容が中立な立場で執筆できたと思い込んでいる理由であり、読者の皆様にその意味が伝わってくださるのか天にも祈る思いである。この研究協会での仕事は、他にも筆者の研究に大きく作用した。例えば国民経済研究協会の金融研究には、協会の委託研究で堀内昭義先生、岩田規久男先生が当時より、よく訪ねられていた。金融研究で気鋭の研究者から手ほどきを受ける機会を得たことも筆者の研究にとって幸運と言える。また、故大瀧雅之先生のご紹介で、日本の金融史を経済史から見る視点を、故橋本寿朗先生より直接知見をご教示いただける機会を賜ったのも筆者の幸運とも言える。こうした幸運がいくつも重なり、本書が完成でき、刊行の運びとなったと考えている。

　この本書の原型である博士論文では、審査の際に、筆者が統計学を用いる際、知識が粗雑で不十分な所があり、論文の受理に際

して、大きな障碍となった。筆者として自らの不勉強でご迷惑を
かけたことを深く反省するとともに、審査の諸先生方に重ねて御
礼の言葉を述べたい。もちろん、本書の内容については、著者自
ら責任を負うものであることを断っておく。

　本書を作成するにあたり、適切なご意見と有益なご助言を賜っ
た当時一橋大学商学研究科教授（現埼玉学園大学経営学部教授）
花崎正晴先生にも厚く御礼を申しあげておく。

　現在奉職する大学で、大学教員としての基本をご教示いただ
き、陰に陽に筆者の研究を励ましていただいた高崎経済大学教授
田中久夫先生、作新学院大学名誉教授篠原一壽先生、そして、私
の研究スタイルを見守っていただいた皆様には重ねて心より御礼
を申し述べる。

　また、筆者が大学院時代に、数理経済学をご教示いただき、芳
賀半次郎先生の高弟でもあった創価大学経済学部教授板垣有記輔
先生には、院の指導で、研究する厳しさを身で教えていただけ
た。恩師の芳賀先生のご指導と板垣先生の薫陶が無ければ、本書
を完成させることは叶わなかったであろう。学問の師匠である故
芳賀半次郎先生に、この本を謹呈できなかったのは唯一至極心残
りの部分である。

　筆者が上記の多くの研究者からご指導賜る、指導いただけたの
は、自分の気質も関係するのであろう。それはこれまでの自身の
教育環境であった創価高校、創価大学、大学院後期課程まで全身
全霊で励ましていただいた創立者池田大作先生の激励と教育によ
るものと考えている。また、創価高校の恩師、高校の同窓である
14期の朋友の励ましも私の学問の力になったのは間違いない。

　そして、本書は、母や家族の献身的なサポートが無ければ完成

に至らなかった。

　最後に、この本を刊行するにあたって、幻冬舎の編集の森谷行海氏と編集校正の田中笑子氏そして編集スタッフの皆様にも御礼を申し述べたい。

　それらのすべての人びとに報恩の気持ちをこめて本書を終える。

参照文献

天尾久夫. (2004①).「破たん金融機関の再生とリレーションシップバンキングに関する一考察」.『雑誌　国民経済』No.167, 42 - 73.　東京：国民経済研究協会

天尾久夫. (2004).「銀行の収支構造の変化と問題」.『作新地域発展研究』(4), 83 - 107. 栃木：作新学院大学

天尾久夫. (2005).「郵政民営化に関わる問題の一考察」.『作新経営論集』(14), 83-114.　栃木：作新学院大学

天尾久夫. (2006).「中小金融機関と企業再生金融に関する一考察」.『作新経営論集』(15), 95-120. 栃木：作新学院大学

天尾久夫. (2007①).「リスク管理を考える　阪神大震災とリスク管理」.『産業動向　550 号』78 - 80. 東京：国民経済研究協会.

天尾久夫. (2007②).「足銀受け皿行の決定過程と中小・地域金融機関再編に関する一考察」.『作新経営論集』(15), 127-150. 栃木：作新学院大学

天尾久夫. (2007③).「足銀受け皿行選定と中小・地域金融機関再編の将来」.『月刊金融ジャーナル（2 月）』, 78-80.　東京：金融ジャーナル社

天尾久夫. (2008).「中小地域金融機関と企業（事業）再生金融ビジネスの一考察」.『作新経営論集』(17), 53-79. 栃木：作新学院大学

天尾久夫. (2010).「中小地域金融機関と信用保証政策に関する一考察」.『作新経営論集』(19), 23-49. 栃木：作新学院大学

天尾久夫. (2013).「震災後の地域経済の消費動向と金融機関の貸出行動に関する一考察」.『作大論集』第 3 号 , 189 - 203. 栃木：作新学院大学. 参照先：http://ci.nii.ac.jp/naid/120006320196/

天尾久夫. (2016).「日本の農業金融の抱える諸問題についての一考察－農林中央金庫の現況－」.『作大論集』第 6 号, 283-306. 栃木：作新学院大学.

天尾久夫. (2017).「信金中央金庫の研究　－信用金庫と信金中央金庫の抱える諸問題－」.『作大論集』第 7 号, 163-194. 栃木：作新学院大学.

足利銀行. (2004①).『経営に関する計画（預金保険法第 115 条に基づく計画書）』. 栃木：足利銀行.

足利銀行. (2004 ②).『業務及び財産の状況等に関する報告（預金保険第 115 条に基づく報告書）』. 栃木：足利銀行.

足利銀行. (2004 ③).『経営に関する計画の履行状況について（平成 16 年、17 年（5 月、11 月）、18 年）』. 栃木：足利銀行.

足利銀行. (2006).『足利銀行の受け皿行の検討について』. 栃木：足利銀行.

Berger, A., & U., F., G. (1995). "Relaitonship lending and lines of credit in small firm finance". *Journal of Business* , Vol.68, pp.351-81.

第二地方銀行協会. (2006).『会員行における［地域密着型金融推進計画］の進捗状況および当協会の対応について』. 東京：第二地方銀行協会.

Disalvo, A. P., & F., G. (1998). "Availiability and cost of credit for small businesses：customer relationships and credit cooperatives,". *Journal of Banking and Finance*, Vol.25, pp.925-54.

Elsa,, R., & J. Krahnen, (1998). "Is relationship lending special? Evidence from credit-file data in Germany,". *Journal of Banking and Finance*, Vol.22, pp.1283-316.

Frederic, M. S. (2003). *The Economic of Money, Banking and Financial Market*. (6 ed.). Addison-Wesley.

芳賀半次郎. (1995).『マクロ経済学 （上） 第二版』（第一版 1984 年 部分改定 1995 年）. 東京：木鐸社.

浜辺陽一郎. (2008).『執行役員制度（第 5 版）：導入のための理論と実務』. 東京： 東洋経済新報社.

花崎正晴 寺西重郎編. (2004).『コーポレート ガバナンスの経済分析 変革期の日本と金融危機後の東アジア』. 東京：東京大学出版会.

花崎正晴, 堀内昭義. (2006).「銀行融資中心の金融システムと企業統治 －金融自由化によって銀行の機能は脆弱化したか－ 」（2006 年 秋期 日本経済学会発表論文）.

花崎正晴. (2008).『企業金融とコーポレート ガバナンス－情報と制度からのアプローチ－』. 東京：東京大学出版会.

橋本寿朗. (1991).『日本経済論 －二十世紀システムと日本経済－』. 東京：ミネルヴァ書房.

橋本寿朗. (1995).『戦後の日本経済』（岩波新書）. 東京：岩波書店.

橋本寿朗. (2001).『戦後日本経済の成長構造 －企業システムと産業政策の分析－』. 東京：有斐閣.

堀内昭義. (1998).『金融システムの未来　－不良債権処理問題とビッグバン－』(岩波新書). 東京：岩波書店.

村瀬英影. (2010).『金融論　』　東京：日本評論社.

Kano, M., Uchida, , H., Udell, , G., & Watanabe, W. (2006). "information verfiability, bank organization, babk competition and bank-borrower relationships". REIT Disscussion Paper, 06-E-003.

加藤久和. (2012).『gretl で計量経済分析』. 東京：日本評論社.

企業活力再生研究会. (2004〜2005).「企業活力再生研究会. 議事要旨」. 企業活力再生研究会 (1-7 回). 東京：経済産業省.

金融庁. (2002).「金融再生プログラム　－主要行の不良債権問題解決を通じた経済再生－」. 東京：金融庁

金融庁. (2003).「破綻金融機関の処理のために講じた措置の内容等に関する報告」. 東京：金融庁. 参照先：www.fsa.go.jp/kokkai/kokkai_h1506/h1506.pdf

金融庁. (2004 ①).『金融改革プログラム　－金融サービス立国への挑戦－』. 東京：金融庁.

金融庁. (2004 ②).『金融検査マニュアル別冊〔中小企業融資編〕』. 東京：財務省.

金融庁. (2005 ①).『「リレーションシップバンキングの機能強化に関するアクションプログラム」の実績等の評価に関する議論の整理』. 東京：金融庁.

金融庁. (2005 ②).『地域密着型金融の機能強化の推進に関するアクションプログラム（平成 17〜18 年度)』. 東京：金融庁.

金融庁. (2006).『足利銀行の受皿選定に関するワーキンググループ』. 東京：金融庁. 参照日：2007 年 11 月 3 日, 参照先：http:www.fsa.go.jp/singi/ashigin/ ukezara/index.html

金融庁. (2017).「金融庁：免許・許可・登録等を受けている業者一覧」. 東京：金融庁参照日：2017 年 11 月 14 日, 参照先：金融庁の Web サイト :http://www.fsa.go.jp/menkyo/menkyo.html

金融再生委員会. (2000).「破綻金融機関の処理のために講じた措置内容等に関する報告」. 東京：金融庁.

金融制度調査会金融制度第一委員会中間報告. (1990).「地域金融のあり方について」.『金融』　1990 年 7 月号．東京：金融庁

金融審議会金融分科会. (2003).「リレーションシップバンキングの機能

強化に向けて」. 東京：　金融庁.

金融審議会金融分科会第二部会. (2004).「銀行等による販売規制の見直しについて」. 東京：金融庁.

金融審議会金融分科会第二部会. (2004).「自己資本比率規制における繰り延べ税金資産に関する参入適正化及び自己資本のあり方について」. 東京：金融庁.

金融審議会金融分科会. (2005).「リレーションシップバンキングの機能強化に関するアクションプログラムの実績等の評価に関する議論の整理」. 東京：金融庁.

経済産業省. (2012).「産業活動分析（平成23年4~6月期）　震災後の個人消費の動向について」. 東京：経済産業省.

経済産業省企業活力再生研究会. (2004).「議事要旨（1~7回）」．企業活力再生研究会. 東京：経済産業省.

前田庸. (2006).『会社法入門（第11版）』. 東京：有斐閣.

Meltzer, A. H. (2002).「低インフレ下の金融政策の波及メカニズム：1990年代の日本の経験からのヒント」.『金融研究』, 第19 (4), 39－64.

満井美江. (2006).「監査法人トーマツに対する福徳銀行・なにわ銀行有価証券報告書虚偽記載（無限定適正意見）損害賠償請求事件判決」：東京地裁,『判例評釈［商事判例研究］』　資料版商事法務 No.275（ページ：241）. 参照日：平成18年9月

宮内篤. (2004).「新BIS規制案の特徴と金融システムへの影響」. 日本銀行ワーキングペーパー（No.04-J-16）.

村本孜. (2005).『リレーションシップバンキングと金融システム』. 東京：東洋経済新報社.

永見尊. (2004). 継続企業の公準と財務諸表の信頼性の保証.『會計』, 165 (1), 95~109.

日本銀行. (2003).「2002年度決算から見た全国銀行の経営状況」. 東京：日本銀行.

日本銀行. (2004).「2003年度決算から見た銀行経営の動向」. 東京：日本銀行.

日本銀行. (2005).『金融システムレポート　金融システムの現状と評価－銀行セクターを中心に－』. 東京：日本銀行.

日本銀行. (2006).『金融システムレポート「i 金融システムの現状と評価/ ii 金融システム面における日本銀行の施策」』. 東京：日本銀行.

日本銀行. (2017 ①). 日本銀行ホームページ　時系列統計データ検索サイト : 参照日 : 2017 年 11 月 30 日. 参照先 : http://www.stat-search. boj.or.jp/index.html

日本銀行. (2017 ②). 『金融システムレポート』. 東京 : 日本銀行. 参照日 : 2016 年 11 月 30 日,

参照先 : https://www.boj.or.jp/research/brp/fsr/fsr171023.htm/

日本銀行考査局. (2002). 「本邦金融機関による経営課題への対応状況」. 東京 : 日本銀行.

日本銀行信用機構局. (2005). 「我が国における事業再生ファンドの最近の動向」. 『日本銀行調査季報』　2005 年春 (4 月) 号., 1-24. 東京 : 日本銀行.

翁邦雄, 白川方明, 白塚重典 ;. (2002). 「資産バブルと金融政策　:　1980 年代後半の日本の経験とその教訓」. 『金融研究』19 (4), 261-322.

翁邦雄　白塚重典. (2002). 「資産価格バブル、物価の安定と金融政策 : 日本の経験」. 『金融研究』, 21 (1), 71 - 115.

Petersen, A., M., & Rajan, R. (1994). "The benefits of lending relationships : evidence from small business data, ". *Journal of Finance*, Vol.47, pp.3-37.

白川方明. (2008). 『現代の金融政策　理論と実際』. 東京 : 日本経済新聞出版社.

Stiglitz, J., & B., Greenwald, (2003). *Towards a New Paradim in Monetary Economics*. (内藤, & 家森, 邦訳.) Cambridge University Press.

高木新二郎. (2003). 『企業再生の基礎知識』. 東京 : 岩波書店.

高木新二郎. (2006). 『事業再生　－会社が破たんする前に－』. 東京 : 岩波書店.

田中久夫. (2005). 『商法と税法の研究　－会計包括規定と計算実体規定の比較－』. 東京 : 森山書店.

多和田　眞, 家森　信善. (2008). 『関西地域の産業クラスターと金融構造　経済活性化策を探る』. 東京 : 中央経済社.

帝国データバンク本社産業調査部. (2009). 「特別企画　『緊急保証制度』導入後 1 年間の倒産動向調査 (2009 年 11 月)」. 東京 : 帝国データバンク.

寺西重郎. (2011 年). 『戦前期日本の金融システム』. 東京 : 岩波書店.

栃木県産業再生委員会地域金融再生部会. (2005). 『足利銀行の望ましい受け皿のあり方」に関する地域金融再生部会報告書」. 栃木 : 栃木

県.

筒井義郎　植村修一編. (2007).『リレーションシップバンキングと地域金融』. 東京：日本経済新聞出版社.

中小企業庁　中小企業政策審議会　基本政策部会　第 1 回信用補完制度のあり方に関する検討小委員会. (2004).「信用補完制度の現状と課題」. 東京都：中小企業庁.

中小企業庁　事業環境部 DIP ファイナンス研究会. (2001).『DIP ファイナンス研究会報告書』. 東京：経済産業省.

Uchida , H. (2006). "Empirical determinants of bargaining power". *REIT Discussion Paper*, 06-E-030.

宇沢弘文, 花崎正晴編. (2000).『金融システムの経済学』. 東京：東京大学出版会.

家森信善. (2004).『地域金融システムの危機と中小企業金融　－信用保証制度の役割と信用金庫のガバナンス－』. 東京：千倉書房.

吉野直行, 藤田泰範. (2007).『中小企業と金融環境の変化』. 東京：慶應義塾大学出版会.

ゆうちょ銀行株式会社. (2017 年).「財務情報ディスクロージャー誌」. 東京：ゆうちょ銀行. 参照先：『ゆうちょ銀行ディスクロージャー誌 (2008～17 年)』:http://www.jp-bank.japanpost.jp/ir/financial/ir_fnc_index.html

財務省. (2016).『年次別法人企業統計調査　概要』. 東京：財務省. 参照日：2017 年 11 月 14 日,　参　照　先：http://www.mof.go.jp/pri/reference/ssc/results/h28.pdf

全国銀行協会. (2017). 一般社団法人全国銀行協会　「教えてくらしと銀行 最近の銀行の合併を知るには」. 参照日：2017 年 11 月 14 日, 参照先 :http://www.zenginkyo.or.jp/article/tag-h/7454/

全国地方銀行協会. (2006 ①).「地方銀行平成 17 年度決算状況」. 参照日：2017 年 11 月 14 日,　参　照　先：http://www.chiginkyo.or.jp/index.php

全国地方銀行協会. (2006).「2006 地方銀行」. 参照日：2007 年 6 月 14 日, 参照先：http://www.chiginkyo.or.jp/index.php

本書に作図したグラフ、推計値で用いた統計諸量の基本統計表は博士論文に記載されている。なお、統計データの入手については、［日本銀行, 2017 ①］、［ゆうちょ銀行株式会社, 2017］、総務省の e-stats の長期時系列データより入手した。

索引

〈著者紹介〉

天尾 久夫（あまお ひさお）

作新学院大学経営学部教授　博士（経営学）
1965年宮崎県延岡市生まれ、1981年豊田市立上郷中学校卒業、1984年創価高校卒業、1988年創価大学卒業、1993年創価大学大学院経済学研究科博士後期課程満期退学、1993年（財）国民経済研究協会研究員を経て、1995年作新学院大学経営学部専任講師を経て現在に至る。
専門分野　金融論、マクロ経済学、地域経済論、地域金融論、金融機関経営分析
論文多数　日本経済学会、日本金融学会

銀行の破たん史
日本の金融機関に係わる公的費用負担
再生の特徴と諸問題

2021年9月8日　第1刷発行

著　者　　天尾　久夫
発行人　　久保田貴幸

発行元　　株式会社 幻冬舎メディアコンサルティング
　　　　　〒151-0051　東京都渋谷区千駄ヶ谷4-9-7
　　　　　電話　03-5411-6440（編集）

発売元　　株式会社 幻冬舎
　　　　　〒151-0051　東京都渋谷区千駄ヶ谷4-9-7
　　　　　電話　03-5411-6222（営業）

印刷・製本　　中央精版印刷株式会社

装　丁　　株式会社 幻冬舎デザインプロ

検印廃止
© HISAO AMAO, GENTOSHA MEDIA CONSULTING 2021
Printed in Japan
ISBN 978-4-344-93599-0　C0033
幻冬舎メディアコンサルティングHP
http://www.gentosha-mc.com/